IPO-Underpricing und die
Besonderheiten des Neuen Marktes

Europäische Hochschulschriften
Publications Universitaires Européennes
European University Studies

Reihe V
Volks- und Betriebswirtschaft

Série V Series V
Sciences économiques, gestion d'entreprise
Economics and Management

Bd./Vol. 2754

PETER LANG
Frankfurt am Main · Berlin · Bern · Bruxelles · New York · Oxford · Wien

Adrian Hunger

IPO-Underpricing und die Besonderheiten des Neuen Marktes

Eine ökonomische Analyse börsenrechtlicher Marktsegmentierung

PETER LANG
Europäischer Verlag der Wissenschaften

Die Deutsche Bibliothek - CIP-Einheitsaufnahme

Hunger, Adrian:

IPO-Underpricing und die Besonderheiten des Neuen Marktes : eine ökonomische Analyse börsenrechtlicher Marktsegmentierung / Adrian Hunger. - Frankfurt am Main ; Berlin ; Bern ; Bruxelles ; New York ; Oxford ; Wien : Lang, 2001
(Europäische Hochschulschriften : Reihe 5, Volks- und Betriebswirtschaft ; Bd. 2754)
ISBN 3-631-37805-X

Gedruckt auf alterungsbeständigem, säurefreiem Papier.

ISSN 0531-7339
ISBN 3-631-37805-X

Printed in Germany 1 2 3 4 6 7

www.peterlang.de

Für Antje.

Vorwort

Fast jeder Anleger hat schon erlebt, daß er bei einer Neuemission nicht zum Zuge kam, weil die Aktien vielfach überzeichnet waren und dann am ersten Handelstag mit einem stattlichen Aufschlag gehandelt wurden. Dies sind keine Einzelfälle. Aktien werden am Primärmarkt billiger als am Sekundärmarkt angeboten, was zu schönen Gewinnen derjenigen führt, die bei der Neuausgabe dabei sind. Mit diesem Phänomen des sogenannten „Underpricing" beschäftigt sich die vorliegende Studie. Sie enthält die bisher umfangreichste Zusammenstellung des Umfangs von „Underpricing" auf den verschiedenen Börsenplätzen der Welt. Der Leser stellt fest, dass dieses Phänomen überall auftritt, wenn auch in unterschiedlichem Umfang. Es ist kein deutsches Sonderproblem und kann daher wohl auch nicht mit den spezifischen Schwächen deutscher Kapitalmärkte und ihrer rechtlichen Regulierung erklärt werden.

Wie ist Underpricing wirtschaftspolitisch zu bewerten? Dabei gehen die Auffassungen weit auseinander. Das gilt noch mehr, wenn nach den Ursachen des Underpricing gefragt wird. Wird ohne Underpricing die Reputation der Emissionshäuser angegriffen? Hat Underpricing Signalisierungsfunktionen für die Kapitalmärkte? Ist es ein Ergebnis der Monopolmacht von Banken? Wie hoch sind die damit verbundenen Effizienzverluste auf den Kapitalmärkten einzuschätzen?

Diesen Fragen geht der Verfasser in der vorliegenden Monographie nach. Der Leser darf insbesondere einen umfassenden Überblick über das Phänomen und auch die Versuche, es zu erklären, erwarten.

Hinzutreten rechtsökonomische Aspekte zur Begutachtung des Underpricing, insbesondere mit Bezug auf die aktienrechtliche Regulierung der Börsensegmente in Deutschland.

Der Leser wird nicht erwarten, dass die angesprochenen, äußerst komplexen Probleme hier abschließend behandelt werden. Ihn erwartet aber ein interessant zu lesender und informativer Überblick über eine der zugleich wichtigsten wie irritierendsten Erscheinungen auf modernen Kapitalmärkten.

Prof. Dr. Hans-Bernd Schäfer

Inhaltsverzeichnis

Tabellenverzeichnis

Abbildungsverzeichnis

Abkürzungsverzeichnis

AG	Aktiengesellschaft
AIM	Alternative Investment Market (Börsensegment an der London Stock Exchange, LSE)
BörsG	Börsengesetz
BörsZulVO	Börsenzulassungsverordnung
CDAX	Composite-DAX (Branchenindex der Deutschen Börse AG)
DAFOX	Deutscher Aktien-Forschungsindex der Universität Karlsruhe
DAX	Deutscher Aktienindex der Deutschen Börse AG
DM, DEM	Deutsche Mark
et.al.	et aliud
EUR	Euro
FWB	Frankfurter Wertpapierbörse
GM	Geregelter Markt
Hrsg.	Herausgeber
IPO	Initial Public Offering
LSE	London Stock Exchange
Mio.	Millionen
Mrd.	Milliarden
NASDAQ	National Association of Securities Dealers Automated Quotations
NM	Neuer Markt
NYSE	New York Stock Exchange
ÖBA	Österreichisches Bankarchiv
OLS	Ordinary Least Square (Methode der kleinsten Quadrate)
SEO	Seasonal Equity Offering
SMAX	Deutscher Aktienindex für alle Small-Caps (der Deutschen Börse AG)
sog.	sogenannt
TSE	Tokyo Stock Exchange
u.U.	unter Umständen
USM	Unlisted Securities Market (früheres Börsensegment der LSE)
v.H.	vom Hundert
VerkProspG	Verkaufsprospekt-Gesetz
VerkProspVO	Verkaufsprospektverordnung
WM	Wertpapiermitteilungen
z.B.	zum Beispiel
ZBB	Zeitschrift für Bank- und Betriebswirtschaft

Symbolverzeichnis

E_i	Emissionspreis (E) der Aktie (i)
IR_i	Initial Return (R) der Aktie (i)
M_i	Preis des Marktportefeuilles (M) zum Emissionszeitpunkt der Aktie (i)
$M_{m,t}$	Rendite des Marktportefeuilles (M) zum Zeitpunkt (t)
M_t	Preis des Marktportefeuilles (M) am Tag (t)
M_{to}	Preis des Marktportefeuilles (M) am Ende der Zeichnungsfrist der Aktie (i)
N	Anzahl
$P_{i,t}$	Preis der Aktie (i) am Tag (t)
$P_{i,T}$	Preis der Aktie (i) am Tag (T)
r	Empirischer Korrelationskoeffizient (nach Bravais-Pearson)
$R_{f,t}$	Risikofreie Verzinsung zum Zeitpunkt (t)
$_{RAW}UP_i$	Raw Underpricing der Aktien (i) / Initial Return
UP_i	Underpricing der Aktie (i)
UP	Underpricing (im arithmetischen Mittel aller Aktien (i)
z	Zeichnungsdiskont
$\beta_{i,m}$	Spezifisches Risiko der Erstemission (i) in Relation zum Marktportefeuille (M)
ø	Durchschnitt, arithmetisches Mittel

Einleitung

Die Anzahl von Aktien-Erstemissionen hat in den letzten Jahren so stark zugenommen, wie nie zuvor. So gingen in den letzten drei Jahren (1997 bis 1999) mit 270 Aktiengesellschaften doppelt so viele Unternehmen an die Börse, wie in den acht vergangenen Jahren zuvor.[1] Das durch den Börsengang dieser letzten drei Jahre aufgenommene Emissionsvolumen betrug insgesamt ca. 18 Mrd. Euro[2] und verdeutlicht, wie populär die Eigenkapitalbeschaffung über die Börse geworden ist. Das „Going Public" ist eine oft genutzte Form der Unternehmensfinanzierung geworden – auch und gerade für kleinere und mittlere Unternehmen. Ob der Börsengang der Deutschen Telekom AG im Herbst 1996, die „Erfolgsstory" des Neuen Marktes oder zahlreiche weitere Gründe für diese Entwicklung sprechen, mag dahingestellt sein, denn vor dem Hintergrund der immer wieder beklagten mangelnden Eigenkapitalausstattung deutscher Unternehmen, ist diese Entwicklung überaus erfreulich.

Doch geraten durch die Vielzahl der Erstemissionen auch andere Aspekte in den Vordergrund, die zu einem Kernproblem der Kapitalmarkttheorie führen. Denn wird das gesamte Emissionsvolumen der letzten drei Jahre in Höhe von 18 Mrd. Euro nicht zum Emissionspreis bewertet, sondern mit dem ersten Sekundärmarktpreis, so liegt die Marktkapitalisierung der neu emittierten Aktien bei ca. 22 Mrd. Euro.[3]

Aus Sicht der Kapitalanleger mag diese Differenz positiv bewertet werden, stellt sie doch eine beachtliche Rendite innerhalb weniger Tage dar. Doch aus Sicht der Emittenten kann hinterfragt werden, ob nicht der Emissionspreis zu niedrig angesetzt wurde, wodurch ein beachtliches Emissionsvolumen nicht aktiviert werden konnte und bestimmte Investitionen nicht durchgeführt werden können. Wirtschaftspolitisch betrachtet könnten solche Investitionsunterlassungen aufgrund eines „zu niedrigen" Emissionspreises mit einer Fehlallokation des Kapitals gleichgesetzt werden, wenn die Emission der Aktien tatsächlich zu einem Emissionspreis unterhalb des „fairen Wertes" am Markt erfolgt.

Für dieses Underpricing-Phänomen gibt es viele Erklärungen und auch eine Vielzahl von Studien, die aber in erster Linie mikroökonomisch-theoretischer Natur sind. Nur wenige betrachten auch die institutionellen Rahmenbedingungen, welche aber eine bedeutende Rolle bezüglich der Höhe des Underpricing spielen können.

---

1 Deutsche Börse AG, Historical Statistics, Januar 2000
2 Ebenda
3 Eigene Berechnungen; vgl. Ausführungen zu der empirischen Untersuchung in Teil 3.

Denn von den 270 Neuemissionen der letzten drei Jahre wurden ca. $^2/_3$ im *Neuen Markt* emittiert,[4] ein privatrechtlich organisiertes Börsensegment der Deutschen Börse AG, welches am 10. März 1997 die bis dato bestehenden drei Börsensegmente ergänzte. Vor diesem Hintergrund kann insbesondere die Frage gestellt werden, welche Rolle der *Neue Markt* in bezug auf das Underpricing bei Neuemissionen spielt, bzw. welche Auswirkungen im allgemeinen eine vertikale Segmentierung von Börsenmärkten auf die Kapitalallokation am Primärmarkt für Aktien hat. Diese Gedanken stehen vor dem Hintergrund der Ergebnisse der eigenen empirischen Untersuchung über das Underpricing in Deutschland der Jahre 1997 bis 1999, die eine mittlere Zeichnungsrendite in Höhe von 43,70 v.H. ermittelt. Viel interessanter ist aber, um das Ergebnis an dieser Stelle bereits vorwegzunehmen, daß die Höhe des Underpricing im amtlichen Handel im Mittel lediglich 12,05 v.H. betrug, im geregelten Markt bei 26,60 v.H. lag, im Freiverkehr 42,80 v.H. und im Neuen Markt bei durchschnittlich 55,66 v.H. lag.

Sofern also tatsächlich eine suboptimale Kapitalallokation am Primärmarkt vorliegt, ist es aus ökonomischer Sicht zwingend, nach ihren Gründen zu forschen. Dieses ist Gegenstand der vorliegenden Untersuchung, welche ihren Schwerpunkt auf die vertikale Segmentierung des Primärmarktes legt.

Der erste Teil liefert dabei die Grundlagen, welche für die Beurteilung von Initial Public Offerings und ihr Underpricing notwendig sind. Neben der Darstellung von Fakten zum Underpricing werden auch die Primärmärkte im einzelnen vorgestellt. Der zweite Teil diskutiert systematisch bislang bestehende Erklärungsansätze für das Vorliegen von Underpricing und setzt sie in einen logischen Kontext zu den im ersten Teil erarbeiteten Rahmenbedingungen der Primärmärkte. Im dritten Teil folgt eine eigene empirische Untersuchung aller Initial Public Offerings der vergangenen drei Jahre und eine dezidierte Betrachtung der gewonnen Ergebnisse. Diese werden im vierten Teil der Arbeit diskutiert, wobei zunächst überprüft wird, ob anhand der bestehenden, konventionellen Erklärungsansätze das Underpricing in Deutschland erklärt werden kann. Anschließend folgt die Einbeziehung rechtsökonomischer Gedanken in die bislang erarbeiteten Ergebnisse, wodurch insbesondere die vertikale Segmentierung des Primärmarktes hinterfragt wird.

---

[4] Deutsche Börse AG, Historical Statistics

1. Grundlagen für die Beurteilung von Initial Public Offerings und ihr Underpricing

Bevor auf die Frage eingegangen werden kann, ob und warum es in welcher Höhe zu einer Differenz zwischen dem Emissionspreis und dem ersten Sekundärmarktpreis von neuemittierten Aktien kommt, müssen zunächst die Rahmenbedingungen des zu behandelnden Themas vorgestellt werden, um ein eindeutiges Vokabular zu verwenden und eine klare Abgrenzung zu verwandten Themen zu finden. Der erste Teil dieser Studie liefert daher die Basis für das Verständnis der in den nachfolgenden Teilen diskutierten Aspekte. Für dieses Grundverständnis ist es unerläßlich, nicht nur eine klare Vorstellung von den stilisierten Fakten des *Underpricing* zu haben, sondern auch eine weitgehende Kenntnis über die Organisation des Primärmarktes. Kapitel 1.1. liefert daher die faktischen Aspekte des *Underpricing* vor dem Hintergrund der einleitenden Fragestellung, während in Kapitel 1.2. die Struktur und Funktionsweise des Primärmarktes im Vordergrund stehen.

1.1. Stilisierte Fakten des Underpricing

Das Vokabular und die Vorstellungen, welche sich um das Thema *Underpricing* reihen, sind vielfältiger Natur, so daß es nicht nur nützlich, sondern für die weitere Vorgehensweise auch unerläßlich ist, zunächst einige Fakten diesbezüglich zu klären. Neben der Verbalisierung der Konkretisierung der Fragestellung, der sich diese Untersuchung widmet, wird zunächst eine detaillierte Begriffsbestimmung und eine Abgrenzung der behandelten Thematik vorgenommen. Darüber hinaus werden analytische und quantitative Fragen in diesem Kapitel behandelt.

1.1.1. Konkretisierung der Fragestellung

In konziser Formulierung läuft das Kernthema der Arbeit auf die Frage hinaus, welche Rolle eine vertikale Marktsegmentierung für die Höhe des *Underpricing* spielt. Dieses ist in zweierlei Hinsicht von Bedeutung. Zum einen kann *Underpricing* auch als ein Verzicht der Emittenten auf einen Teil ihres Emissionserlöses interpretiert werden, zum anderen ist eine vertikale Marktsegmentierung durch das deutsche Börsenrecht gesetzlich vorgegeben. Beide Gedanken sollen im folgenden konkretisiert und miteinander verknüpft werden.

In rudimentärer Definition ist unter *Underpricing* die Differenz zwischen dem Emissionspreis neuer Aktien und ihrem ersten Sekundärmarktpreis zu verstehen.[5] Ist diese Differenz positiv, so entstehen für die Kapitalgeber Zeichnungsgewinne. Diese Zeichnungsgewinne für die Anleger werden vor allem von den Medien in den Vordergrund ihres Fokus gestellt und Neuemissionen vor allem dann als *Erfolg* gefeiert, wenn die Zeichnungsrendite für den Anleger besonders hoch ist.[6] Wissenschaftlich nur wenig fundierte Beiträge zu diesem Thema gehen davon aus, daß diese Zeichnungsgewinne „voll beabsichtigt" sind.[7] Treten diese Zeichnungsgewinne aber dauerhaft auf, so ist die Frage, ob es sich um typische[8] oder systematische Zeichnungsgewinne handelt. Wenn dem so ist, so stellt die Differenz nicht nur ein Zeichnungsgewinn für die Kapitalgeber der neuen Aktien dar, sondern auch ein Verzicht der Emittenten auf einen Teil ihres Emissionserlöses - denn der Emissionspreis hätte dann auch höher festgesetzt werden können, wodurch das dem Emittenten zufließende Emissionsvolumen höher ausfiele. Bei der Suche nach Erklärungen für das *Underpricing* ist dieser Aspekt von besonderer Bedeutung, denn je nachdem worauf *Underpricing* zurückzuführen ist, könnte dieser Grund auch Ursprung für eine Fehlallokation des Kapitals am Primärmarkt sein, weil durch den Verzicht auf ein Teil des möglichen Emissionserlöses auch ein Teil der Investitionen der Unternehmen unterbleibt. Die Thematik des *Underpricing* ist daher von zwei Seiten aus zu betrachten. Aus Sicht der Kapitalanleger mag eine hohe Zeichnungsrendite zwar lukrativ sein, aus Sicht der Kapitalnehmer jedoch kann diese jedoch fatale Folgen haben. Denn ein hohes *Underpricing* bedeutet nicht nur ein Verzicht auf ein Teil ihres Emissionserlöses und die damit verbundenen unrealisierten Investitionen, sondern die durch die hohen Zeichnungsgewinne ausgelösten Gewinnrealisationen der Erstzeichner lösen oftmals auch eine Talfahrt des Aktienkurses aus, die weit unterhalb des Emissionspreises endet, wodurch dem Unternehmen ungewollte Kosten im Bereich des Investor Relation entstehen.[9]

---

5 Für die Konkretisierung der Fragestellung ist die vorgenommene Explikation ausreichend. Eine genauere Definition folgt aber in Kapitel 1.1.2.

6 Vgl. z.B. Artikel im Handelsblatt vom 01.02.00 „Wettlauf um einen Platz am Neuen Markt"

7 So z.B. Killat, G., Bewertung und Preisfindung bei Neuemissionen, in: Volk, G. (Hrsg,), Going Public – Der Gang an die Börse.

8 Ross/Westerfield/Jaffe sprechen davon, daß Erstemissionen „typically underpriced" sind und vermeiden, vielleicht bewußt, den Terminus „systematisch". Eine Klärung der Bedeutung der Wortwahl folgt in Kapitel 1.1.2.

9 So z.B. die Aktien der Mosaic Software AG: am 01.07.1999 wurden die Aktien zu 23,-- EUR emittiert, am 30.09.1999 betrug der Kurs 20,-- EUR und am 16.10.2000 nur noch 12,93 EUR; und die Aktien der Mediantis AG wurden am 05.07.1999 zu 19,-- EUR emittiert, standen am 05.07.2000 bei 13,11 EUR und am 06.10.2000 bei 7,26 EUR (Quelle: Dresdner Bank AG; siehe hierzu aber auch die Untersuchungen zur langfristigen

Die Interpretation, daß *Underpricing* ein Erlösverzicht der Emittenten darstellt, ist an sich nicht neu[10], doch kaum eine Studie über *Underpricing* betrachtet diesen Aspekt vor dem Hintergrund der Kapitalallokation für Unternehmen. Auch kann an dieser Stelle bereits entgegengehalten werden, daß der Emissionspreis ja nicht zwangsläufig der „wahre" Wert der Aktie sein muß, doch wird dieser (berechtigte) Einwand im Kapitel 1.1.4 näher behandelt und spielt für die Konkretisierung der Fragestellung keine nennenswerte Rolle.[11] Im Vordergrund steht daher die Frage der optimalen Kapitalallokation für Emittenten **und** Kapitalgeber. Denn die Emittenten sind an einem möglichst hohen Emissionserlös interessiert[12], während die Kapitalgeber an einer maximalen Rendite interessiert sind. Hohe vermutete Zeichnungsgewinne bei Neuemissionen führen aber unter Umständen zu einer Verlagerung des investierten Kapitals, so daß auch die Opportunitätskosten der Kapitalgeber berücksichtigt werden müssen. Aus diesen Gründen ist die Klärung des *Underpricing*-Phänomens von besonderer Bedeutung.

Der zweite Aspekt des Kernthemas ist der Ursprung des *Underpricing*, der aus vorgenannten Gründen einer genauen Lokalisation bedarf. Zwar existieren bereits zahlreiche Untersuchungen und Studien zu dem Thema mit verschiedenen Erklärungsansätzen, doch beziehen sich die meisten Studien auf spezielle mikrotheoretische Ansätze oder auf den us-amerikanischen Kapitalmarkt - nur wenige Studien betrachten den deutschen Kapitalmarkt.[13] Der deutsche Kapitalmarkt unterscheidet sich aber in vielerlei Hinsicht von z.B. dem us-amerikanischen oder dem japanischen Kapitalmarkt.[14] So ist der deutsche Kapitalmarkt gekennzeichnet durch das Börsengesetz, welches eine dreifache vertikale Segmentierung für den Börsenhandel vorschreibt. Von größerer Bedeutung ist aber unter Umständen die Tatsache, daß es seit dem 10. März 1997 mit dem privatrechtlich organisiertem *Neuen Markt* quasi ein viertes Handelssegment gibt, welches börsenrechtlich unter dem Freiverkehr anzusiedeln ist, aber teil-

---

Performance von Erstemissionen von z.B. Loughran (1993), Krigman/Shaw/Womack, Ritter (1991) oder Loughran/Ritter (1995)

10 So geht z.B. Döhrmann (1989) auf diesen Aspekt ein, verfolgt aber in seiner Arbeit einen anderen Schwerpunkt.

11 Wird die Ansicht vertreten, daß der Emissionspreis der „wahre" Aktienpreis sei und der Sekundärmarktpreis zu hoch, dann stellt sich bei systematischen positiven Differenzen dennoch die Frage, ob nicht die Emittenten von dieses Differenzen profitieren können. Speziell zu dieser Diskussion siehe aber die Ausführungen in Kapitel 1.1.4.

12 Die Gründe für einen Börsenganges werden explizit in Kapitel 1.2.4.1. behandelt.

13 So z.B. Ritter (1991), Loughran (1993), Loughran/Ritter (1993), Loderer (1991) oder speziell für den deutschen Kapitalmarkt Döhrmann (1989), Kaserer/Kempf (1995), Uhlir (1989), Ehrhardt (1997), Wasserfallen/Wittleder (1994) oder Ljungqvist (1997).

14 Eine vergleichende Beschreibung der internationalen Kapitalmärkte folgt in Kapitel 1.2.2.

weise höhere Zulassungsvoraussetzungen aufweist, als das börsenrechtlich am weitesten regulierte Segment *amtlicher Handel*.[15]

Vor dem Hintergrund, daß in den Jahren 1997 bis 1999 mit 270 Unternehmen doppelt so viele Neuemissionen zu verzeichnen waren, wie in den vorangegangenen acht Jahren zusammen[16], stellt sich die Frage, welche Bedeutung die Marktsegmentierung für das Going Public und das *Underpricing* hat – vor allem, da ca. $^2/_3$ der Neuemissionen der letzten drei Jahre im *Neuen Markt* getätigt wurden.[17] Vor diesem Hintergrund ergibt sich die Frage, ob die vertikale Segmentierung des Börsenhandels einen Einfluß auf die Höhe des *Underpricing* hat. Eine positive Antwort auf diese Hypothese wäre von besonderer Bedeutung, da die vertikale Segmentierung des Börsenhandels durch das Börsengesetz unmittelbar vom Gesetzgeber vorgegeben ist.

Eine Verknüpfung der beiden Hauptthemen dieser Arbeit führt daher zu folgender Überlegung, welche im Rahmen der hier vorliegenden Studie überprüft wird. Wenn es auf dem deutschen Kapitalmarkt ein systematisches *Underpricing* gibt und die vertikale Segmentierung des Börsenhandels eine mitbestimmende Rolle für die Höhe des *Underpricing* spielt, dann könnten die rechtlichen Bestimmungen des Börsenhandels die Ursache für eine suboptimale Kapitalallokation darstellen.

Die besondere Herausforderung für diese Hypothese ergibt sich aus den vielen möglichen Erklärungsansätzen für *Underpricing* und der Effizienztheorie vertikal gespaltener Börsenmärkte.[18] Doch eine Effizienz vertikal gespaltener Sekundärmärkte kann im Zeitablauf durch institutionelle Veränderungen obsolet werden. Dieses zu untersuchen ist Gegenstand der vorliegenden Studie.

Bevor jedoch eine weitergehende Auseinandersetzung mit dem Thema erfolgt, erscheint es ratsam, zunächst die weitere Vorgehensweise der Untersuchung vorzustellen, um zu verdeutlichen, wie an die Fragestellung herangegangen wird.

---

[15] Siehe Deutsche Börse AG, Regelwerk der Frankfurter Wertpapierbörse, bzw. die Ausführungen in Kapitel 1.2.1.

[16] Deutsche Börse AG, Historical Statistics, Januar 2000

[17] Eigene Berechnungen; siehe Ausführungen in Kapitel 3

[18] Siehe z.B. Schmidt, H. (1977)

1.1.2. Die weitere Vorgehensweise

Der Aufbau der vorliegenden Studie orientiert sich an bereits existierenden Untersuchungen zum Thema Underpricing. Die Untersuchung beginnt mit einem deskriptiven Teil, gefolgt von einem empirischen Teil, und endet mit einem analytischen Part. Im einzelnen sieht die Vorgehensweise wie folgt aus:

Der **erste Teil** der Arbeit liefert die Grundlagen für das Verständnis der zu behandelnden Thematik. Neben verbalen Definitionen und Abgrenzungen wird auf Aspekte der Markteffizienz und der angewandten analytischen Methoden eingegangen, bevor eine Darstellung der Höhe des Underpricing auf nationalen und internationalen Kapitalmärkten folgt. Im zweiten Kapitel des ersten Teils werden die Primärmärkte näher betrachtet, um ebenfalls eine Basis für das Verständnis später vorgestellter Erklärungsansätze zu schaffen. Neben einer Darstellung des deutschen Kapitalmarktes wird auch ein vergleichender Überblick über internationale Märkte gegeben. Es folgt eine Beschreibung verschiedener Verfahren zu Börseneinführung von Aktien und eine Diskussion über die Wahl der Börse bzw. des Marktsegments für eine Erstemission aus Sicht eines Emittenten.

Nachdem im ersten Teil die Grundlagen für die Beurteilung von Initial Public Offerings geschaffen wurden, werden im **zweiten Teil** der Arbeit die bislang dominierenden Erklärungsansätze für das Underpricing systematisch vorgestellt. Hier kommt es aber weniger auf die Vorstellung von expliziten Modellen an, die oftmals die Erklärung des ex-ante-Underpricing zum Ziel haben, sondern auf die Darstellung und Diskussion von kategorisierten Erklärungsansätzen, welche sich mit der Frage des ex-post-Underpricing befassen.[19] Eine kritische Diskussion der Erklärungsansätze vor dem Hintergrund der eingehenden Fragestellung runden den zweiten Teil der Arbeit ab.

Der **dritte Teil** umfaßt eine empirische Untersuchung deutscher Initial Public Offerings der Jahre 1997 bis 1999. Hier werden insbesondere die Ergebnisse vor dem Hintergrund der faktisch vierfachen vertikalen Segmentierung des deutschen Kapitalmarktes diskutiert und der Neue Markt in den Fokus der Betrachtung gerückt.

Der **vierte Teil** bildet den argumentativen Hauptteil der Arbeit, da in diesem Teil eine Antwort auf die Frage gesucht wird, worauf das in dem dritten Teil konstatierte Underpricing in Deutschland zurückzuführen sein könnte. Zunächst

---

19 Einzelheiten zu der Differenzierung zwischen ex-ante und ex-post-Underpricing folgen in Kapitel 1.1.3. bei der Definition von Underpricing.

erfolgt eine Überprüfung der in dem zweiten Teil vorgestellten Erklärungsansätze. Anschließend werden rechtsökonomische Aspekte in die Diskussion mit einbezogen, in dem die Effizienz segmentierter Märkte vor dem Hintergrund eines segmentrelevanten Underpricings betrachtet wird.

Ein **Résumé** faßt die Ergebnisse der Arbeit und daraus möglicherweise abzuleitende Aussagen zusammen.

1.1.3. Definitionen und Abgrenzungen

Underpricing wurde weiter oben bereits beschrieben als die Preisdifferenz zwischen Primär- und Sekundärmarkt von neu an der Börse emittierten Aktien. Diese Beschreibung ist nicht nur sehr ungenau, sondern zeigt auch, daß die Klärung weiterer Begriffe für das Grundverständnis der Thematik notwendig ist. Im folgenden wird daher näher darauf eingegangen, was genau unter *Underpricing* zu verstehen ist, was eine Erstemission und was eine Plazierung von Aktien ist.

Für den Begriff *Underpricing* gibt es viele Synonyme und Interpretationen, weshalb es auch nicht ohne weiteres möglich ist, verschiedenen Studien zu diesem Thema direkt miteinander zu vergleichen. Nach einer Systematik von *Neus* kann unterschieden werden zwischen dem ex-ante-Underpricing, dem ex-post-Underpricing und dem Underpricing nach einer Interpretation von *Baron*.[20]

Das **ex-ante-Underpricing** bezeichnet die Differenz zwischen dem erwarteten Sekundärmarktpreis und dem Emissionspreis, während das **ex-post-Underpricing** die Differenz zwischen dem realisierten Sekundärmarktpreis am ersten Handelstag und dem Emissionspreis bezeichnet. Die Interpretation von *Baron* benennt mit Underpricing die Differenz zwischen dem „First-best-Emissionspreis" und dem Emissionspreis, der unter Berücksichtigung von Informationsasymmetrien zwischen dem Emittenten und dem Emissionsinstitut optimal ist.[21] Da die hier vorliegende Arbeit aber weder explizit das (Informations-)Verhältnis zwischen dem Emittenten und seinem Emissionsinstitut noch die mikroökonomische Sichtweise behandelt, ist im folgenden immer das ex-post-Underpricing gemeint, wenn von Underpricing die Rede ist.

Doch auch die oben vorgestellte Definition weist Probleme auf, welche insbesondere in empirischen Studien zum tragen kommen und ihrerseits eine Ver-

20 Neus, W. (1995), Seite 188, der sich auf einen Aufsatz von Baron (1982) bezieht.

21 Ebenda, Seite 188

gleichbarkeit insbesondere der Höhe des Underpricing erschweren. Wird das ex-post-Underpricing gemessen als die Differenz zwischen dem Emissionspreis und dem realisierten Sekundärmarktpreis am ersten Handelstag, so stellt sich die Frage, welcher Kurs am ersten Handelstag in die Messung einfließen soll. Studien von *Saunders/Lim*[22] oder *Lee/Taylor/Walter*[23] verwenden den **Schlußkurs** des ersten Handelstages, *Uhlir*[24] nimmt dagegen den **Kassakurs** des ersten Handelstages und *Kaserer/Kempf* sprechen davon, daß „üblicherweise" der **erste** Sekundärmarktkurs für die Berechnung herangezogen wird.[25] Unterschiedliche Untersuchungsziele der Studien, wodurch sich die verschiedenen herangezogenen Kurse rechtfertigen ließen, liegen aber nicht vor.

Diese Problematik soll verdeutlichen, daß auch das ex-post-Underpricing für identische Titel unterschiedlich hoch ausfallen kann, insbesondere wenn es sich um umsatzstarke Aktien mit hoher Tagesvolatilität handelt. Am Beispiel des Börsenganges der MIS AG am 15.02.00 an den Neuen Markt in Frankfurt soll diese Thematik veranschaulicht werden. Die nachfolgende **Graphik 1** stellt die Kursentwicklung der MIS AG-Aktien an ihrem ersten Handelstag graphisch dar.

Graphik 1: Intraday-Chart des IPO's der MIS AG am 15.02.2000

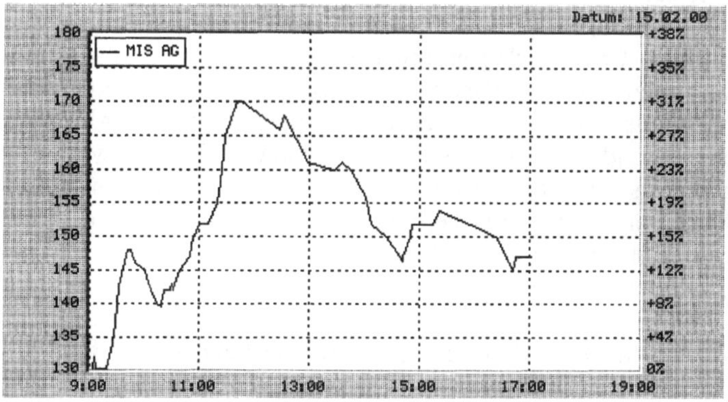

Quelle: Dresdner Bank AG

22 Saunders/Lim (1990)

23 Lee/Taylor/Walter (1996)

24 Uhlir (1989)

25 Kaserer/Kempf (1995); bei dieser Betrachtung herrscht allerdings ebenso wenig Einigkeit in der Literatur, denn Carter/Manaster (1990) messen die Höhe des Underpricing z.B. als die Differenz zwischen dem Emissionspreis und dem Schlußkurs zwei Wochen nach Handelsaufnahme.

Der Emissionspreis für die neuen Aktien betrug 50,-- EUR, bei Handelsaufnahme um 9:00 Uhr betrug der erste Kurs 130,-- EUR, der Kassakurs lag bei 170,-- EUR und der Tagesschlußkurs bei 147,-- EUR. Die Kursveränderungen variieren in diesem Beispiel von 160 v.H. über 240 v.H. bis zu 194 v.H. des Emissionspreises. Bei diesen unterschiedlichen Dimensionen wird deutlich, daß die Vergleichbarkeit verschiedener Studien über die Höhe des Underpricing durch die unterschiedliche Berechnungsmethode sehr stark eingeschränkt sein kann.

Doch es gibt noch eine weitere Feinheit, die in der Literatur nicht immer die gewünschte Beachtung findet. Nach der oben genannten Definition wird zunächst eine Preisdifferenz zwischen zwei oder mehreren Tagen gemessen, je nachdem, wie viele Tage zwischen der Bekanntgabe des Emissionspreises und der Aufnahme des Börsenhandels liegen. Diese Differenz wird in der englischsprachigen Literatur auch als initial return, raw return oder excess return bezeichnet,[26] denn die (positive) Differenz alleine läßt noch keine Aussage darüber zu, ob die Aktie „underpriced" ist, oder der spätere Sekundärmarktkurs zu einem „Normalzins" nur diskontiert wurde. Denn ein Kapitalanleger hat vor der Zeichnung der Erstemission die Alternative, z.B. eine andere, bereits am Sekundärmarkt gehandelte Aktie zu erwerben. Nur wenn diese Alternativanlage in der gleichen Zeit einen geringeren Kurssprung aufweist als die neu emittierte Aktie, kann von einem Underpricing gesprochen werden. Somit muß der initial return bereinigt werden um die Differenz einer vergleichbaren Alternativanlage, um von einem Underpricing zu sprechen.[27] Ex-post-Underpricing kann daher im folgenden verstanden werden als die prozentuale Differenz zwischen dem Sekundärmarktkurs am ersten Börsenhandelstag und dem Emissionspreis, bereinigt um die Kursveränderung einer vergleichbaren Aktienanlage in demselben Zeitraum. Welche alternative Anlageform sich hierfür eignet, wird im Rahmen der analytischen Methoden in Kapitel 1.1.5. näher dargestellt.

Als Synonyme für diese Form des Underpricing kursieren in der Literatur Begriffe wie z.B. Zeichnungsrendite, Emissionsrendite oder Overpricing.[28] Im Kern gehen alle diese Begriffe auf die gleiche, oben vorgestellte, Definition zurück, betrachten die positive Differenz aber aus einem unterschiedlichen Blickwinkel. So verbirgt sich hinter dem Begriff Zeichnungs- oder Emissionsrendite die Perspektive des Kapitalanlegers. Mit der Wortwahl Underpricing wird zum Ausdruck gebracht, daß der Emissionspreis zu niedrig sei, während durch die

---

26 Siehe z.B. Lee/Taylor/Walter (1995), Kunz/Aggarwal (1994) oder Saunders/Lim (1990).

27 Uhlir (1989) geht auf diese Unterscheidung recht gut ein.

28 Kaserer/Kemof (1995) sprechen z.B. von einer Zeichnungsrendite, Ehrhardt (1997) von einer Emissionsrendite und Döhrmann (1989) von Overpricing.

Verwendung des Begriffs Overpricing die Anschauung vertreten wird, daß der erste Sekundärmarktkurs zu hoch ist.[29]

Zu berücksichtigen ist aber auch, daß oftmals die Begriffe gleichermaßen verwendet werden, ohne daß die jeweilige implizite Intention der Wortwahl, so wie sie eben dargestellt wurde, gemeint ist. So wird auch in der vorliegenden Arbeit aus praktischen Gründen durchgängig von Underpricing gesprochen, ohne zu jedem Zeitpunkt behaupten zu wollen, daß der Emissionspreis zu niedrig sei.

Und da sich Underpricing nur auf Erstemissionen bezieht, ist zur Abgrenzung des Untersuchungsgegenstandes der Arbeit noch zu klären, was eine Erstemission ist, die im angelsächsischen Sprachgebrauch als Initial Public Offering (IPO) bezeichnet wird. *Carter/Manaster* sprechen von einem Initial Public Offering als „the first effort by private firms to raise capital in a public equity market".[30] Für *Kaserer/Kempf* liegt eine Erstemission dann vor, „wenn Aktien eines Unternehmens erstmalig an das Publikum abgegeben werden, keine anderen Beteiligungstitel dieses Unternehmens bereits regelmäßig gehandelt werden und die neuen Aktien im amtlichen Handel, geregelten Markt oder Freiverkehr nach der Emission notiert werden."[31] Diese Abgrenzung ist insofern von Bedeutung, als daß es bei der Underpricing-Thematik um die Problematik des „richtigen" Emissionspreises geht. Werden dagegen bereits Aktien eines Unternehmens am Sekundärmarkt gehandelt, so existiert auch bereits ein Marktpreis für diese Aktien, der als Richtgröße für junge Aktien aus einer Kapitalerhöhung fungieren kann.[32] Diese sogenannten Seasonal Equity Offerings (SEO) unterscheiden sich daher durch die Existenz eines Marktpreises von den Initial Public Offerings und dürfen streng genommen bei einer Untersuchung über das Underpricing keine Berücksichtigung finden. Gleiches gilt für die Aktien von Unternehmen, die bereits an einer anderen (ausländischen) Börse notiert sind.

Als letzte vorzunehmende Definition soll noch auf die Plazierung der neuen Aktien eingegangen werden, denn bei einem Initial Public Offering oder einer

---

29 Das Wortpaar Underpricing/Overpricing impliziert ferner eine Aussage über die Informationseffizienz des Kapitalmarktes. Auf diese Fragestellung wird aufgrund der Bedeutung für die Arbeit näher in Kapitel 1.1.4. eingegangen.

30 Carter/Manaster (1990), Seite 1045

31 Kaserer/Kempf (1995), Seite 21. Heute müßte die Formulierung um eine Notierung im Neuen Markt ergänzt werden, der seit dem 10. März 1997 an der Frankfurter Wertpapierbörse existiert. Da aber eine Aufnahme in den Neuen Markt eine Zulassung zum Geregelten Markt (bei gleichzeitigem Verzicht auf eine Notierungsaufnahme in diesem Segment) voraussetzt, kann die o.g. Definition weiter Verwendung finden.

32 Oder für Segmentwechsler, d.h. Unternehmen, die von einem Handelssegment in ein anderes Handelssegment wechseln.

Erstemission werden die neuen Aktien „dem Publikum" bzw. auf dem „public equity market" angeboten. Durch diese Eingrenzung soll zum Ausdruck gebracht werden, daß die Aktien im Rahmen eines öffentlichen Angebotes verkauft werden und nicht nur einem kleinen, eingeschränkten (institutionellen) Personenkreis angeboten werden sollen, um sicherzustellen, daß für die neuen Aktien ein *Marktpreis* erzielt werden kann. Eine eingehende Diskussion der Plazierung neuer Aktien erfolgt aber später im Rahmen der Verfahren zu Börseneinführung von Aktien in Kapitel 1.2.3..

Die vorliegende Untersuchung konzentriert sich somit auf die Betrachtung des Underpricing-Phänomens in seiner ex-post-Variante von erstmalig und öffentlich zur Zeichnung angebotenen neuen Aktien zum Handel an einer Börse.

1.1.4. Markteffizienz und allokative Effizienz

Für die themengerechte Einordnung der Arbeit ist es notwendig, nochmals detaillierter auf die Fragestellung einzugehen, ob von einem Underpricing oder einem Overpricing gesprochen werden kann und welche Implikationen sich aus der Wortwahl ergeben. Weiter oben wurde bereits angesprochen, daß die jeweilige Wortwahl eine bestimmte Aussage über die Informationseffizienz eines Marktes impliziert. Auf diesen Sachverhalt soll im folgenden näher eingegangen werden, um nicht nur eine eindeutige Differenzierung der Thematik zu liefern, sondern auch um dem Grundverständnis der konkreten Fragestellung dieser Arbeit gerecht zu werden.

Ausgangspunkt der folgenden Ausführungen ist die Zweiteilung des Finanzmarktes und die Markteffizienzhypothese. Der Finanzmarkt kann nicht nur in den Geldmarkt und den Kapitalmarkt anhand seiner Fristigkeit der dort gehandelten monetären Werte unterteilt werden,[33] sondern auch in den Primärmarkt und den Sekundärmarkt.[34] Dieser Aspekt ist für die vorliegende Arbeit von besonderer Bedeutung, da mit dem Underpricing von Initial Public Offerings in erster Linie der Primärmarkt angesprochen ist.

---

33 Als Geldmarkt wird der Markt für kurzfristige Wertpapiere mit Laufzeiten in der Regel bis ein Jahr verstanden, auf dem Kapitalmarkt werden alle längerfristigen Papiere gehandelt.

34 Vgl. z.B. Ross/Westerfield/Jaffe oder andere Standardwerke der Literatur für diese Unterscheidungen.

Der Primärmarkt wird dann genutzt, wenn „government and corporations initially sell securities“[35], mit anderen Worten: der Primärmarkt ist der Markt für den erstmaligen Verkauf von Wertpapieren an ein Publikum. Auf dem Sekundärmarkt hingegen werden bereits verkaufte Wertpapiere gehandelt, so daß neue Wertpapiere immer erst auf dem Primärmarkt zum Verkauf angeboten und verkauft werden (müssen), bevor diese auf dem Sekundärmarkt zu Markt- oder Börsenpreisen gehandelt werden können. Bei der erstmaligen Emission von Aktien, den sogenannten Initial Public Offerings, welche im Rahmen der hier vorliegenden Studie untersucht werden, wird daher in erster Linie der Primärmarkt betrachtet, denn dieser ist der Markt, auf welchem die neuen Aktien dem Publikum zum Emissionspreis zum Kauf angeboten werden. Mit der Aufnahme des Börsenhandels dagegen, also mit dem ersten Handelstag, schwenkt die Betrachtung über auf den Sekundärmarkt, da die (neuen) Aktien bereits zum Emissionspreis verkauft wurden und nun zu Börsenpreisen (am Sekundärmarkt) gehandelt werden. Das Phänomen des Underpricing untersucht somit die Preismechanismen von Aktien bei dem Übergang von dem Primärmarkt zum Sekundärmarkt.

Der zweite Ausgangspunkt der eingangs dargestellten Überlegungen ist die Existenz der Markteffizienzhypothese, welche 1970 von *Fama* zur Diskussion gestellt wurde. Nach dieser Hypothese ist ein Markt effizient, „in which prices always “fully reflect” available information“[36]. In Abhängigkeit von der Vollständigkeit und der Erreichbarkeit der Information gliedert *Fama* seine Definition der Effizienz in drei Nuancen, der weichen Form, der halbstrengen und der strengen Form. Mit den Worten von *Jensen* kann ein effizienter Markt auch als ein Markt beschrieben werden, in welchem es unmöglich ist, „economic profits“ zu erzielen, wenn auf Basis der existenten Informationen gehandelt wird.[37] *Döhrmann* übersetzt diese Definition mit den Worten, daß „Anleger an effizienten Märkten nicht systematisch Überrenditen erzielen“ können.[38]

Wenn aber Underpricing systematisch vorkommt, daß heißt, wenn die Differenz zwischen erstem Sekundärmarktpreis und Emissionspreis einer neuen, erstmalig angebotenen Aktie mit einer größeren Wahrscheinlichkeit positiv ist, dann muß einer der beteiligten Märkte nicht effizient sein, wenn die Markteffizienzhypothese nach *Fama* Gültigkeit besitzt.

Denn auf effizienten Märkten kann es bei Gültigkeit der Markteffizienzhypothese keine systematischen Überrenditen geben. Und da sich die Definition effizi-

---

35 Ross/Westerfield/Jaffe, Seite 17

36 Fama (1970), Seite 383

37 Jensen (1978)

38 Döhrmann (1989), Seite 26

enter Märkte von *Fama* oder *Jensen* auf die Verarbeitung und Erreichbarkeit der vorhandenen Informationen bezieht, folgt aus diesen Überlegungen, daß ein Markt informations**in**effizient ist, wenn es zu systematischen Überrenditen, also Underpricing kommt. *Loderer* formuliert diesen Sachverhalt besonders prägnant und konstituiert, daß „if markets are efficient and trading is unrestricted, there is no reason, why offer prices should be systematically smaller than market prices“.[39]

Fraglich ist an dieser Stelle aber, auf welchen Markt sich die Informations(in)effizienz bezieht, da das Vorhandensein von Underpricing per definitionem sowohl den Primärmarkt, als auch den Sekundärmarkt einschließt. Bezieht sich die Informationseffizienz auf den Sekundärmarkt, dann reflektieren die Sekundärmarktpreise vollständig die verfügbaren Informationen. Ist der Emissionspreis in einem solchen Fall kleiner als der erste Sekundärmarktpreis, dann ist der Emissionspreis zu niedrig und es kann von einem Underpricing im originären Sinne gesprochen werden, denn die neuen Aktien, werden unter ihrem „eigentlichen“ Sekundärmarktpreis verkauft. Dieses bedeutet aber, daß der Primärmarkt informations**in**effizient ist, wenn die Markteffizienzhypothese auf den Sekundärmarkt bezogen wird und die Emissionspreise systematisch unter den ersten Sekundärmarktpreisen liegen. In einer solchen Konstellation ist die Bezeichnung des Sachverhaltes als UNDERPRICING legitim und drückt aus, daß von einem information**in**effizienten **Primärmarkt** ausgegangen wird.

Die Markteffizienzhyopothese kann sich aber auch auf den Primärmarkt beziehen. Dann wäre der Emissionspreis auf einem effizienten Primärmarkt zustandegekommen und würde auf einen ineffizienten Sekundärmarkt hindeuten. Denn wenn der Emissionspreis systematisch unter dem ersten Sekundärmarktpreis liegt, der Primärmarkt aber als informationseffizient angesehen wird, dann muß der (erste) Sekundärmarktpreis zu hoch sein. Dann aber werden die (neuen) Aktien am Sekundärmarkt über dem originären Preis gehandelt[40] und es liegt somit ein Overpricing vor. Ergo ist die Bezeichnung dieses Sachverhaltes als OVERPRICING legitim und drückt einen information**in**effizienten **Sekundärmarkt** aus.

An dieser Stelle soll nun aber keine Diskussion über die (Informations-) Effizienz eines Marktes geführt werden, da diese anhaltende Diskussion den Rahmen der Arbeit sprengen würden,[41] doch sollen der Vollständigkeit halber zwei alternative Standpunkte dargelegt werden, welche ebenfalls für die oben

---

39 Loderer (1991), Seite 54

40 Ritter (1991) oder Döhrmann (1989) vertreten z.B. diese Ansicht.

41 Zur anhaltenden Diskussion über die Markteffizienz speziell der Kapitalmärkte siehe z.B. die Aufsatzsammlung von Guimaraes et.al. (1988) oder Shleifer (2000)

geschilderten Sachverhalte denkbar sind. Auf der einen Seite ist es möglich, daß die Gültigkeit der Markteffizienzhypothese, wie sie von *Fama* dargestellt wird, grundsätzlich abzulehnen ist, auf der anderen Seite ist es ebenso denkbar, daß sowohl der Primärmarkt, als auch der Sekundärmarkt informationsineffizient sind.

Die komplette Ablehnung der Markteffizienzhypothese ist wissenschaftlich nicht eindeutig geklärt, gerade weil die Diskussion um die Markteffizienz noch anhält[42], und soll daher hier nicht weiter verfolgt werden. Es ist jedoch denkbar, daß nach der aufgestellten Hypothese sowohl der Primär- als auch der Sekundärmarkt informationsineffizient sind. Wenn aber beide Märkte Informationsineffizient sind, dann stellt sich die Frage, welcher der beiden beteiligten Teilmärkte die größere Ineffizienz aufweist und die Problematik kann auf das oben angesprochene Kernproblem abstrahiert werden. Auch die Überlegung, daß es sich bei Underpricing um eine Überreaktion des Sekundärmarktes handeln kann,[43] trägt kaum zur Lösung der Problematik bei, da per definitionem der erste Sekundärmarktpreis zur Berechnung der Höhe des Underpricing herangezogen wird.

Aus diesen vorangegangen Überlegungen wird deutlich, daß hinter der Wortwahl Underpricing/Overpricing, bzw. deren Synonyme, eine bestimmte Implikation über die angenommene Effizienz der Märkte steht. Dieses darzulegen war die zugrundeliegende Intention, da in der literarischen Diskussion diese Unterscheidung nicht immer die gewünschte Beachtung findet. In Anlehnung an die literarische Ungenauigkeit soll aus Gründen der Einfachheit und der wohl üblichen Titulierung für diesen Aspekt[44] auch in dieser Arbeit grundsätzlich von **Underpricing** die Rede sein, auch wenn nicht zu jedem Zeitpunkt mit der Wortwahl die dargestellte Implikation der Markteffizienz zum Ausdruck gebracht werden soll.

Für die Intention dieser Arbeit ist aber weniger die Effizienz der Teilmärkte von Bedeutung, weshalb diese hier auch nicht näher diskutiert werden soll, sondern die Tatsache, daß neben der Informationseffizienz auch die allokative Effizienz des Finanzmarktes betrachtet werden muß. Dieser eher makroökonomisch-institutionelle Aspekt der Wohlfahrtsökonomie betrachtet die bestmögliche

---

[42] Siehe Guimaraes (1988) oder Shleifer (2000)

[43] Ross/Westerfield/Jaffe (1999)

[44] Ritter (1991) oder auch Döhrmann (1989) sprechen an vielen Stellen von „Underpricing“, obwohl sie dieses auf eine Ineffizienz des Sekundärmarktes zurückführen. Und sowohl die internationale als auch die deutschsprachige Literatur spricht in verstärktem Maße von „Underpricing“, auch wenn keine Aussage über die Markteffizienz getroffen werden soll.

Verteilung des Kapitals am Finanzmarkt gemäß der Präferenzen der Kapitalanleger. Aus der Sichtweise dieser Allokationsfunktion heraus ist es primär irrelevant, ob der Primär- oder der Sekundärmarkt ineffizienter ist, wenn grundsätzlich, d.h. systematisch, eine Fehlallokation des Kapitals vorliegt. Liegt eine solche systematische Fehlallokation des Kapitals am Finanzmarkt vor, so ist es schon aus Gründen der allokativen Effizienz geboten, die Gründe hierfür zu erkunden und zu beseitigen, um ein wohlfahrtsökonomisches Optimum zu erreichen. Das Vorliegen eines systematischen Underpricings jedoch deutet wohlfahrtsökonomisch auf einen suboptimalen Zustand hin, denn a) verzichten die emittierenden Unternehmen zugunsten der Kapitalanleger auf ein Teil ihres Emissionserlöses oder b) schichten die Kapitalanleger in Erwartung positiver Überrenditen Ihr Kapital entgegen ihrer eigentlichen Präferenzen zugunsten von Erstemissionen um. Mit anderen Worten: unabhängig davon, ob es sich um Underpricing oder Overpicing handelt, läßt das systematische Vorhandensein von positiven Differenzen zwischen dem erstem Sekundärmarktpreis und dem Emissionspreis auf negative Externalitäten schließen. Wie aus der Institutionenökonomik bekannt ist, werden als negative externe Effekte Konstellationen bezeichnet, in denen Wirkungen den nutzenden Wirtschaftssubjekten nicht über den Marktpreis zugerechnet werden.[45] Im Falle des systematischen Underpricing, bzw. Overpricing stellen sich die negativen externen Effekte wie folgt dar:

Kommt es bei (zu niedrig) festgelegten Emissionspreisen zu einem systematischen Underpricing, so liegen die ersten (fairen) Sekundärmarktpreise systematisch über den Emissionspreisen. Die emittierenden Unternehmen erhalten dadurch einen geringeren Emissionserlös als möglich, während die Kapitalanleger, welche die Aktien gezeichnet und zugeteilt bekommen haben, von den höheren, fairen Sekundärmarktkursen profitieren, wenn sie ihre Aktien am ersten Handelstag verkaufen. Der Profit der Kapitalanleger stellt somit für die emittierenden Unternehmen einen negativen Effekt dar, da diese Unternehmen durch die zu niedrige Festsetzung ihres Emissionspreises die Kursteigerung der Aktien erst ermöglichen und somit den Profit der ersten Aktionäre ermöglichen. Die Unternehmen werden aber von den Aktionären, welche von dem niedrigen Emissionspreis in der Form profitiert haben, als daß sie ihre Aktien zum höheren Sekundärmarktkurs verkauften, nicht entschädigt. Dieser Profit stellt den Emissionsverzicht der Unternehmen dar, wodurch geplante Investitionsvorhaben der Unternehmen nur zu höheren Kapitalkosten realisiert werden können. Diese höheren Kapitalkosten der Unternehmen können auch als negativer externer Effekt eines Initial Public Offerings betrachtet werden, wenn der Emissionspreis aus

45 Siehe z.B. Erlei/Leschke/Sauerland (1999), Musgrave/Musgrave/Kullmer (1994)

Gründen, die das Unternehmen nicht zu vertreten hat, unterhalb des „fair value" liegt.[46]

Auf der anderen Seite der Diskussion kommt es bei der Festsetzung von fairen Emissionspreisen zu einem systematischen Overpricing, wenn die ersten Sekundärmarktkurse systematisch über den fairen Emissionskursen liegen. Durch eine solche Konstellation würden aber Kapitalanleger veranlaßt, ihr Kapital aus ihren eigentlich wahren Präferenzen abzuziehen, um von den systematischen Überrenditen zu profitieren. Wie aber Untersuchungen über die langfristige Perfomance von Initial Public Offerings zeigen, fällt in den ersten drei Jahren nach der Erstemission der Sekundärmarktkurs häufig weit unter den Emissionspreis.[47] Dieses würde aber bedeuten, daß Kapitalanleger, welche ihr Kapital aus anderen Alternativen zugunsten von Erstemissionen abzogen, in den ersten Tagen/Wochen nach der Emission aber ihre Papiere nicht verkauft haben, systematisch Unterrenditen im Vergleich zu ihrer eigentlich präferierten Kapitalanlage erzielten. Diese Verlust kann dann als Renditeverlust derjenigen zeichnenden Aktionäre angesehen werden, welche keine kurzfristige Kapitalanlage suchten und kann in diesem Fall als (negativer) externer Effekt eines Initial Public Offerings für die Kapitalanleger betrachtet werden.

Aus dieser Systematik heraus wird deutlich, daß es für die allokative Effizienz unerheblich ist, ob es sich um Underpricing oder Overpricing handelt, bzw. ob der Primärmarkt oder der Sekundärmarkt informationsineffizient(er) ist, da in beiden Konstellationen die systematische Preisdifferenz zu negativen externen Effekten des Finanzmarktes führen. Und da nach den Erkenntnissen aus der Institutionenökonomik externe Effekte auf eine gewisse Form des Marktversagens hindeuten könnten, ist es von besonderer Bedeutung, die Gründe für das Underpricing bzw. Overpricing in Erfahrung zu bringen, um Anhaltspunkte für das Beseitigen von negativen externen Effekten auf dem Finanzmarkt zu erhalten.

Bevor aber auf die möglichen Erklärungen für das Vorhandensein von Underpricing und deren Möglichkeiten zur Beseitigung eingegangen wird, muß neben der Darstellung der Primärmärkte in Kapitel 1.2. noch eine detaillierte Erörterung der analytischen Methoden erfolgen, mit deren Hilfe die Marktineffizienz bzw. das Ausmaß der externen Effekte quantifiziert werden kann.

---

46 So liegt z.B. insbesondere dann ein negativer externer Effekt vor, wenn rechtliche Vorschriften die Höhe des Emissionspreises (negativ) beeinflussen.

47 Siehe z.B. Untersuchungen über die langfristige Performance von Erstemissionen von Loughran (1993), Krigman/Shaw/Womack, Ritter (1991) oder Loughran/Ritter (1995).

1.1.5. Angewandte analytische Methoden

Zur Darstellung der angewandten analytischen Methoden zur Erklärung des Underpricings bzw. der Höhe des Underpricing soll an dieser Stelle nochmals darauf hingewiesen werden, daß der Schwerpunkt der Studie bei der Erörterung des ex-post-Underpricings liegt und nicht bei der Diskussion des ex-ante Underpricings. Demzufolge konzentrieren sich die analytischen Methoden auf ökonometrische Verfahren und nicht auf mikroökonomische Erklärungsmodelle.

Die analytischen Methoden, welche zur Diskussion der vorliegenden Thematik angewendet werden reichen von einer univariaten Datendeskription über eine multivariate Deskription bis hin zu multiplen Regressionsmodellen. Welche Verfahren im einzelnen angewendet werden, wird im folgenden näher erläutert und orientiert sich dabei an der sachlichen Vorgehensweise. Zunächst wird die Messung des Underpricings selbst dargestellt um anschließend charakteristische Lageparameter sowie Zusammenhangmaße zur Erklärung möglicher Interdependenzen zu präsentieren.

Zur Messung des Initial Returns:

Die Bestimmung der Höhe des Initial Returns (IR) der Aktie (i) am ersten Börsenhandelstag (t) erfolgt als Differenz zwischen dem ersten Börsenkurs (P) der Aktie (i) am Tag (t) und dem Emissionspreis (E) der Aktie (i). Wird diese Differenz in Relation zum Emissionspreis (E) der Aktie (i) gesetzt, so ergibt sich hieraus die übliche Darstellung der Höhe des Initial Returns.[48]

$$(1) \qquad IR_i = \frac{(P_{i,t} - E_i)}{E_i}$$

mit: IR_i = Initial Return der Aktie (i)
$P_{i,t}$ = Erster Börsenpreis der Aktien (i) am ersten Handelstag (t)
E_i = Emissionspreis der Aktie (i)

Streng genommen handelt es sich bei dem Term $P_{i,t}$ um den tatsächlichen ersten zustandekommenden Preis der Aktie (i) am ersten Börsenhandelstag (t) bei Handelsaufnahme, da mit Handelsbeginn die Aktie per definitionem am Sekundärmarkt gehandelt wird. Wie aber bereits in Kapitel 1.1.3. hervorgehoben, wird

[48] Dieser Ansatz ist (teils mit anderer Symbolik) z.B. wiederzufinden bei Uhlir (1989), Kaserer/Kempf (1995), Lee/Taylor/Walter (1996), Saunders/Lim (1990), Paudyal (1998) oder Kunz/Aggarwal (1994).

in einer empirischen Datensammlung nicht immer auf diese Feinheit eingegangen.[49]

Diese Messung des Initial Returns berücksichtigt aber nicht die Rendite einer alternativen Kapitalanlage für den Investor. Insofern ist es gängig, den Initial Return um eine realisierbare Marktrendite zu bereinigen[50], um zu berücksichtigen, daß bei einem Initial Public Offering nur dann von einem *abnormal return* oder *excess return* gesprochen werden kann, wenn dieser *return* tatsächlich höher ist, als eine vergleichbare Marktrendite.[51] Aus diesem Grunde wird von dem *Initial Return* (IR) noch die Rendite eines vergleichbaren Marktportefeuilles (M) subtrahiert, um die Höhe des Underpricing (UP) der Aktien (i) zu erhalten:

(2) $$UP_i = IR_i - M$$

(2a) $$UP_i = \frac{(P_{i,t} - E_i)}{E_{.i}} - \frac{(M_t - M_{t_0})}{M_{t_0}}$$

mit: UP_i = Underpricing der Aktie (i)
M = Preis eines vergleichbaren Marktportefeuilles (M)
t = Erster Börsenhandelstag der Aktie (i)
t_0 = Preis des Marktportefeuilles am Ende der Zeichnungsfrist der Aktie (i)

Auch diese Darstellung, die in abgewandelter Symbolik der üblichen Darstellung in der Literatur entspricht,[52] beinhaltet eine erklärungsbedürftige Terminologie, die in vergleichbaren Studien nicht einheitlich behandelt wird. Daher ist es erforderlich, näher auf das vergleichbare Marktportefeuille (M) einzugehen. Hintergrund der Überlegung ist, daß Erstemissionen ja nur dann *underpriced* sind, wenn sie *systematisch* positive überdurchschnittliche Renditen aufweisen. Dieses impliziert eine Vergleichsrendite, die durch das Marktportefeuille (M) zum Ausdruck und von dem Initial Return (IR) in Abzug gebracht wird. Fraglich ist jedoch, welches Marktportefeuille als eine vergleichbare Alternative herangezogen werden kann. *Uhlir* verwendet z.B. den Index des Statistischen Bundesamtes,[53] *Ljungqvist* stellt ab auf den DAFOX[54]-Index[55] und *Kaserer/Kempf*

---

49 So verwenden Saunders/Lim oder Lee /Taylor/Walter den Schlußkurs des ersten Handelstages und Uhlir nimmt den Kassakurs. Vergleiche hierzu auch die Ausführungen in Kapitel 1.1.3.

50 Siehe z.B. Uhlir (1989), Kaserer/Kempf (1995), Lee/Taylor/Walter (1996), Saunders/Lim (1990), Paudyal (1998) oder Kunz/Aggarwal (1994)

51 Dieser Sachverhalt wird z.B. bei Uhlir (1989) sehr gut dargestellt.

52 Siehe z.B. Uhlir (1989), Kaserer/Kempf (1995), Lee/Taylor/Walter (1996), Saunders/Lim (1990), Paudyal (1998) oder Kunz/Aggarwal (1994)

53 Uhlir (1989), Seite 8

54 DAFOX ist der **D**eutsche **A**ktien-**Fo**rschungsinde**x** der Universität Karlsruhe

präferieren den DAX 30 Index der Deutschen Börse AG.[56] Verschiedene Studien haben jedoch ergeben, daß für die Bestimmung der Höhe des Underpricing die Wahl eines Vergleichsportefeuilles von untergeordneter Bedeutung ist, da z.B. der DAFOX-Index eine Korrelation von etwa 0,98 zum DAX-30 aufweist[57] und auch zwischen einem Aktienindex der Westdeutschen Landesbank, dem Index des Statistischen Bundesamtes, dem Index der Frankfurter Allgemeinen Zeitung und dem Index der Frankfurter Wertpapierbörse eine Korrelation in Höhe von 0,99 ermittelt wurde.[58] Auch internationale Studien von z.B. *Ljungqvist* oder *Loughran/Ritter* kommen zu dem Ergebnis, daß die Wahl eines Vergleichsportefeuille für die Bestimmung der Höhe des Underpricing wenig ausschlaggebend ist.[59]

Unabhängig von der Wahl des Marktportefeuilles ist diesen Ansätzen gemeinsam, daß sie ein mögliches systematisches Risiko von Erstemissionen dem Risiko des jeweiligen Marktportefeuilles gleichgestellt wird. Demzufolge wird der oben dargestellte Ansatz auch als marktadjustierter oder mean-adjusted-return-Ansatz bezeichnet, da die Höhe des Initial Returns nur um eine durchschnittlich zu erwartende Marktrendite bereinigt wird.

Wird dagegen unterstellt, daß Erstemissionen ein spezifisches Risiko aufweisen, welches nicht mit dem Risiko des Marktportefeuilles identisch ist, so handelte es sich um einen risikoadjustierten oder risk-adjusted-return Ansatz. Diese Ansätze kommen aber ebenso wie der kombinierte markt- und risikoadjustierte Ansatz in der Literatur nicht zum Tragen. Dieses könnte seinen Grund darin haben, daß nach einer Untersuchung von *Döhrmann* die Ergebnisdifferenzen für die Höhe des Underpricing unter Berücksichtigung der verschiedenen Bewertungsansätze vernachlässigbar gering sind. So ermittelt *Döhrmann* für 83 Erstemissionen der Jahre 1983 bis 1987 ein marktadjustiertes Underpricing in Höhe von 21,567 v.H., ein risikoadjustiertes Underpricing in Höhe von 21,210 v.H. und ein markt- und risikobereinigtes Underpricing in Höhe von 21,108 v.H..[60]

Doch auch der üblicherweise verwendete marktadjustierte Ansatz zur Berechnung der Höhe des Underpricing weist noch eine Ungenauigkeit auf, welche in der Literatur kaum von Bedeutung zu sein scheint. Es handelt sich hierbei um

---

55 Ljungqvist (1997), Seite 1311

56 Kaserer/Kempf (1995), Seite 51

57 Ebenda

58 Siehe Ausführungen und Übersicht bei Döhrmann (1989), Seite 240ff.

59 Ljungqvist (1997) oder Louhgran/Ritter (1995). Beide stellen aber fest, daß die Wahl des alternativen Marktportefeuilles für die Bestimmung der **langfristigen** Aktienperformance von besonderer Bedeutung ist.

60 Döhrmann (1989), Seite 295

die zeitliche Differenz zur Ermittlung der Überrenditen. Bezogen auf den Initial Return ist die Renditeberechnung per definitionem vorgegeben durch die Differenz zwischen dem ersten Börenhandelspreis und dem Emissionspreis. Für die Berechnung der vergleichbaren Bereinigungsrendite eines Marktportefeuilles M = $(M_t - M_{to})/M_{to}$ kann zwar auf einen Index eines Portefeuilles zurückgegriffen werden, doch die zeitliche Abgrenzung bleibt unklar, zumal zwei Probleme auftauchen. Zum einen kann analog der Problematik des *ersten* Kurses die Frage gestellt werden, welcher Zeitpunkt für die Ermittlung des Indexstandes herangezogen wird - der erste ermittelte Indexstand, der mittlere Indexstand oder der Schlußstand am ersten Handelstag der Aktie (i). Gemäß der theoretischen Basis müßte streng genommen der erste Indexstand in die Berechnung eingehen – nur wird dieser Stand eines Indizes kaum veröffentlicht. Würde hingegen der Schlußstand des Vortages Verwendung finden, so wird gerade die betrachtungsrelevante Zeit bis zur Notierungsaufnahme der Erstemission eliminiert.

Graphik 2: Intraday-Chart des DAX 30-Index vom 18.02.2000

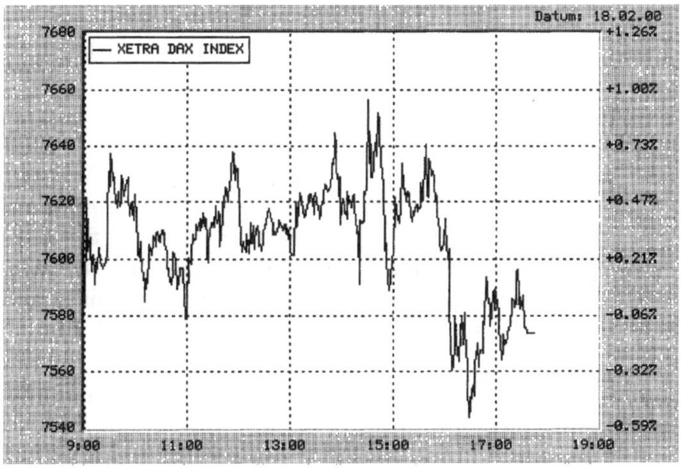

Quelle: Dresdner Bank AG

Die besonderen Tagesvolatilitäten eines sensiblen Aktienindex machen auch hier die Besonderheit der Problematik deutlich. Die vorstehende **Graphik 2** veranschaulicht dieses.

So eröffnete der DAX 30-Index am 18.02.2000 mit einem Zählerstand von 7.584,39 und schloß mit 7.573,78, wobei der Tiefstkurs bei 7.543,50 lag und der Höchstkurs bei 7.658,88. Zwar liegt in diesem Fall der Schlußkurs nahe dem

Eröffnungskurs, doch die Tagestiefst- bzw. höchstkurse verdeutlichen, wie unterschiedlich hoch der Bereinigungsfaktor sein kann.

Dieses wird auch noch bei dem zweiten Problem deutlich, welches in der Literatur kaum Berücksichtigung findet. Denn selbst wenn einheitlich zur Berechnung der Schlußkurs eines Vergleichsindex herangezogen wird, so stellt sich für die Berechnung der Vergleichsrendite die Frage, auf welchen Zeitpunkt sich der Term M_{to} in der Formel (2a) bezieht. Die Indexierung mit to könnte auf den Vortag hindeuten und findet z.B. bei *Kunz/Aggarwal* Anwendung.[61] Da aber der Zweck des Vergleichsportefeuilles ist, eine alternative Rendite zur Erstemission zu ermitteln, muß folglich auch eine jeweils identische Periode betrachtet werden. Wie in Kapitel 1.2.3. noch ausführlicher behandelt wird, kann ein Anleger die neue Aktie nach Bekanntgabe des Emissionspreises innerhalb einer sogenannten Zeichnungsfrist zeichnen, das heißt seinem depotführenden Kreditinstitut einen Auftrag zur Erteilung einer Kauforder für diese Aktien aufgeben. Üblicherweise beginnt der Börsenhandel mit der Feststellung der ersten Notierung für die Aktie zwei bis fünf Tage nach Ende der Zeichnungsfrist. Das bedeutet, daß dem Anleger mit Zeichnung der Aktien ihm sein Kapital nicht mehr zur Verfügung steht und er keine alternative Geldanlage mehr tätigen kann. Zwar könnte an dieser Stelle eingewendet werden, daß die Belastung des Geldkontos erst mit der Valuta der Handelsaufnahme erfolgt, doch verlangen die Kreditinstitute in der Regel bei Erteilung des Zeichungsauftrages eine Sicherheit in Höhe des Zeichungsvolumens[62]. Ergo muß die Rendite des Vergleichsportefeuille nicht als Tagesrendite berechnet werden, sondern als Rendite der Zeit von der Ordererteilung bis zur Notierungsaufnahme.[63] Da aber der mittlere Zeitpunkt der Ordererteilung je Erstemission nicht bekannt ist, soll davon ausgegangen werden, daß ein rational handelnder Investor sein Kapital nicht zinslos bindet und daher nur zum Ende der Zeichnungsfrist seine Order erteilt.[64] Daher

---

61 Kunz/Aggarwal (1993), Seite 711, die sich mit dieser Formel eigentlich auf die langfristige Performance beziehen.

62 Dieser Ansatz ist sehr pragmatisch, da die Kreditinstitute bei Zeichnung der Aktien für den Fall der Zuteilung tatsächlich zumindest einen ausreichenden Kreditrahmen für das Zeichnungsvolumen bedingen, wenn keine gesicherte Liquidität vorhanden ist. Somit steht dieser Kreditrahmen in der Zeit bis zum ersten Handelstag faktisch nicht mehr für den Zeichner zur Disposition. Es ist zwar denkbar, daß die Kreditinstitute bei Entgegennahme des Zeichnungsauftrages dem Anleger entsprechend vertrauen, daß die nötige Liquidität valutengerecht bereitgestellt wird, doch kann dieser Aspekt hier vernachlässigt werden, da es sich um einen Ausnahmefall handeln dürfte.

63 Aus Gründen der Einfachheit sollen hier die Fälle vernachlässigt werden, in denen die Zeichnungsfrist (aufgrund einer starken Nachfrage) vorzeitig beendet wird.

64 Auch dieser Ansatz könnte noch differenziert werden, wenn z.B. das Geldkonto eine Habenverzinsung ausweist o.ä., doch kann von diesen Sonderfällen abgesehen werden, da sie an der Tendenz der Renditeberechnung nichts ändern. Auch Boni für Frühzeichner,

müßte die Rendite des Vergleichsportefeuille bestimmt werden als mögliche Rendite zwischen dem Ende der Zeichnungsfrist je Erstemission und dem jeweiligen ersten Börsenhandelstag. Eine solche detaillierte Berechnung der Höhe des Underpricing wird aber oft nicht vorgenommen.

Die Ergebnisse zur Berechnung der Höhe des Underpricing können aber teilweise erhebliche Differenzen in Abhängigkeit von der Berechnung der Marktrendite aufweisen. Die folgende **Tabelle 1** gibt einen Überblick über die Schlußstände des DAX 30-Index einer Woche:

Tabelle 1: Schlußstände des DAX 30-Index

Datum	Stand	Veränderung in v.H. ggb. 13.02.
13.02.2000	**7.611,55**	--
14.02.2000	**7.644,80**	0,44
15.02.2000	**7.396,13**	-2,83
16.02.2000	**7.490.32**	-1,59
17.02.2000	**7.580,53**	-0,41
18.02.2000	**7.573,78**	-0,50

Quelle: Dresdner Bank AG

Diese Übersicht macht deutlich, daß es nicht ganz unerheblich sein kann, welche Periode zur Ermittlung der Vergleichsrendite herangezogen wird. Zwar kann an dieser Stelle eingewendet werden, daß bei langfristigen Untersuchungen über die Höhe des Underpricing die prozentualen Abweichungen einer Tagesrendite zu einer Mehrtagesrendite im Mittel Null sein müßten, da Hausse- und Baisse-Phasen gleichermaßen berücksichtigt werden, doch gilt diese Aussage nicht zwangsläufig, wenn über einen langen Zeitraum die Aktienmärkte zwar Schwankungen unterliegen, in ihrer Tendenz nach aber stetig steigen, so wie z.B. der Deutschen Aktienindex in den letzten Jahren. In einer längerfristigen Börsenhaussse (Baisse) würde daher die Höhe des Underpricing als zu hoch (niedrig) ausgewiesen, wenn die Marktrendite des Vergleichsportefeuilles als Rendite gegenüber dem Vortag berechnet wird, und nicht als Rendite seit dem jeweiligen Ende der Zeichnungsfrist einer Erstemission.

wie z.B. von der Telekom oder Agfa eingräumt, sollen vernachlässigt werden, da sie an der Kernaussage nichts ändern.

Dennoch läßt sich zusammenfassen, daß unter Berücksichtigung der vorgenannten Aspekte die Höhe des Underpricing in der Regel als marktbereinigtes Underpricing gemäß der bereits genanten Formel (2a) berechnet wird:

$$\text{(2a)} \quad UP_i = \frac{(P_{i,t} - E_i)}{E_{.i}} - \frac{(M_t - M_{t_0})}{M_{t_0}}$$

mit: UP_i = Underpricing der Aktie (i)
M = Preis eines vergleichbaren Marktportefeuilles (M)
t = Erster Börsenhandelstag der Aktie (i)
t_0 = Preis des Marktportefeuilles am Ende der Zeichnungsfrist der Aktie (i)

Die durchschnittliche Höhe des Underpricings über alle Erstemissionen (N) als arithmetisches Mittel berechnet sich dann als:

$$\text{(3)} \quad UP = \frac{1}{N} \sum_{i=1}^{N} UP_i$$

Anhand dieser formalen Darstellung wird deutlich, daß die Höhe des Underpricing (oder des initial returns) immer in Relation zu dem originären Emissionspreis angegeben wird.

Die anschließende Interpretation der Ergebnisse der Berechnung des Underpricing erfolgt in der Regel nicht anhand besonderer ökonometrischer Modelle, sondern durch eine Darstellung signifikanter Lageparameter im Rahmen einer univariaten Datendeskription. Als Lageparameter dienen vor allem

- der arithmethische Mittelwert,
- der Median,
- das Minimum,
- das Maximum sowie
- die Standardabweichung[65]

zur Beschreibung der Höhe des Underpricing. Eine graphische Darstellung der Werte erfolgt z.B. als Histogramm.[66]

65 Eine univariate Deskription durch signifikante Lageparameter wird z.B. vorgenommen von Kaserer/Kempf (1995), Wasserfallen/Wittleder (1994), Lee/Taylor/Walter (1996), Paudyal (1998), Kunz/Aggarwal (1994), Loderer (1991) oder Ruud (1993).

66 Die graphische Form der Darstellung wählen z.B. Ruud (1993), Loderer (1991) oder Kaserer/Kempf (1995).

Diese Vorgehensweise liegt nahezu allen Studien über Underpricing zugrunde, wird aber je nach Themenschwerpunkt der Analyse um eine multivariate Deskription oder eine multiple Regression erweitert. So untersuchen *Kaserer/Kempf* z.B. im Rahmen einer (linearen) Korrelationsanalyse einen Zusammenhang zwischen der Höhe des Underpricing und dem Emissionsvolumen bzw. eine Abhängigkeit zu einer Branche.[67] Eine multiple Regressionsanalyse wird ebenfalls teilweise zur Erklärung von möglichen Abhängigkeiten des Underpricings von verschiedenen Variablen herangezogen. So untersuchen *Kaserer/Kempf* auf Basis einer additiven OLS-Regression für den deutschen Kapitalmarkt eine Abhängigkeit des Underpricing zu einer Branche, der Marktentwicklung und dem Emissionsinstitut.[68] *Ljungqvist* analysiert ebenfalls den deutschen Kapitalmarkt anhand einer OLS-Regression auf einen Zusammenhang zwischen der Höhe des Underpricing und dem Bruttoumsatz eines Emittenten, dem Free Float, der Marktentwicklung, dem allgemeinen Geschäftsklima und dem Jahr der Plazierung.[69] *Paudyal* stellt für den malaysischen Kapitalmarkt eine additive OLS-Regression auf, um einen Zusammenhang zwischen der Höhe des Underpricing und der Überzeichnung, der Marktvolatilität, dem Free Float, der Reputation des Emissionsinstitutes und dem ex-ante Risiko der Emission zu analysieren.[70]

Wie diese Zusammenstellung der angewendeten analytischen Methoden zeigt, gibt es viele Verfahren, die Quantität und die Qualität des Underpricing zu beschreiben und zu erklären. Dominierend über eine Vielzahl von Untersuchungen ist aber im Rahmen der ökonometrischen Modelle die univariate Deskription anhand von signifikanten Lageparametern. Dieses mag daran liegen, daß zum einen die charakteristische Darstellung des Underpricing vielfach ausreichend ist, um bislang vorliegende Erklärungsansätze zu bestätigen oder abzulehnen. Zum anderen ist die Aussagekraft der bislang verwendeten multiplen Regressionsmodelle oft relativ gering. So liegt in dem Modell von *Kaserer/Kempf* der Anteil der durch das Modell erklärten Streuung bei 16 v.H. und bei *Ljungqvist* bei 31,2 v.H..[71] Auch die einzelnen, durch die Regressionsmodelle erklärten Zusammenhänge, sind relativ gering. So konnten *Kaserer/Kempf* keinen signifikanten Zusammenhang zwischen ihren Variablen und dem Underpricing feststellen und *Ljungqvist* findet mit Ausnahme der Marktentwicklung und dem Bruttoumsatz der Emittenten keine signifikanten Zusammenhängen mit Hilfe seines Regressionsmodells. Damit soll aber keinesfalls der Erklärungsgehalt einer multiplen Regressionsanalyse grundsätzlich in Frage gestellt werden, son-

---

67 Kaserer/Kempf (1995), Seite 52

68 Kaserer/Kempf (1995), Seite 53

69 Ljungqvist (1997), Seite 1314

70 Paudyal (1998), Seite 441

71 Gemessen an dem Bestimmtheitsmaß R^2, welches bei 0,16 bzw. 0,312 liegt.

dern lediglich darauf hingewiesen werden, daß die Charakteristika der beschreibenden Statistik oftmals einen hilfreicheren Einblick in die Welt des Underpricing geben und auch eine bivariate Darstellung im Rahmen einer linearen Einfachregression einen höheren Erklärungsgehalt besitzen kann und aus diesem Grunde oftmals einer umfangreichen Regressionsanalyse vorgezogen wird.[72]

Aus diesen Gründen orientiert sich die hier vorliegende Arbeit an der einschlägigen Literatur. Welche analytischen Methoden aber im einzelnen angewendet werden, ist Gegenstand des Kapitels 3.1.2., wenn die eigene empirische Untersuchung vorgestellt wird.

1.1.6. Der Umfang des Underpricing

Underpricing ist, wie *Ljungqvist* oder *Loderer* sich ausdrücken, ein „well-known phenomenon"[73]. Ein Phänomen nicht nur im theoretischen Sinne,[74] sondern auch, weil Underpricing weltweit auf allen Kapitalmärkten nachgewiesen werden kann, aber in unterschiedlichen Höhen. Wo Underpricing in welchen Dimensionen vorkommt, ist Gegenstand der folgenden Ausführungen, wobei zwischen dem deutschen und dem internationalen Kapitalmarkt[75] unterschieden wird, da der Schwerpunkt der Studie auf den nationalen Gegebenheiten liegt.

1.1.6.1. Nationale Studien

Diverse Untersuchungen für den deutschen Kapitalmarkt haben ergeben, daß Underpricing auch in Deutschland vorkommt und zwischen 10,5 v.H. und 31,1 v.H. liegt. Die bislang zeitlich umfangreichste Analyse wurde von *Ehrhardt* 1997 erstellt und bezieht sich mit 207 Erstemissionen auf den Zeitraum von 1960 bis 1993.[76] Das durchschnittliche Underpricing veranschlagt *Ehrhardt* mit

---

72 Zahlreiche Untersuchungen verzichten auf eine Regressionsanaylse und testen eher direkt vermutete Zusammenhänge und theoretische Erklärungsansätze im einzelnen. So z.B. R.H. Schmidt (1988), Brennan/Franks (1997), Uhlir (1989), Ehrhardt (1997), Lee/Taylor/Walter (1996), Saunders/Lim (1990) oder Loderer (1991).

73 Ljungqvist (1997), Loderer (1991)

74 So ist z.B. ein systematisches Underpricing mit der Markteffizienzthese im strengen Sinne unvereinbar.

75 Die Unterscheidung zwischen nationalen und internationalen Studien soll lediglich eine verbale Trennung zwischen dem deutschen Kapitalmarkt und dem Rest der Wert darstellen. Selbstverständlich ist aber auch der deutsche Kapitalmarkt international.

76 Ehrhardt (1997)

16,8 v.H.. Für den Zeitraum von 1961 bis 1987 kommen *Wasserfallen/Wittleder* 1994 mit 92 Erstemissionen auf einen Wert in Höhe von 17,58 v.H..[77] Kürzere Untersuchungen weisen sowohl höhere, als auch niedrigere Werte auf. So ermittelt *Schwarz* mit 42 Emission für die Jahre 1981-1985 ein Underpricing in Höhe von 31,1 v.H.,[78] während *Mella* von 1986-1987 für 31 Erstemissionen ein Underpricing in Höhe von 10,6 v.H. ermittelt.[79]

Die nachfolgende **Tabelle 2** gibt einen Überblick über Underpricing-Studien für den deutschen Kapitalmarkt.

Tabelle 2: Underpricing in Deutschland

Autor	Anzahl	Zeitraum	Underpricing (in v.H.)
Schwarz [1]	42	1981 - 1985	31,10
Dawson/Reiner [1]	51	1977 - 1985	28,50
Uhlir (1989)	97	1977 - 1987	21,46
Döhrmann (1989)	93	1983 - 1987	21,21
Schmidt, R.H. (1988)	32	1984 - 1985	20,62
Mella [2]	36	1984 - 1986	19,70
Wasserfallen/Wittleder (1994)	92	1961 - 1987	17,58
Ehrhardt (1997)	207	1960 - 1993	16,80
Göppl/Sauer [2]	80	1977 - 1988	15,20
Kaserer/Kempf (1995)	171	1983 - 1992	13,99
Hansson/Ljungqvist [1]	163	1978 - 1991	11,70
Köster [1]	93	1986 - 1990	11,50
Mella [2]	31	1986 - 1987	10,60
Ljungqvist (1997)	189	1970 - 1993	10,57
[1] Quelle: Blättchen/Jacquillat (1999) [2] Quelle: Kaserer/Kempf (1995)			

Quelle: Originalaufsätze und Übersichten in Aufsätzen

So erstaunlich die unterschiedlichen Resultate der vorliegenden Studien über die Höhe des Underpricing in Deutschland sind, ist allen gemeinsam, daß es keine eindeutige und verläßliche Aussage über die Ursachen des Underpricing gibt. Während *Uhlir* und *Ljungqvist* in erster Linie einen mangelnden Wettbewerb unter den Emissionsinstituten für die Höhe des Underpricing vermuten,[80] schließen *Kaserer/Kempf* Kursstützungsmaßnahmen der Emissionshäuser für die Hö-

[77] Wasserfallen/Wittleder (1994)

[78] Entnommen einer Tabelle aus Blättchen/Jacquillat (1999)

[79] Entnommen einer Übersicht in Kaserer/Kempf (1995)

[80] Vgl. Uhlir (1989) bzw. Ljungqvist (1997)

he des Underpricing nicht aus.[81] *Wasserfallen/Wittleder* sehen einen Hauptzusammenhang zwischen der ex-ante Unsicherheit bezüglich der neuen Aktien und der Höhe des Underpricing,[82] *R.H. Schmidt* verneint institutionelle Faktoren im Bank- und Börsenwesen als bedeutende Faktoren für das Underpricing[83] und *Döhrmann* schließt nicht aus, daß heterogene Erwartungen, unerfüllte Präferenzen und eine speculative bubble für die Renditeanomalien verantwortlich sind.[84] Eine Eindeutigkeit der Aussage zu den Ursachen der Höhe des Underpricing läßt sich aus den vorliegenden Studien genauso wenig ableiten, wie die obige Übersicht bestätigen kann, daß die Höhe des Underpricing im Zeitablauf sinkt, wie *Ljungqvist* oder *Uhlir* es vermuten.[85]

Der wichtigste Aspekt aber, der sich aus dieser Übersicht ergibt, ist, daß Underpricing auch in Deutschland über einen längeren Zeitraum zu verzeichnen ist und in unterschiedlicher Höhe vorkommt. Somit handelt es sich bei Underpricing nicht um ein temporäres Problem, sondern scheint dauerhaft vorhanden zu sein. Im groben läßt sich ferner festhalten, daß die mittlere Höhe des Underpricing um 20 v.H. liegt, was bedeutet, daß Kapitalanleger mit der Zeichnung von Initial Public Offerings eine „Tagesrendite"[86] von ca. 20 v.H. erzielen können, bzw. daß die aktienemittierenden Unternehmen regelmäßig ca. 20 v.H. ihres Emissionsvolumens einbüßen.

Die vorliegenden Studien geben aber noch einen weiteren interessanten Hinweis, der insbesondere in der vorliegenden Arbeit näher in den Vordergrund der Betrachtung rückt. Die Autoren haben eine unterschiedliche Sichtweise zu der Bedeutung der vertikalen Marktsegmentierung auf die Höhe des Underpricing. Während *R.H. Schmidt* bereits 1988 vermutet, daß die Höhe des Underpricing aufgrund des geringeren Risikos des Papiers im amtlichen Handel geringer sein müßte, als im Freiverkehr (und sich mit 17,6 v.H. zu 25 v.H. auch bestätigt sieht),[87] urteilen *Wasserfallen/Wittleder* in ihrer Untersuchung, daß die vertikale Marktsegmentierung die Höhe des Underpricing nicht beeinflußt und vernachlässigen deshalb eine differenzierte Betrachtung.[88] Dieses ist um so erstaunlicher, als daß *Ljungqvist* in seiner Analyse für den Zeitraum von 1970 bis 1993 für den (bis 1986 titulierten) ungeregelten Freiverkehr ein Underpricing in Höhe

81 Vgl. Kaserer/Kempf (1995)
82 Vgl. Wasserfallen/Wittleder (1994)
83 Vgl. R.H. Schmidt (1988)
84 Vgl. Döhrmann (1989)
85 Vgl. Ljungqvist (1997) und Uhlir (1989)
86 Genau genommen ist hier der Zeitraum zwischen der Zeichnung der Aktien und Aufnahme des Börsenhandels zu betrachten.
87 R.H. Schmidt (1988), Seite 1197 und 1202
88 Wasserfallen/Wittleder (1994), Seite 1506

von 37,48 v.H. ermittelt, während der Durchschnittswert für alle Segmente „nur“ 10,57 v.H. beträgt.[89] *Uhlir* und *Kaserer/Kempf* gehen wie auch *Döhrmann* auf die Segmentierung gar nicht ein. Und *Ehrhardt* ermittelt in seiner sehr umfangreichen Studie für den ungeregelten Freiverkehr (1960-1988) ein Underpricing in Höhe von 62,52 v.H., während das Underpricing im amtlichen Handel in der Zeit von 1960-1987 nur 25,11 v.H. beträgt. Für die weiteren Betrachtungen und Schlußfolgerungen bereinigt *Ehrhardt* seine Ausführungen um die Emissionen im ungeregelten Freiverkehr mit dem Hinweis auf die hohen Emissionsrenditen und der Konkurshäufigkeit bei diesen Papieren.[90] Im folgenden geht *Ehrhardt* daher von einem durchschnittlichen Underpricing für den deutschen Kapitalmarkt in Höhe von 16,8 v.H. aus und nimmt keine Unterscheidung oder Hinterfragung der Bedeutung der Marktsegmentierung vor. Auch *Blättchen/Jacquillat* betrachten in einer allgemein gehaltenen Abhandlung über Börseneinführungen und ihr Underpricing nur die „regulierten Märkte“ und vernachlässigen ohne konkrete Begründung die Emissionen in den Freiverkehrssegmenten.[91]

Die teilweise konstatierten Differenzen zwischen der Höhe des Underpricing in den einzelnen Marktsegmenten machen deutlich, daß eine nähere Betrachtung der institutionellen Rahmenbedingungen durchaus von Bedeutung sein kann und eventuell auch für die Höhe des Underpricing ein mitausschlaggebender Faktor sein könnte. Denn von 1997 bis 1999 entfielen ohne Betrachtung des Neuen Marktes von den dann verbleibenden 95 Erstemissionen 22 v.H. auf den Freiverkehr.

Dieses wirft die Frage auf, welche Rolle der Freiverkehr oder der Neue Markt, bzw. die Marktsegmentierung in bezug auf das Underpricing spielt. Zumindest sollte diesem Aspekt in nachfolgenden Untersuchungen stärker Rechnung getragen werden.

1.1.6.2. Internationale Studien

Die postulierte stärkere Berücksichtigung nationaler, institutioneller Rahmenbedingungen bei der Untersuchung des Underpricing könnte aber etwas voreilig getroffen sein, da bereits vermerkt wurde, daß Underpricing ein weltweites Phä-

---

89 Ljungqvist (1997), Seite 1312

90 Ehrhardt (1997); viele der Emissionen im Freiverkehr wurden von der Portfolio Management GmbH als Emissionsinstitut begleitet und mußten nur wenige Jahre nach dem Börsengang Konkurs anmelden.

91 Blättchen/Jacquillat (1999)

nomen ist. Aus diesem Grunde werden nun Studien internationaler Kapitalmärkte betrachtet, um ein Bild von dem Auftreten und der Dimension des Underpricing weltweit zu erhalten.

Die auf der nächsten Seite folgende **Tabelle 3** gibt einen Überblick über Underpricing-Studien verschiedener Länder in unterschiedlichen Perioden.

Diese internationale Übersicht bestätigt, daß Underpricing kein temporäres Phänomen ist und auf allen Kapitalmärkten der Welt vorhanden zu sein scheint. Auffällig ist jedoch auf den ersten Blick, daß die Höhe des Underpricing nicht nur für die einzelnen Länder in verschiedenen Studien unterschiedlich hoch angegeben wird, sondern auch, daß die Höhe des Underpricing in jedem Land unterschiedlich hoch zu sein scheint.

Werden für eine grobe Übersicht die Mittelwerte der vorliegenden Studien genommen,[92] so beträgt die Höhe des Underpricing in Frankreich 4,1 v.H., in den Niederlanden 8,4 v.H., in Finnland 8,7 v.H., in Kanada 9,3 v.H., Großbritannien 9,7 v.H., Hong Kong 13,8 v.H., Australien, 17,4 v.H., USA 19,5 v.H., Schweiz 35,8 v.H., Schweden 40,5 v.H., Singapur 40,9 v.H., Japan 51,9 v.H., Malaysia 114,4 v.H. und China 289,2 v.H..

Die Bandbreite des Underpricing liegt somit zwischen 4 und 290 v.H. und läßt vermuten, daß Underpricing zwar ein weltweites Phänomen ist, aber die Ursache insbesondere für die Höhe des Underpricing in jedem Land eine andere sein kann. Hierfür spricht vor allem, daß die Höhe des Underpricing in gleichen Perioden aber unterschiedlichen Ländern stark voneinander abweicht. So weist Frankreich für 1984 bis 1989 einen Wert in Höhe von 4,1 v.H. auf, währen für den gleichen Zeitraum das Underpricing in Malaysia mit 62,1 v.H. ermittelt wird. Und von 1978 bis 1983 beträgt das Underpricing in Hong Kong 13,8 v.H., in Singapur 38,4 v.H. und in Malaysia 166,6 v.H.. Von 1959 bis 1963 ermittelt *Merrit* für Großbritannien ein Underpricing in Höhe von 13,7 v.H., während *Stoll/Curley* von 1957 bis 1963 für die USA ein Underpricing in Höhe von 60,6 v.H. ermitteln.

---

[92] Diese Vorgehensweise ist analytisch selbstverständlich nicht korrekt, doch für eine grobe Aussage ist diese Vereinfachung zulässig.

Tabelle 3: Underpricing als weltweites Phänomen

Autor	Land	Zeitraum	Underpricing in v.H.
Lee et.al. (1996)	Australien	1976 - 1989	11,86
Finn/Higham (Uhlir)	Australien	1966 - 1978	23,00
Mok/Hui (1998)	China	1990 - 1993	289,20
Keloharju (Kaserer/Kempf)	Finnland	1984 - 1989	8,70
Husson/Jacquillat (Uhlir)	Frankreich	1983 - 1986	4,10
Dawson (Uhlir)	Hong Kong	1978 - 1983	13,80
Dawson/Hiraki (Uhlir)	Japan	1979 - 1984	51,90
Jog/Riding (Uhlir)	Kanada	1971 - 1983	9,30
Paudyal et.al. (1998)	Malaysia	1984 - 1989	62,10
Dawson (Uhlir)	Malaysia	1978 - 1983	166,60
Wessels (Uhlir)	Niederlande	1982 - 1987	8,40
De Ridder (Uhlir)	Schweden	1983 - 1985	40,50
Kunz/Aggarwal (1994)	Schweiz	1983 - 1989	35,80
Koh/Walter (Saunders)	Singapur	1973 - 1987	27,00
Dawson (Saunders)	Singapur	1979 - 1983	37,50
Dawson (Saunders)	Singapur	1978 - 1983	38,40
Saunders/Lim (Saunders)	Singapur	1987 - 1988	45,40
Wong/Chiang (Saunders)	Singapur	1975 - 1984	56,02
De Ridder (Uhlir)	UK	1981 - 1984	7,00
Davis/Yeomans (Uhlir)	UK	1965 - 1971	8,50
Brennan/Franks (1997)	UK	1986 - 1989	9,52
Buckland (Uhlir)	UK	1965 - 1975	9,70
Merrit (Uhlir)	UK	1959 - 1963	13,70
Tinic (1988)	USA	1923 - 1930	5,17
Block/Stanley (Uhlir)	USA	1974 - 1978	6,00
Jain/Kini (1999)	USA	1976 - 1990	7,44
Balvers (Kaserer/Kempf)	USA	1981 - 1985	7,84
Carter/Dark/Singh (1997)	USA	1971 - 1991	8,08
Miller/Reilly (Uhlir)	USA	1982 - 1983	9,90
Spiess/Pettway (1997)	USA	1987 - 1991	10,00
Tinic (1988)	USA	1966 - 1971	11,07
Ibbotson (Kaserer/Kempf)	USA	1960 - 1969	11,40
Krigman/Shaw/Womack (1999)	USA	1988 - 1995	12,30
Loughran (Ljungqvist)	USA	1960 - 1992	15,30
Ibbotson et.al.(Kaserer/Kempf)	USA	1960 - 1987	16,40
Carter/Manaster (1990)	USA	1979 - 1983	16,79
Ibbotson/Jaffe (Uhlir)	USA	1960 - 1970	16,80
Neuberger/Hammond (Uhlir)	USA	1965 - 1969	17,00
Ritter (Uhlir)	USA	1960 - 1982	18,80
Loderer (1991)	USA	1980 - 1984	21,00
Chalk/Peavy (Uhlir)	USA	1975 - 1982	21,70
Ritter (1989)	USA	1977 - 1982	26,50
Neuberger et.al. (Döhrmann)	USA	1975 - 1980	28,00
McDonald/Fisher (Döhrmann)	USA	1969 - 1969	29,00
Stoll/Curley (Uhlir)	USA	1957 - 1963	60,60
Logue (Döhrmann)	USA	1965 - 1969	**64,00**

Quelle: Originalaufsätze und Übersichten in Aufsätzen (Autor in Klammer)

Diese Zahlen deuten darauf hin, daß Underpricing nicht nur allgemein theoretisch erklärt werden und einen mikroökonomischen Hintergrund aufweisen muß, sondern, daß gerade nationale und institutionelle Faktoren für die Höhe des Underpricing ausschlaggebend sein können. Zwar können auch makroökonomische Faktoren für die Höhe des Underpricing verantwortlich sein, wie z.B. *Ljungqvist* vermutet,[93] wodurch die nationalen Unterschiede erklärt werden können, doch ist diese Klärung auch nicht stichhaltig genug, wenn z.B. die Studien von *Block/Stanley* und *Neuberger et.al.* für die USA miteinander verglichen werden. Für den Zeitraum von 1974 bis 1978 ermitteln *Block/Stanley* ein Underpricing in Höhe von 6 v.H., während *Neuberger et.al.* für 1975 bis 1980, also eine nahezu gleiche Periode, einen Wert von 28 v.H. ermitteln. Ähnlich verhält es sich, wenn die Studien von *Balvers* und *Loderer* miteinander verglichen werden. *Balvers* kommt für die USA von 1981 bis 1985 auf ein Underpricing von 7,84 v.H., *Loderer* ermittelt dagegen für 1980 bis 1984 ein Underpricing in Höhe von 21 v.H..

Diese Unterschiede sind zu einem gewissen Teil sicherlich bedingt durch eine unterschiedliche analytische Vorgehensweise der Autoren. So wurde bereits in Kapitel 1.1.2. auf die Probleme der Vergleichbarkeit verschiedener Studien und die unterschiedliche Messung des Underpricing hingewiesen. Doch ob mit der differenzierten Analytik die gesamte Höhe der Differenzen erklärt werden kann, ist zu bezweifeln, da die Unterschiede teilweise zu groß ausfallen. Hier mag eine andere Erklärung möglicherweise in den Vordergrund rücken. Unter Umständen ist es der Schwerpunkt und die Aufbereitung des Datenmaterials, der sich für die (nationalen) Unterschiede bei der Berechnung der Höhe des Underpricing verantwortlich zeigt. *Krigman/Shaw/Womack* und *Spiess/Pettway* beziehen ihre Studien zum Beispiel auf Erstemissionen an der NYSE, der AMEX und der NASDAQ,[94] doch schließen *Spiess/Pettway* „financial firms .. and utilities" aus.[95] Andere Autoren machen teilweise gar keine Angabe darüber, welche Börsen betrachtet werden und *Ritter* konzentriert seine Untersuchungen auf die usamerikanische NASDAQ-Börse.

---

93 Ljungqvist (1997)

94 New York Stock Exchange (NYSE), American Stock Exchange (AMEX) und National Association of Securities Dealers Automated Quotation (NASDAQ) – die nach der Marktkapitalisierung drei größten Wertpapierbörsen in den USA.

95 Spiess/Pettway (1997), Seite 969

Diese Unterscheidung läßt erkennen, daß auch in der internationalen Betrachtung institutionelle Marktgegebenheiten die Höhe des Underpricing beeinflussen können oder nationale Besonderheiten bei der Erstemission von Aktien eine Rolle spielen können. Besonders deutlich wird diese Vermutung, wenn zwei ähnlich strukturierte Märkte in einer vergleichbaren makroökonomischen Periode miteinander verglichen werden. So ermittelt z.B. *Mella* für den deutschen Kapitalmarkt von 1984 bis 1986 ein Underpricing in Höhe von 19,70 v.H., während nach einer Studie von *Husson/Jacquillat* in Frankreich das Underpricing von 1983 bis 1986 „nur“ 4,10 v.H. beträgt.

Diese Gegenüberstellung, die erkennen läßt, daß nationale, vor allem institutionelle Gegenbenheiten, die Höhe des Underpricing beeinflussen können, machen es für die weitere Vorgehensweise unerläßlich, ein Blick auf die Organisationsstruktur der Primärmärkte zu werfen. Dieses ist Gegenstand des folgenden Kapitels 1.2..

1.2. Die Organisation des Primärmarktes und seine Implikationen für Initial Public Offerings

Für Initial Public Offerings spielen per definitionem die Primärmarkte eine entscheidende Rolle. Denn wenn zwischen dem Primärmarktpreis und dem (ersten) Sekundärmarktpreis einer Aktie eine systematisch positive Differenz liegt, können Ursachen für dieses Underpricing auch auf Seiten der Primärmärkte liegen. Insbesondere die Ausführungen zu der Höhe des ex-post Underpricing auf internationalen Kapitalmärkten legen die Vermutung nahe, daß institutionelle Rahmenbedingungen eine mitentscheidende Rolle für die Höhe des Underpricing spielen können, auch wenn diese die Existenz eines Underpricing nicht vollständig erklären kann. Dieses ist aber auch nicht die Aufgabe von Analysen, welche sich mit der Erklärung des ex-post Underpricing befassen, die grundsätzliche Existenz eines systematischen Underpricings ist vielmehr Gegenstand von Analysen, welche sich mit dem ex-ante Underpricing befassen.

Ein weiterer Aspekt, der eine Auseinandersetzung mit den institutionellen Rahmenbedingungen der Primärmärkte notwendig erscheinen läßt, ist die Tatsache, daß von den 262 deutschen Erstemissionen der letzten drei Jahre „nur“ ca. 19 v.H. im Marktsegment des amtlichen Handels notiert wurden, während ca. 64

v.H. der Erstemissionen den Neuen Markt für den Sekundärhandel präferierten.[96]

Daher wird im folgenden ein näherer Blick auf die Organisation der Primärmärkte gelegt, wobei zunächst der deutsche Kapitalmarkt den Schwerpunkt bildet und hier insbesondere die Stellung des Neuen Marktes. Ein vergleichender Blick auf internationale Märkte verdeutlicht die Unterschiede, welche aufschlußreich für eine Erklärung der unterschiedlichen Höhe des Underpricing sind. Für das weitere Verständnis dieser Studie ist es ferner notwendig, neben der Erläuterung der Verfahren zur Einführung von Aktien an einer Wertpapierbörse auch einen Eindruck von den Beweggründen für die Wahl des richtigen Börsenplatzes für Aktienemissionen zu erhalten.

1.2.1. Die Gestaltung des deutschen Primärmarktes im Überblick

Die rechtlichen Rahmenbedingungen für den deutschen Primärmarkt haben ihre Wurzeln in dem deutschen Börsengesetz (BörsG), welches am 01. Januar 1897 in Kraft getreten ist und gleichermaßen für die Struktur des Sekundärmarktes verantwortlich ist, ohne eine verbale Trennung vorzunehmen. Das Börsengesetz gliedert den Börsenhandel in verschiedene Handelssegmente und unterscheidet in Verbindung mit dem Verkaufsprospektgesetz formal zwischen der Zulassung von Wertpapieren[97] zum Börsenhandel und dem Verkauf von Wertpapieren an einer Börse. Zahlreiche Nebengesetze[98] und Verordnungen[99] ergänzen die grundlegenden Vorschriften des Börsengesetzes, weshalb es für die weitere Systematik angebracht erscheint, nacheinander zunächst ein Blick auf die horizontale und vertikale Segmentierung zu werfen, danach die Zulassungs- und Verkaufsvoraussetzungen zu betrachten und anschließend die mit einer Börsenzulassung verbundenen Folgepflichten der Emittenten zu erörtern.

---

96 Die Daten beziehen sich auf die eigene empirische Untersuchung zu Initial Public Offerings, die im dritten Kapitel näher vorgestellt wird.

97 Das Börsengesetz und die Nebengesetze sprechen allgemein von Wertpapieren, womit nicht nur Aktien, sondern auch Anleihen etc. gemeint sind. Im Rahmen dieser Arbeit werden aber nur Aktien betrachtet, so daß die Verwendung des Wortes Wertpapiere sich im folgenden nicht zwangsläufig auf die klassische Definition dieses Begriffs bezieht, sondern nur Aktien gemeint sind.

98 In erster Linie ist hier das Verkaufsprospekt-Gesetz zu nennen, doch es kann auch das Wertpapierhandelsgesetz hierunter subsumiert werden.

99 Maßgebliche Verordnungen diesbezüglich sind die Börsenzulassungs-Verordnung und die Verkaufsprospekt-Verordnung.

1.2.1.1. Horizontale und vertikale Segmentierung

Der Börsenplatz Deutschland bedarf zunächst einer Skizzierung, da es auf den ersten Blick eine Vielzahl von Börsenmärkten gibt, an denen Wertpapiere gehandelt werden (können). So gibt es unter anderem Börsen in Frankfurt, Hamburg oder München, es gibt den Optionsmarkt, den Terminmarkt, den Kassahandel, den amtlichen Handel, den Freiverkehr oder den außerbörslichen Handel. Eine Struktur dieser Bezeichnungen, die allesamt Börsenmärkte im weiteren Sinne darstellen, ergibt sich, wenn der Oberbegriff „Wertpapierbörse" in zwei Teile zerlegt wird. Hiernach kann unterschieden werden zwischen einer horizontalen Segmentierung und einer vertikalen Segmentierung der Wertpapierbörsen.[100]

Wie später noch dargelegt werden wird, ist es *zunächst* unerheblich, bereits an dieser Stelle zwischen dem Primärmarkt (Emissionsmarkt) und dem Sekundärmarkt (Zirkulationsmarkt) zu unterscheiden, die zusammen den Effektenmarkt bilden.

Die Differenzierung nach einer horizontalen und einer vertikalen Differenzierung stellt nur eine Möglichkeit dar, wie die verschiedenen Marktplätze für Wertpapiere strukturiert werden können. Andere Alternativen sind durchaus denkbar, doch hat sich in der betriebswirtschaftlichen Literatur die Unterscheidung zwischen einer horizontalen und einer vertikalen Segmentierung allgemein durchgesetzt. Unter einer horizontalen Segmentierung ist der gleichzeitige Handel von Wertpapieren an mehreren Börsenplätzen zu verstehen, während unter einer vertikalen Segmentierung ein handelbarer Titel nur jeweils einem einzigen Börsensegment zugeordnet sein kann. Die vertikale Segmentierung stellt dabei ab auf verschieden Handelsusancen und/oder die Umsatzgröße des zu handelnden Wertpapiers.[101]

Konkret auf den deutschen Kapitalmarkt bezogen ergibt sich eine horizontale Segmentierung aus dem nebeneinander der Regionalbörsen, während die vertikale Segmentierung durch die (gesetzlich vorgegebenen) Handelssegmente charakterisiert ist. So können z.B. die verschiedenen vertikalen Handelssegmente an jeder der Regionalbörsen existent sein. Zur Verdeutlichung mag die Nominierung der jeweiligen Segmente beitragen.

In Deutschland existieren acht regionale Wertpapierbörsen. Diese befinden sich in **Frankfurt, Stuttgart, Düsseldorf, Berlin, München, Hamburg, Hannover**

[100] Dieser Vorschlag geht auf Schmidt zurück, vgl. Schmidt (1988).
[101] Vgl. z.B. Schmidt (1988), Seite 40 ff.

und Bremen. Die Frankfurter Wertpapierbörse nimmt unter den Börsen eine dominierende Stellung ein, denn gut 73 v.H. aller an deutschen Börsen notierten inländischen Aktien sind an der Frankfurter Wertpapierbörse notiert und in Frankfurt werden 80 v.H. der Gesamtumsätze aller deutscher Wertpapierbörsen getätigt.[102] Dieses nebeneinander von regionalen Börsenplätzen kann als horizontale Segmentierung aufgefaßt werden.[103] Eine vertikale Segmentierung ergibt sich, wenn die jeweiligen Börsenmärkte betrachtet werden, die prinzipiell an allen Börsenplätzen vorhanden sein können. Als Börsenmarkt kann nach der vertikalen Segmentierung zum Beispiel der amtliche Handel, der geregelten Markt oder der Freiverkehr betrachtet werden, die theoretisch auch um den Neuen Markt oder den außerbörslichen Handel ergänzt werden können.[104] Eine vertikale Segmentierung orientiert sich im Gegensatz zu der horizontalen Segmentierung weniger an regionalen Unterschieden, sondern stellt nach *Schmidt* insbesondere ab auf die (zu erwartenden) Umsätze in dem entsprechenden Wertpapier.[105]

Die horizontale Segmentierung des deutschen Effektenmarkes ist historisch bedingt, da im Laufe der letzten Jahrhunderte an vielen damaligen Finanzzentren auf dem Gebiet der heutigen Bundesrepublik Deutschland Wertpapierbörsen gegründet wurden. So entstand bereits im Jahre 1479 die Augsburger Börse, 1535 gilt als Geburtsstunde der Frankfurter Wertpapierbörse, 1685 wurde die Berliner Börse gegründet, 1787 die Hannoversche Börse[106] und 1830 die Münchener Börse.[107] Politische und wirtschaftliche Entwicklungen führten zu der heutigen Börsenlandschaft, die aus den bereits genannten acht Börsenplätzen besteht.

Die vertikale Segmentierung hingegen ist auf das Börsengesetz zurückzuführen, welches am 01. Januar 1897 in Kraft getreten ist. Während zur damaligen Zeit lediglich zwischen dem *Börsenhandel* und dem *außerbörslicher Handel* differenziert wurde, führten zahlreiche Novellen des Börsengesetzes zu der heutigen

---

102 Deutsche Börse AG, Fact Book 1999

103 Als neunter Börsenplatz im Rahmen einer horizontalen Segmentierung könnte auch der Optionsmarkt verstanden werden. Da dieser für das Thema der vorliegenden Arbeit keine Bewandnis hat, soll dieser nicht näher betrachtet werden.

104 Inwieweit der Neue Markt ein eigenständiges Börsensegment ist, wird an späterer Stelle diskutiert; der außerbörsliche Handel wird im Rahmen dieser Arbeit nicht betrachtet und wird daher nicht weiter verfolgt.

105 Schmidt (1988), Seite 41

106 Welfen, Wechsler, Wertpapiere – Die Börsen Braunschweig und Hannover im Spiegel der Zeit, Verlagsgesellschaft Grütter, 1996

107 Vgl. Webseiten der jeweiligen Börsen

vertikalen Struktur mit seinen *de jure*[108] drei Handelssegmenten. Als Begründung für die Schaffung eines Börsengesetzes galten Kapitalverluste unkundiger Kleinanleger und Vermögensverluste während der „Gründerhausse“, eine heftige Baisse der Aktien und Rentenkurse sowie spektakuläre Fälle von Depotveruntreuungen zum Ende des 19. Jahrhunderts.[109] Fortan wurde der Börsenhandel unter die rechtliche Aufsicht des Börsengesetzes gestellt und die Zulassung von Wertpapieren zum Börsenhandel gesetzlich geregelt. Somit gab es mit Inkrafttreten des deutschen Börsengesetzes zum 01. Januar 1897 rechtlich nur die Unterscheidung zwischen dem (rechtlich abgesicherten) *Börsenhandel (§ 36 BörsG)* und dem *außerbörslichen Handel*, der nicht im Börsengesetz erwähnt wurde.[110] Der außerbörsliche Handel von Wertpapieren wurde im Laufe der Zeit mit dem Terminus *„Freiverkehr“* tituliert, wobei eine Differenzierung zwischen einem *ungeregelten* und einem *geregelten Freiverkehr* erst in der zweiten Hälfte der dreißiger Jahre des 20. Jahrhunderts einsetzte[111] und bis in die achtziger Jahre des 20. Jahrhunderts Bestand hatte. Erst die Börsengesetznovelle vom 16. Dezember 1986, die der Umsetzung dreier EG-Richtlinien zur Harmonisierung der europäischen Kapitalmärkte diente, schuf die heutige vertikale Struktur des Börsengesetzes mit seinen drei Segmenten.

Aus dem bislang als *Börsenhandel* titulierten Marktsegment wurde nunmehr der *amtliche Handel (§ 36)* und das Börsengesetz wurde erweitert um Vorschriften über die Zulassung von Wertpapieren zum *nicht-amtlichen Handel (§ 71).* Diese Vorschriften bezogen sich explizit auf das neu geschaffene Marktsegment des *geregelten Marktes*, beinhalteten aber mit dem § 78 auch erstmals die Möglichkeit, daß ein ordnungsgemäßer Börsenhandel an der Börse mit Wertpapieren stattfinden darf, die weder zur amtlichen Notierung noch zum geregelten Markt zugelassen sind – womit der *Freiverkehr* erstmalig legitimiert wurde.[112] An dieser vertikalen Segmentierung hat sich bis heute nach dem Börsengesetz nichts geändert, so daß der Börsenhandel in die Handelssegmente *amtlicher Handel, geregelter Markt* und *Freiverkehr* gegliedert ist, wobei die beiden letzteren Segmente im Sprachgebrauch des Gesetzgebers unter die Rubrik der nicht-

---

108 Rechtlich betrachtet existieren nach wie vor drei Handelssegmente, auch wenn durch den Neuen Markt de facto ein viertes Segment hinzugekommen ist. Zu der besonderen rechtlichen Verankerung und Gestaltung dieses Marktsegmentes folgen später ausführliche Betrachtungen.

109 Vgl. Mues (1997)

110 Börsengesetz vom 22. Juni 1896 lt. Reichsgesetzblatt Nr. 15; abgedruckt in: Welfen, Wechsler, Wertpapiere (1996)

111 Kümpel (1985)

112 Die bisherigen Verweise auf die Paragraphen 36, 71 und 78 beziehen sich auf das Börsengesetz der jeweiligen Zeit von 1896, vor 1986 und nach 1986.

amtlichen Notierung fallen.[113] Darüber hinaus ist nach wie vor ein außerbörslicher Handel existent, der in Anlehnung an den angelsächsischen Sprachgebrauch auch als *OTC-Markt* oder *over-the-counter-market* bezeichnet wird.[114]

Bereits zu diesem Zeitpunkt ist bemerkenswert, daß das Börsengesetz von Beginn an keinen Unterschied zwischen dem Primär- und dem Sekundärmarkt macht, vielmehr werden durch die Ausführungen zur Zulassung von Wertpapieren zum Handel mit amtlicher oder nicht-amtlicher Notierung die beiden Märkte zusammengeführt. Das bedeutet, daß die vertikale Segmentierung des Börsenhandels durch das Börsengestz sowohl für den Emissionsmarkt, als auch für den Zirkulationsmarkt gilt.[115]

Neben der Verbalisierung verschiedener vertikaler Handelssegmente existieren aber auch kategorische Unterschiede zwischen den jeweiligen Börsensegmenten, die im folgenden näher dargestellt werden, wobei lediglich auf das aktuelle Börsengesetz bezug genommen wird, da eine Betrachtung der Evolution der Vorschriften lediglich im Rahmen einer historischen Dokumentation von Interesse ist, im Rahmen dieser Arbeit aber nur eine nachrangige Bedeutung hat.

Die wesentlichen Unterschiede der börsenrechtlichen Ausgestaltung der vertikalen Segmente sind die Quantität und die Intensität der Vorschriften.

So ist nach § 78 BörsG[116] für Wertpapieren, die weder zum amtlichen Handel noch zum geregelten Markt zugelassen sind, eine Zulassung zum *Freiverkehr* möglich, wenn durch Handelsrichtlinien eine ordnungsgemäße Durchführung des Handels und der Geschäftsabwicklung gewährleistet erscheint. Der § 78 überträgt somit die Anforderungen, die implizit an einen ordnungsgemäßen Handel geknüpft sind, an die jeweiligen Börsenordnungen. Weitere gesetzliche Anforderungen für eine Zulassung von Wertpapieren zum Freiverkehr existieren nicht.

---

[113] Für aktuelle Bezugnahme auf das Börsengesetz vgl. z.B. das Börsengesetz in der Fassung der Bekanntmachung vom 17. Juli 1996, zuletzt geändert durch Gesetz vom 22.06.1998; wie abgedruckt in: Bankrecht, 27. Auflage 1998, dtv

[114] In Hinblick auf die Zielsetzung der Arbeit wird der außerbörslicher Handel von Wertpapieren hier nicht weiter beachtet.

[115] Schmidt (1988) verwendet diese Nominierung des Emissionsmarktes für den Primärmarkt und die des Zirkulationsmarktes für den Sekundärmarkt, während sich in der neueren Literatur die Termini des Primär- und des Sekundärmarktes durchsetzen; vgl. z.B. Ross/Westerfield/Jaffe (1999) oder Beike/Schlütz (1999).

[116] Im laufenden Kapitel 1.2.1. beziehen sich alle Paragraphen-Angaben, sofern nicht anders angegeben, auf das Börsengesetz in der Fassung der Bekanntmachung vom 17.06.1996, zuletzt geändert durch Gesetz vom 22.06.1998.

Weitaus detailliertere Vorschriften lassen sich dem Gesetz zum *geregelten Markt* entnehmen. So entscheidet über die Zulassung von Wertpapieren ein Zulassungsausschuß (§ 71 Abs. 2), wenngleich nähere Bestimmungen zum geregelten Markt in einer Börsenordnung getroffen werden (§ 72), die von dem Börsenrat zu erlassen ist (§ 4). Doch muß von dem Emittenten ein Unternehmensbericht vorgelegt werden, der gemäß den Vorschriften einer speziellen Rechtsverordnung aufgelegt wird (§ 73).[117] Die festgestellten Preise für Wertpapiere im geregelten Markt sind Börsenpreise, dürfen aber nur von sogenannten Skontroführern festgestellt werden, deren wirtschaftliche Leistungsfähigkeit von der Börsenaufsichtsbehörde überprüft wird, um ein ordnungsgemäßes Zustandekommen eines Börsenpreises zu gewährleisten (§ 75 i.V.m. § 11 und § 8b). Ferner sind gesetzlich geregelt einige Pflichten des Emittenten (§ 76) sowie die Anforderungen an die Prospekthaftung (§ 77). Die gesetzlichen Anforderungen an den Börsenhandel von Wertpapieren mit Zulassung zum geregelten Markt übersteigen somit die Anforderungen an die Emittenten, deren Wertpapiere „nur" im Freiverkehr notiert werden (sollen).

Die Vorschriften für die Notierung von Wertpapieren im geregelten Markt werden noch übertroffen von den Vorschriften zur Notierung von Wertpapieren im *amtlichen Handel*. So entscheidet z.B. eine Zulassungsstelle über die Zulassung von Wertpapieren (§ 37) und die Feststellung des (amtlichen) Börsenpreises darf nur von amtlich bestellten Kursmaklern erfolgen (§ 11 i.V.m. § 29 ff und § 8a), die umfassenden gesetzlichen Vorschriften unterliegen (§§ 30-34). Bei der Feststellung des Börsenpreises dürfen nur Mitgliedern der Börsenaufsichtsbehörde oder der Handelsüberwachungsstelle anwesend sein, um zu gewährleisten, daß ein ordnungsgemäßer Börsenpreis zustandekommt. Die Emittenten müssen zahlreiche Vorschriften einhalten, deren Einzelheiten gemäß § 38 in einer Rechtsverordnung geregelt werden, insbesondere sind dies Vorschriften einer Zulassung, die Inhalte eines Zulassungsprospektes, dessen Veröffentlichung sowie den Zulassungsverfahren. Ferner ist für Wertpapiere mit amtlicher Notierung eine europaweite Zusammenarbeit und ein vereinfachtes Zulassungsverfahren von Wertpapieren innerhalb der Europäischen Union gesetzlich geregelt (§ 40).

Diese Ausführungen zeigen, daß die Anforderungen an die Emittenten und der Anlegerschutz, bzw. der Schutz der Anteilseigner[118] im amtlichen Handel ausgeprägter ist, als im geregelten Markt, und im Freiverkehr de jure kaum vorhanden ist. Mit der vertikalen Segmentierung wird somit eine *qualitative* Segmen-

---

117 Zugrundegelegt werden müssen hier die Anforderungen nach der Verkaufsprospekt-Verordnung. Die Einzelheiten sind aber Gegenstand des nachfolgenden Kapitels 1.2.1.2.

118 Gegenstand dieser Arbeit ist die Betrachtung von Aktien-Erstemissionen. Da Aktien aber Beteiligungspapiere sind, kann im nachfolgenden weniger von Anlegerschutz als vielmehr von Anteilseignerschutz die Rede sein.

tierung des gesamten Börsenhandels vorgegeben,[119] die ihre ursprüngliche Begründung in einer unterschiedlichen Umsatzstärke der in dem jeweiligen Handelssegment notierten Titel[120] und einem damit notwendig verbundenem differenzierten Anlegerschutz hat[121].

Ein Bild von der praktischen Relevanz der einzelnen Börsensegmente zeigt die nachfolgende **Tabelle 4**. Abgetragen sind hier die Umsätze mit inländischen Aktien im Jahres 1998, die sich aufgrund der dominierenden Stellung des Börsenplatzes Frankfurts nur auf die Frankfurter Wertpapierbörse beziehen. Mit 97,2 v.H. aller inländischen Aktienumsätze nimmt der amtliche Handel zweifelsohne auf dem Markt für inländische Aktien eine herausragende Stellung ein. Mit Anteilen von 0,45 bzw. 0,22 v.H. sind dagegen der geregelte Markt und der Freiverkehr aus der Sicht der Umsatzgrößen zu vernachlässigen. Einzig der Neue Markt, der im Jahre 1998 2,13 v.H. der Umsätze verbuchen konnte, nimmt in diesem Szenario eine bedeutende Stellung ein, da er erst am 10. März 1997 begründet wurde und seitdem steigende Umsätze vorweist.

Tabelle 4: Aktien-Umsätze der FWB 1998 nach Marktsegmenten

Segment	**Umsatz** (in Euro)	**Anteil** (in v.H.)
Amtlicher Handel	2.139.573	97,20
Geregelter Markt	9.926	0,45
Freiverkehr	4.791	0,22
Neuer Markt	46.918	2,13

Quelle: Deutsche Börse AG, Fact Book 1998; eigene Berechnungen

Das Vorliegen qualitativ differenzierter Marktsegmente innerhalb einer vertikalen Börsenstruktur läßt es im Hinblick auf die Zielsetzung dieser Arbeit notwendig erscheinen, die einzelnen Segmente genauer zu betrachten, insbesondere was die Pflichten der Emittenten bei der Zulassung von Aktien zum Börsenhandel betrifft. Nach der erfolgten Darlegung der horizontalen und vertikalen Segmentierung des deutschen Effektenmarktes ist die Betrachtung der jeweiligen Zulassungs- und Verkaufsvoraussetzungen von Wertpapieren Gegenstand des folgenden Kapitels.

---

119 Büschgen (1997)

120 Diese Argumentation ist z.B. bei Schmidt (1988, 1977) wiederzufinden.

121 Hopt (1975) vertritt z.B. dieses Argument.

1.2.1.2. Zulassungs- und Verkaufsvoraussetzungen

Das Börsengesetz und seine Nebengesetze unterscheiden formal zwischen einer Zulassung von Wertpapieren zum Börsenhandel und dem Verkauf von Wertpapieren an einer Börse. Diese Trennung wird zwar nicht explizit im Börsengesetz vorgenommen, ergibt sich aber aus den Inhalten einzelner Paragraphen des Börsengesetzes, deren Verweise auf Rechtsverordnungen und aus deren rekursiven Bezugnahmen. So ist ein Verkauf von Wertpapieren über eine Börse nur möglich, wenn die Papiere an der Börse auch zum Handel zugelassen sind.[122] Die Zulassung von Wertpapieren wird aber in den gleichen Verordnungen und Gesetzen näher bestimmt, die auch die Vorschriften für den Verkauf von Wertpapieren liefern.[123] Damit ist zwar formalrechtlich eine Differenzierung zwischen der Zulassung von Wertpapieren zum Börsenhandel und dem Verkauf von Wertpapieren an einer Börse vorgenommen, faktisch entsprechen sich aber diese Vorschriften.

Aufgrund der vertikalen Segmentierung der Börsenmärkte gelten jedoch für jedes Börsensegment unterschiedliche Zulassungs- und Verkaufsvoraussetzungen, die sich aber segmentspezifisch immer entsprechen. So sind z.B. für den *amtlichen Handel* die Zulassungsvoraussetzungen gemäß § 36 BörsG geregelt in der Börsenzulassungs-Verordnung, wobei sich die Verkaufsvoraussetzungen für Wertpapiere des amtlichen Handels gemäß § 5, Abs. 1 des Verkaufsprospekt-Gesetzes auch auf die Börsenzulassungsverordnung beziehen. Die Zulassungs- und Verkaufsvoraussetzungen für Wertpapiere des amtlichen Handels sind somit weitestgehend in der Börsenzulassungs-Verordnung geregelt.

Für den *geregelten Markt* sind die Zulassungsvoraussetzungen geregelt in § 73 BörsG, der sich indirekt auf die Verkaufsprospekt-Verordnung bezieht, während sich die Verkaufsvoraussetzungen für Wertpapiere im geregelten Markt gemäß § 5 Abs. 1 des Verkaufsprospekt-Geseztes auf die Verkaufsprospekt-Verordnung beziehen.

Und für den *Freiverkehr* ist die Zulassung von Wertpapieren gesetzlich gar nicht geregelt, währenddessen sich die Verkaufsvoraussetzungen aus den §§ 1 und 7 des Verkaufsprospekt-Gesetzes ergeben, die sich auf die Verkaufsprospekt-Verordnung beziehen.

---

122 Siehe §§ 1,5, und 7 Verkaufsprospekt-Gesetz in Verbindung mit den §§ 38 und 73 Börsengestz.

123 Dieses ist die Börsenzulassungs-Verordnung für eine Zulassung zur amtlichen Notierung und die Verkaufsprospekt-Verordnung für eine Zulassung zur nicht-amtlichen Notierung.

Festzuhalten ist an dieser Stelle, daß sich durch die besondere Systematik des Gesetzgebers die Zulassungs- und Verkaufsvoraussetzungen für Wertpapiere entsprechen, aber für die jeweiligen vertikalen Segmente unterschiedlich sind. Im einzelnen ergeben sich folgende segmentspezifische Voraussetzungen für die Zulassung und den Verkauf von Wertpapieren an einer Börse.

Während im *Freiverkehr* der Emittent und die Wertpapiere für die Zulassung und den Verkauf von Wertpapieren an einer Börse grundsätzlich einen ordnungsgemäßen Handel und eine ordentliche Geschäftsabwicklung erlauben lassen müssen, bedarf es für den Verkauf[124] von Wertpapieren lediglich der Veröffentlichung eines Verkaufsprospektes, dessen Inhalt sich nach der Verkaufsprospekt-Verordnung richtet (§ 7 VerkProspG i.V.m. § 1 VerkProspVO). Nähere Angabe zur Zulassung von Wertpapieren zum Freiverkehr sind börsenrechtlich nicht geregelt, so daß weitere Bestimmungen nur den Freiverkehrsrichtlinien der jeweiligen Börse bzw. den Börsenordnungen entnommen werden können.

Für Wertpapiere, die im *geregelten Markt* gehandelt werden sollen, dürfen keine Umstände bekannt sein, die zu einer Übervorteilung des Publikums oder einer Schädigung allgemeiner Interessen führen könnten (§ 73 Abs. 1 Ziffer 3). Darüber hinaus muß gemäß § 73 Abs. 2 i.V.m. § 1 VerkProspG ein Unternehmensbericht vorgelegt werden, dessen Inhalte sich gemäß § 5 Abs. 2VerkProspG nach der Verkaufsprospekt-Verordnung richten. Weitere Einzelheiten zur Zulassung von Wertpapieren zum geregelten Markt sind nach § 72 der jeweiligen Börsenordnung zu entnehmen.

Wertpapiere, die im *amtlichen Handel* angeboten werden sollen, bedürfen nach § 36 Abs. 2 einer Zulassung zusammen mit einem Kreditinstitut. Es dürfen keine Umstände bekannt sein, die zu einer Übervorteilung des Publikums oder einer Schädigung allgemeiner Interessen führen könnten (§ 36 Abs. 3 Ziffer 3) und es ist nach § 36 Abs. 3 Ziffer 2 ein Prospekt zu erstellen, deren Inhalte sich nach der Börsenzulassungs-Verordnung zu richten haben. Diese setzt insbesondere voraus, daß das Grundkapital mindestens DM 2,5 Mio. betragen muß (§ 2 Abs. 1 BörsZulVO), der Emittent bereits drei Jahre bestanden haben soll (§ 3 Abs.1 BörsZulVO) und mindestens 25 v.H. seiner Aktien öffentlich anbieten soll (§ 9 BörsZulVO). Weitere Einzelheiten zur Zulassung bzw. den Verkauf von Wertpapieren mit amtlicher Notierung regelt daher die Börsenzulassungs-Verordnung.

---

[124] Es ist hier bewußt nur von dem Verkauf von Wertpapieren im Freiverkehr die Rede, da nach der Terminologie des Börsengesetzes die Freiverkehrswerte nichtzugelassene Wertpapiere im Sinne des Börsengesetzes sind, deren Einbeziehung in den Handel die jeweilige Börse regelt.

An dieser Stelle kann bereits festgehalten werden, daß sich die rechtlich vorgegebenen Handelssegmente durch die Systematik des Gesetzgebers qualitativ voneinander unterscheiden, da sich für die jeweiligen Segmente eine unterschiedliche Quantität an Zulassungs- und Verkaufsvoraussetzungen ergibt. So sind die Regelungen für eine Notierung im amtlichen Handel umfangreicher, als die Regelungen für eine Notierung im geregelten Markt – und für den Freiverkehr werden quasi gar keine gesetzlichen Regelungen erlassen.

Diese sachlich-objektive Differenzierung ist bereits an dieser Stelle von besonderer Bedeutung, da in der börsennahen Literatur als Begründung für eine vertikale Segmentierung der zu erwartende Umsatz eines Wertpapiers angegeben wird,[125] dieser Parameter in der Systematik des Gesetzgebers aber weder explizit noch indirekt genannt wird.

Bevor aber ein abschließendes Votum zur vertikalen Segmentierung durch den Gesetzgeber abgegeben werden kann und soll, ist es notwendig, im Hinblick auf die Zielsetzung der Arbeit einen näheren Blick auf die jeweiligen Prospektinhalte zu werfen, die ein Emittent beim Verkauf und der Zulassung von Wertpapieren in jedem Börsensegment veröffentlichen muß.

Die Inhalte der Verkaufsprospekte[126]:

Wie bereits dargestellt richtet sich der Inhalt des Verkaufsprospekt für eine Notierung im *Freiverkehr* nach § 7 VerkProspG nach der Verkaufsprospektverordnung. Hiernach muß der Verkaufsprospekt über die tatsächlichen und rechtlichen Verhältnisse, die für die Beurteilung der angebotenen Wertpapiere notwendig sind, Auskunft geben und richtig und vollständig sein (§ 2 VerkprospVO). Des weiteren müssen insbesondere Angaben enthalten sein über:

- die Personen oder Gesellschaften, die für den Inhalt des Prospektes die Verantwortung übernehmen (§ 3 VerkProspVO),
- die Wertpapiere (§ 4 VerkProspVO),
- den Emittenten (§ 5 VerkProspVO),
- das Kapital des Emittenten (§ 6 VerkProspVO),
- die Geschäftstätigkeit des Emittenten (§ 7 VerkProspVO),

---

125 Vgl. z.B. Schmidt (1977, 1988)

126 Der Begriff Verkaufsprospekt ist synonym zu den Begriffen Prospekt oder Unternehmensbericht zu verstehen. Der Gesetzgeber verwendet alle drei Begriffe, ohne jeweils Unterschiede ableiten zu wollen. In Anlehnung dessen werden auch hier die Begriffe gleichermaßen verwendet.

- die Vermögens-, Finanz- und Ertragslage des Emittenten (§ 8 VerkProspVO),
- die Prüfung des Jahresabschlusses (§ 9 VerkProspVO),
- die Geschäftsführungs- und Aufsichtsorgane (§ 10 VerkProspVO) und
- den jüngsten Geschäftsgang und die Geschäftsaussichten (§ 11 VerkProspVO).

Weitere Angaben in dem Verkaufsprospekt und damit zur Zulassung von Aktien brauchen bei einer Notierungsaufnahme im Segment des Freiverkehrs nicht gemacht werden. Auch die Börsenordnung bzw. die Freiverkehrsrichtlinien z.B. der Frankfurter Wertpapierbörse schreiben keine weiteren ergänzenden Angaben vor.[127]

Anders sieht es hingegen aus, wenn ein Unternehmen eine Zulassung zum geregelten Markt beantragt. Zwar greift gemäß § 1 VerkProspVO (i.V.m. § 5 Abs. 2 VerkProspG und § 73 Abs. 1 Ziffer 2 BörsG) auch hier die Verkaufsprospektverordnung (VerkProspVO), nach der sich die Inhalte des Prospektes auf die Verkaufsprospekt-Verordnung beziehen und die Zulassung der Wertpapiere dem Zulassungsausschuß eingereicht werden muß. Doch werden diese Vorschriften durch die Börsenordnung noch um einige Punkte erweitert. So gelten neben den o.g. Vorschriften des Freiverkehrs bei einer Zulassung von Wertpapieren zum geregelten Markt, daß der Nennbetrag mindestens DM 500.000,-- betragen muß (§ 58 Börsenordnung), und daß nach § 59 Börsenordnung dem Zulassungsantrag folgende weitere Unterlagen beizufügen sind:

- Satzung des Unternehmens bzw. Gesellschaftsvertrag,
- Handelsregisterauszug neuesten Datums,
- Gründungsberichte gemäß §§ 32 ff Aktiengesetz,
- Protokolle über die Beschlüsse zur Emission und
- Erklärungen betreffend Betriebsstörungen, Patente, Rechtsstreitigkeiten und Auflösung von Globalurkunden.

Ferner kann der Zulassungsausschuß die Einreichung weiterer Unterlagen und ergänzende Angaben verlangen (§ 59 Abs. 4 Börsenordnung). Die Anforderungen an die Emittenten, eine Zulassung zum geregelten Markt zu beantragen, sind somit quantitativ und qualitativ umfangreicher als die Anforderungen einer „Zulassung" zum Freiverkehr.

---

[127] Siehe z.B. Richtlinien für den Freiverkehr an der Frankfurter Wertpapierbörse oder die Börsenordnung für die Frankfurter Wertpapierbörse.

Die nachfolgende **Tabelle 5** stellt die Anforderungen für die Inhalte des zu veröffentlichenden (§ 9 VerkProspG) Prospektes einer nicht-amtlichen Notierungsaufnahme gegenüber.

Tabelle 5: Prospektinhalte Freiverkehr vs. Geregelter Markt

	Freiverkehr	Geregelter Markt
Allgemeines	Verkaufsprospekt muß über die tatsächlichen und rechtlichen Verhältnisse, die für die Beurteilung der angebotenen Wertpapiere notwendig sind, Auskunft geben und richtig und vollständig sein (§ 2 VerkProspVO)	Verkaufsprospekt muß über die tatsächlichen und rechtlichen Verhältnisse, die für die Beurteilung der angebotenen Wertpapiere notwendig sind, Auskunft geben und richtig und vollständig sein (§ 2 VerkProspVO)
Inhalte lt. Verkaufsprospekt-Verordnung	Angabe über die Personen oder Gesellschaften, die für den Inhalt des Prospektes die Verantwortung übernehmen (§ 3 VerkProspVO)	Angabe über die Personen oder Gesellschaften, die für den Inhalt des Prospektes die Verantwortung übernehmen (§ 3 VerkProspVO)
	Angaben über die Wertpapiere (§ 4)	Angaben über die Wertpapiere (§ 4)
	Angaben über den Emittenten (§ 5)	Angaben über den Emittenten (§ 5)
	Angabe über das Kapital des Emittenten (§ 6 VerkProspVO)	Angabe über das Kapital des Emittenten (§ 6 VerkProspVO)
	Angaben über die Geschäftstätigkeit des Emittenten (§ 7 VerkProspVO)	Angaben über die Geschäftstätigkeit des Emittenten (§ 7 VerkProspVO)
	Angaben über die Vermögens-, Finanz- und Ertragslage des Emittenten (§ 8 VerkProspVO)	Angaben über die Vermögens-, Finanz- und Ertragslage des Emittenten (§ 8 VerkProspVO)
	Angaben über die Prüfung des Jahresabschlusses (§ 9 VerkProspVO)	Angaben über die Prüfung des Jahresabschlusses (§ 9 VerkProspVO)
	Angaben über die Geschäftsführungs- und Aufsichtsorgane (§ 10	Angaben über die Geschäftsführungs- und Aufsichtsorgane (§ 10)
	Angaben über den jüngsten Geschäftsgang und die Geschäftsaussichten (§ 11 VerkProspVO)	Angaben über den jüngsten Geschäftsgang und die Geschäftsaussichten (§ 11 VerkProspVO)
Anforderungen lt. Börsenordnung		Nennbetrag muß mind. DM 500.000,-- betragen
		Satzung bzw. Gesellschaftsvertrag muß eingereicht werden
		Handelsregisterauszug neuesten Datums muß vorliegen
		Gründungsbericht lt. § 32 ff AktG muß eingereicht werden
		Protokolle über die Beschlüsse zur Emission sind beizufügen
		Erklärungen betreffend Betriebsstörungen, Patente, Rechtsstreitigkeiten und Auflösung von Globalurkunden sind einzureichen

Quelle: Verkaufsprospekt-Verordnung, Börsenordnung

Werden diese Anforderungen mit denen verglichen, die ein Emittent erfüllen muß, wenn er eine Zulassung zur *amtlichen Notierung* beantragt, dann sind letztere noch umfangreicher, als die des geregelten Marktes. Da allerdings gemäß §§ 2 + 3 BörsZulVO das Grundkapital des Emittenten ohnehin mindestens DM 2,5 Mio. betragen muß und der Emittent mindestens drei Jahre als Unternehmen bestanden haben muß, entfallen bei einer Notierungsaufnahme im amtlichen Handel die Angaben, die sich bei einer Notierung im geregelten Markt aus der Börsenordnung ergeben. So verbleiben für den Prospektinhalt bei einer beantragten Zulassung zum amtlichen Handel die Vorschriften, die sowohl bei einer Notierung im Freiverkehr und im geregelten Markt Anwendung finden, jedoch bestimmen sich diese nicht mehr durch die Verkaufsprospekt-Verordnung, sondern durch die Börsenzulassungs-Verordnung, die **wesentlich detaillierte** Angaben fordert.

Darüber hinaus sind folgende weitere Angaben von dem Emittenten in seinem Verkaufsprospekt zu veröffentlichen:

- Aufstellung über Herkunft und Verwendung der Mittel (§ 23 BörsZulVO),
- Angaben über Beteiligungsunternehmen (§ 24 BörsZulVO),
- Angaben von Ergebnis und Dividende je Aktie (§ 25 BörsZulVO),
- Aufnahme von Konzernabschlüssen (§ 26 BörsZulVO),
- Angaben über die Rechnungslegung des Emittenten (§ 22 BörsZulVO) und
- besondere Angaben über Aktien (§ 16 BörsZulVO).

Diese Auflistung zeigt, daß die gesetzlichen Anforderungen an einen Emittenten bei der Zulassung zum amtlichen Handel wesentlich umfangreicher und qualitativ detaillierter sind, als bei einer Zulassung zum geregelten Markt oder zum Freiverkehr. Anders ausgedrückt kann auch formuliert werden, daß zur Beurteilung der angebotenen Aktien bedeutend mehr und bessere Informationen bereitgestellt werden müssen, wenn eine Zulassung zum amtlichen Handel beantragt wird, als wenn eine Zulassung zum geregelten Markt oder Freiverkehr erfolgen soll. Bei den beiden letzteren wiederum müssen bei einer beantragten Zulassung zum geregelten Markt mehr Informationen veröffentlicht werden. Aus kapitalmarkttheoretischer Sicht könnte auch davon gesprochen werden, daß die Informationsasymmetrie bei Erstemissionen zwischen Kapitalgebern und Kapitalnehmern[128] bei einer angestrebten Notierungsaufnahme im Freiverkehr am größten ist, während sie bei einer Notierungsaufnahme im amtlichen Handel am geringsten ist.

---

[128] In diesem Fall wird davon ausgegangen, daß der Emittent den Kapitalgebern einen Informationsvorsprung hat, dieses muß aber nicht zwangsläufig der Fall sein. Einzelheiten zu dieser Überlegung ergeben sich aus den Ausführungen in Kapitel 2.1.

Die nachstehende **Tabelle 6** stellt die unterschiedlichen Anforderungen an die Verkaufsprospekte bei einer Zulassung zum amtlichen Handel und zum geregelten Markt gegenüber.

Tabelle 6: Prospektinhalte geregelter Markt vs. amtlicher Handel

	Geregelter Markt	Amtlicher Handel
Allgemeines	Verkaufsprospekt muß über die tatsächlichen und rechtlichen Verhältnisse, die für die Beurteilung der angebotenen Wertpapiere notwendig sind, Auskunft geben und richtig und vollständig sein (§ 2 VerkProspVO)	Verkaufsprospekt muß über die tatsächlichen und rechtlichen Verhältnisse, die für die Beurteilung der angebotenen Wertpapiere notwendig sind, Auskunft geben und richtig und vollständig sein (§ 13 BösZulVO)
Inhalte lt. Verkaufsprospekt-Verordnung	Angabe über Personen oder Gesellschaften, die für den Inhalt des Prospektes die Verantwortung übernehmen (§3 VerProspVO)	Angabe über die Personen oder Gesellschaften, die für den Inhalt des Prospektes die Verantwortung übernehmen (§ 14 BörsZulVO)
	Angaben über die Wertpapiere (§ 4)	Angaben über die Wertpapiere (§ 15)
	Angaben über den Emittenten (§ 5 VerkProspVO)	Allgemeine Angaben über den Emittenten (§ 18 BörsZulVO)
	Angabe über das Kapital des Emittenten (§ 6 VerkProspVO)	Angaben über das Kapital des Emittenten (§ 19 BörsZulVO)
	Angaben über die Geschäftstätigkeit des Emittenten (§ 7 VerkProspVO)	Angaben über die Geschäftstätigkeit des Emittenten (§ 20 BörsZulVO)
	Angaben über die Vermögens-, Finanz- und Ertragslage des Emittenten (§ 8 VerkProspVO)	Angaben über die Vermögens-, Finanz- und Ertragslage des Emittenten (§ 21 BörsZulVO))
	Angaben über die Prüfung des Jahresabschlusses (§ 9 VerkProspVO)	Angaben über die Prüfung des Jahresabschlusses (§ 30 BörsZulVO))
	Angaben über die Geschäftsführungs- und Aufsichtsorgane (§10 VerkProspV)	Angaben über Geschäftsführungs- und Aufsichtsorgane (§28 BörsZulV)
	Angaben über den jüngsten Geschäftsgang und die Geschäftsaussichten (§ 11 VerkProspVO)	Angaben über den jüngsten Geschäftsgang und die Geschäftsaussichten (§ 29 BörsZulVO))
Anforderungen lt. Börsenordnung/Börsenzulassungs-VO	Nennbetrag muß mind. DM 500.000,-- betragen	Aufstellung über Herkunft und Verwendung der Mittel (§23 BörsZulVO)
	Satzung bzw. Gesellschaftsvertrag muß eingereicht werden	Angaben über Beteiligungsunternehmen (§ 24 BörsZulVO)
	Handelsregisterauszug neuesten Datums muß vorliegen	Angaben von Ergebnis und Dividende je Aktie (§ 25 BörsZulVO)
	Gründungsbericht lt. § 32 ff AktG muß eingereicht werden	Aufnahme von Konzernabschlüssen (§ 26 BörsZulVO)
	Protokolle über die Beschlüsse zur Emission sind beizufügen	Angaben über die Rechnungslegung (§ 22 BörsZulVO)
	Erklärungen betr. Betriebsstörungen, Patente, Rechtsstreitigkeiten	Besondere Angaben über Aktien (§ 16 BörsZulVO)

Quelle: Verkaufsprospekt-Verordnung, Börsenzulassungs-Verordnung, Börsenordnung

Diese Unterschiede in den jeweiligen Zulassungs- und Verkaufsvoraussetzungen bestätigen die Einschätzung von *Büschgen*, der von einer qualitativen Klassifizierung der Segmente spricht.[129] Aus der Entstehungsgeschichte des Börsengesetzes her, soll die vertikale Segmentierung aber weniger eine Klassifizierung qualitativ differenzierter Unternehmen sein, sondern soll dem Gedanken Rechnung tragen, daß der Zugang zum Kapitalmarkt für kleinere Unternehmen dadurch erleichtert werden könnte, wenn die Zulassungsvoraussetzungen für einen Börsengang reduziert werden.[130] Diese Argumentation ist zumindest die Begründung zur Schaffung des geregelten Marktes und der Einbeziehung des Freiverkehrs in das Börsengesetz, da bis Mitte der achtziger Jahre (des 20. Jahrhunderts) die Zulassungsvoraussetzungen des damaligen Börsenhandels insbesondere im europäischen Vergleich als zu hoch angesehen wurden. Die Reduzierung der Zugangsvoraussetzungen sollte somit kleineren Unternehmen den Zugang zum Kapitalmarkt erleichtern.[131]

Ob die unterschiedlichen Zulassungsvoraussetzungen der vertikal segmentierten Märkte zu dem ursprünglich angedachten Erfolg geführt haben, bzw. führen werden, ist Gegenstand einer Diskussion im vierten Teil dieser Studie, wenn die Segmentierung kritisch unter dem Aspekt des Underpricing betrachtet wird. Von daher soll an dieser Stelle die Argumentation hinsichtlich der Begründung der Segmentierung nicht weiter vertieft werden. Statt dessen ist es im Rahmen der Systematik der Arbeit notwendig, sich weiter mit den Zulassungs- und Verkaufsvoraussetzungen für Unternehmen bei einem Initial Public Offering zu befassen. Denn Emittenten müssen sich bei einem Börsengang nicht nur mit den bislang skizzierten sachlichen Zulassungs- und Verkaufsvoraussetzungen auseinandersetzen, sondern haben auch nach der Emission ihrer Wertpapiere diverse Pflichten zu erfüllen, die in dem folgenden Kapitel betrachtet werden.

1.2.1.3. Emissionsfolgepflichten der Emittenten

Emissionsfolgepflichten sind Obliegenheiten an die Emittenten von Wertpapieren, die nicht unmittelbar mit der Zulassung bzw. dem Verkauf von Wertpapieren erfüllt werden müssen, sondern in der Zeit nach erfolgter Zulassung. Sie stehen daher in einem mittelbaren Zusammenhang zur beantragten Zulassung von Wertpapieren zum Börsenhandel und beziehen sich daher nur auf Emittenten

---

[129] Büschgen (1997), Seite 98

[130] Vgl. z.B. Mues (1997), Obst/Hintner (1993), Büschgen (1997), Claussen (1984), Neumann (1997) u.a.

[131] Siehe auch die Argumentation zur Begründung des Neuen Marktes z.B. bei Kersting (1997).

bereits zugelassener Wertpapiere. Die Emissionsfolgepflichten ergeben sich teilweise direkt aus dem Börsengesetz, teilweise aus der Börsenzulassungs-Verordnung bzw. den Börsenordnungen. Daher sind auch die Emissionsfolgepflichten für die jeweiligen Marktsegmente unterschiedlich.

So werden den Emittenten, deren Aktien im *Freiverkehr* gehandelt werden, keinerlei Folgepflichten, die mit der Zulassung der Aktien im Zusammenhang stehen, auferlegt. Weder das Börsengesetz, noch die Richtlinien für den Freiverkehr legen den Emittenten zugelassener Wertpapiere Pflichten auf, die nach erfolgter Zulassung einzuhalten sind.

Emittenten, deren Aktien zum *geregelten Markt* zugelassen wurden, sind dagegen nach § 44 Abs. 1 Ziffer 1 i.V.m. § 76 BörsG verpflichtet, die Inhaber der Wertpapiere unter gleichen Umständen gleich zu behandeln und für die Dauer der Zulassung der Wertpapiere eine Zahl- und Hinterlegungsstelle zu benennen (§ 44 Abs. 1 Ziffer 2 BörsG). Darüber hinaus schreibt die Börsenordnung vor, daß alle die Wertpapiere betreffenden Bekanntmachungen sowie der Jahresabschluß und der Lagebericht zu veröffentlichen sind (§ 60 Börsenordnung), einmal im Jahr ein Zwischenbericht mit detaillierten Zahlenangaben und Erläuterungen zu veröffentlichen ist (§ 61 Börsenordnung) und alle Veröffentlichungen in einem überregionalen Pflichtblatt der Frankfurter Wertpapierbörse vorgenommen werden müssen (§ 62 Börsenordnung).

Sind hingegen Aktien zum *amtlichen Handel* zugelassen, so ergeben sich zahlreiche Emissionsfolgepflichten direkt aus dem Börsengesetz und der Börsenzulassungsverordnung. So gelten nicht nur die gleichen Vorschriften, die auch für Emittenten des geregelten Marktes bestimmt sind, wobei diese, den amtlichen Handel betreffenden Vorschriften, nicht in der Börsenordnung geregelt sind, sondern direkt in dem Börsengesetz und/oder der Börsenzulassungsverordnung. Darüber hinaus muß der Emittent die Einberufung der Hauptversammlung und Mitteilungen über Aktien veröffentlichen (§ 63 BörsZulVO), beabsichtigte Änderungen seiner Satzung veröffentlichen (§ 64 BörsZulVO), den Jahresabschluß und den Lagebericht unverzüglich nach der Feststellung dem Publikum zur Verfügung stellen (§ 65 BörsZulVO) und jede mit den Wertpapieren verbundene Änderung unverzüglich veröffentlichen (§ 66 BörsZulVO).

Eine Übersicht der Emissionsfolgepflichten für die drei börsenrechtlich legitimierten Marktsegmente ist der nachfolgenden **Tabelle 7** zu entnehmen.

Tablle 7: Emissionsfolgepflichten

Freiverkehr	Geregelter Markt	Amtlicher Handel
./.	Der Emittent ist verpflichtet, die Inhaber der Wertpapiere unter gleichen Umständen gleich zu behandeln (§44 Abs. 1 Ziffer 1 i.V.m. § 76 BörsG)	Der Emittent ist verpflichtet, die Inhaber der Wertpapiere unter gleichen Umständen gleich zu behandeln (§44 Abs. 1 Ziffer 1)
	Der Emittent ist verpflichtet, für die Dauer der Zulassung eine Zahl- und Hinterlegungsstelle zu benennen (§ 44 Abs. 1 Ziffer 2 i.V.m. § 76 BörsG)	Der Emittent ist verpflichtet, für die Dauer der Zulassung eine Zahl- und Hinterlegungsstelle zu benennen (§ 44 Abs. 1 Ziffer 2)
	Alle die Wertpapiere betreffenden Bekanntmachungen sowie der Jahresabschluß und der Lagebericht sind zu veröffentlichen (§ 60 Börsenordnung)	Der Emittent ist verpflichtet, das Publikum und die Zulassungsstelle über den Emittenten und die Wertpapiere zu unterrichten (§ 44 Abs. 1 Ziffer 3 BörsG)
	Einmal im Jahr ist ein Zwischenbericht zu veröffentlichen, der über die Lage der Gesellschaft Auskunft gibt und Zahlenangaben und kurze Erläuterungen über die Entwicklung von Umsatz, Ertrag, Investitionsaufwand und Geschäftsaussichten gibt (§ 61 Börsenordnung)	Der Emittent ist verpflichtet, innerhalb eines Geschäftsjahres regelmäßig mindestens einen Zwischenbericht zu veröffentlichen (§ 44b Abs. 1 BörsG)
	Veröffentlichungen sind in einem überregionalen Pflichtblatt der Frankfurter Wertpapierbörse vorzunehmen (§ 62 Börsenordnung)	Der Zwischenbericht muß eine Beurteilung ermöglichen, wie sich die Geschäftstätigkeit in den ersten sechs Monaten des Geschäftsjahres entwickelt hat und Zahlenangaben über die Tätigkeit, die Ergebnisse sowie Erläuterungen hierzu enthalten (§ 53 BörsZulVO)
		Der Emittent muß die Einberufung der Hauptversammlung und Mitteilungen über Aktien veröffentlichen (§ 63 BörsZulVO)
		Der Emittent muß beabsichtige Änderungen der Satzung veröffentlichen (§ 64 BörsZulVO)
		Der Emittent hat den Jahresabschluß und den Lagebericht unverzüglich nach der Feststellung dem Publikum zur Verfügung zu stellen (§ 65 BörsZulVO)
		Jede mit dem Wertpapieren verbundene Änderung muß unverzüglich veröffentlicht werden (§ 66 Börsul-VO)

Quelle: Börsengesetz, Börsenzulassungs-Verordnung, Börsenordnung

Anhand der verschiedenen Emissionsfolgepflichten für die Emittenten zugelassener Wertpapiere in den jeweiligen Marktsegmenten wird deutlich, daß die Anforderungen zur Veröffentlichung von Informationen im amtlichen Handel am höchsten sind, während den Emittenten im Freiverkehr keinerlei Informationspflichten auferlegt werden. Ist davon auszugehen, daß die Bereitstellung von Informationen Kosten verursacht, so sind bei einem geplanten Börsengang nicht nur die Kosten der Zulassung von Wertpapieren zu berücksichtigen, sondern auch die mit der Börsennotierung verbundenen weiteren Kosten, wie z.B. die Emissionsfolgepflichten. Welche Auswirkungen dieses auf die Entscheidungsfindung der Emittenten hat, ist Gegenstand des Kapitels 1.2.4..

Zuvor soll aber nochmals festgehalten werden, daß die vertikale Segmentierung des Börsenmarktes nicht nur durch unterschiedliche quantitative Zugangsvoraussetzungen charakterisiert ist, sondern auch durch unterschiedliche qualitative Informationspflichten. Demzufolge sind die Zulassungsvoraussetzungen und Informationspflichten im amtlichen Handel am höchsten und am strengsten reglementiert, da diese sich direkt auf das Börsengesetz oder Börsenzulassungsverordnung beziehen. Weit geringere Zulassungsvoraussetzungen und Informationspflichten sind bei der Zulassung zum geregelten Markt zu erfüllen und nur geringe Voraussetzungen werden den Emittenten des Freiverkehrs abverlangt. Hinsichtlich der den Investoren zur Verfügung zu stellenden Informationen ist daher von einer größeren Informationsasymmetrie[132] zwischen Kapitelgebern und –nehmern auszugehen, wenn Aktien im Freiverkehr notiert werden sollen, als wenn Aktien im amtlichen Handel notiert werden. Welche Rolle diese Überlegungen für den Emittenten bei einem Initial Public Offering spielen ist Gegenstand des Kapitel 1.2.4., welche Zusammenhänge sich zwischen den segmentbedingten Informationsasymmetrien und der Informationseffizienz des Primärmarktes ergeben könnten, ist eine Kernfrage dieser Studie. Zur weiteren Diskussion dieser Frage bedarf es aber noch weiterer Informationen über den Primärmarkt. Insbesondere der Neue Markt, der ein Schwerpunktthema dieser Arbeit bildet, wurde in der bisherigen Darstellung des Primärmarktes noch nicht erwähnt. Warum der Neue Markt bislang außen vorgelassen wurde und welche Besonderheit der Neue Markt hinsichtlich der Zulassungsvoraussetzungen aufweist, wird in dem nachfolgenden Kapitel behandelt.

---

[132] An dieser Stelle soll davon ausgegangen werden, daß der Emittent über vollständige Informationen verfügt, die Investoren hingegen nicht. Dieses muß nicht zwangsläufig so sein, so könnten z.B. auch die Informationen aller Investoren weitreichender sein, als die des Emittenten selbst. Siehe hierzu auch die Diskussion in Kapitel 2.1.1. zur Informationsasymmetrie.

1.2.1.4. Der Neue Markt

An der bisherigen Darstellung des Börsenmarktes fällt auf, daß der Neue Markt nicht erwähnt wurde. Dieses hat seinen Grund darin, daß bisher der Effektenmarkt aus der börsenrechtlichen Sicht und damit aus dem Blickwinkel des Börsengesetzes betrachtet wurde – und dieses den Neuen Markt als eigenständiges Marktsegment nicht kennt. Der Neue Markt ist vielmehr eine Institution der Deutschen Börse AG, die durch einen Kunstgriff ein quasi viertes Handelssegment bildet.

So ist der Neue Markt kein eigenständiges Handelssegment im Sinne des Gesetzgebers, sondern ein Handelssegment der Deutschen Börse AG[133], der Trägerin der Frankfurter Wertpapierbörse. Demzufolge existiert der Neue Markt auch nur an der Börse zu Frankfurt und nicht an den übrigen Regionalbörsen Deutschlands. Wie aber aus dem vorangegangenem bekannt, unterliegt die Zulassung und der Verkauf von Wertpapieren über eine Börse dem Börsengesetz, welches den Neuen Markt nicht kennt. Aus diesem Grunde wurde von der Deutsche Börse durch die folgende Vorgehensweise dennoch das quasi vierte Segment geschaffen.

Eine Zulassung von Aktien im *Neuen Markt* setzt gemäß Ziffer 2.3 (1) des Regelwerkes voraus, daß eine Zulassung zum geregelten Markt beantragt ist. Mit der beantragten Zulassung zum Neuen Markt verzichtet aber der Emittent auf die Notierungsaufnahme der Aktien im geregelten Markt (Ziffer 2.3. (3) Regelwerk).

Durch diese Zulassungsmodalitäten der Deutschen Börse AG gilt der Neue Markt formaljuristisch als geregelter Markt im Sinne des Gesetzes, wodurch alle gesetzlichen Vorschriften des geregelten Marktes automatisch auch für den Neuen Markt Geltung finden. Da aber nach § 72 Abs. 1 BörsG die näheren Bestimmungen zum geregelten Markt in einer Börsenordnung zu treffen sind, ist die Deutsche Börse AG rechtlich gedeckt, indem sie eine eigene Börsenordnung für den Neuen Markt aufstellt (Regelwerk), ohne die bisherigen Bestimmungen für den geregelten Markt angreifen zu müssen. Entsprechend gelten für den Neuen Markt nicht nur die (gesetzlichen) Vorschriften für den geregelten Markt, sondern darüber hinaus die Vorschriften gemäß des Regelwerkes für den Neuen Markt der Deutschen Börse AG.[134] Der Neue Markt wäre aber dann kein „vier-

---

133 Vgl. Ziffer 1 des Regelwerkes für den Neuen Markt an der Frankfurter Wertpapierbörse (kurz: Regelwerk).

134 Vgl. zu der Konzeptionierung des Neuen Marktes z.B. Kersting (1997), Potthoff/Stuhlfauth (1997), Kullmann/van Aerssen (2000) oder Veröffentlichungen der Deutschen Börse AG.

tes Handelssegment“, wenn sich die Vorschriften gemäß Börsenordnungen für den geregelten Markt und den Neuen Markt entsprächen. Daher weichen die Vorschriften für den Neuen Markt in vielen Aspekten von der Börsenordnung des „echten“ geregelten Marktes ab. Folgende Bestimmungen charakterisieren den Neuen Markt.

Tabelle 8: Zulassungsvoraussetzungen des Neuen Marktes im Vergleich

Geregelter Markt	Amtlicher Handel	Neuer Markt
Verkaufsprospekt muß über die tatsächlichen und rechtlichen Verhältnisse, die für die Beurteilung der angebotenen Wertpapiere notwendig sind, Auskunft geben und richtig und vollständig sein (§ 2 VerkProspVO)	Verkaufsprospekt muß über die tatsächlichen und rechtlichen Verhältnisse, die für die Beurteilung der angebotenen Wertpapiere notwendig sind, Auskunft geben und richtig und vollständig sein (§ 13 BösZulVO)	Verkaufsprospekt muß über die tatsächlichen und rechtlichen Verhältnisse, die für die Beurteilung der angebotenen Wertpapiere notwendig sind, Auskunft geben, richtig und vollständig sein (4.1.1 Regelwerk)
Angabe über die Personen oder Gesellschaften, die für den Inhalt des Prospektes die Verantwortung übernehmen (§ 3 VerkProspVO)	Angabe über die Personen oder Gesellschaften, die für den Inhalt des Prospektes die Verantwortung übernehmen (§ 14 BörsZulVO)	Angabe über die Personen oder Gesellschaften, die für den Inhalt des Prospektes die Verantwortung übernehmen (4.1.2 Regelwerk)
Angaben über die Wertpapiere (§ 4 VerkProspVO)	Angaben über die Wertpapiere (§ 15 BörsZulVO))	Angaben über die Aktien (4.1.3 Regelwerk)
Angaben über den Emittenten (§ 5 VerkProspVO)	Allgemeine Angaben über den Emittenten (§ 18 BörsZulVO)	Angaben über den Emittenten (4.1.5 Regelwerk)
Angabe über das Kapital des Emittenten (§ 6 VerkProspVO)	Angaben über das Kapital des Emittenten (§ 19 BörsZulVO)	Angabe über das Kapital des Emittenten (4.1.6 Regelwerk)
Angaben über die Geschäftstätigkeit des Emittenten (§ 7 VerkProspVO)	Angaben über die Geschäftstätigkeit des Emittenten (§ 20 BörsZulVO)	Angaben über die Geschäftstätigkeit des Emittenten (4.1.7 Regelwerk)
Angaben über die Vermögens-, Finanz- und Ertragslage des Emittenten (§ 8 VerkProspVO)	Angaben über die Vermögens-, Finanz- und Ertragslage des Emittenten (§ 21 BörsZulVO)	Angaben über die Vermögens-, Finanz- und Ertragslage des Emittenten (4.1.8 Regelwerk)
Angaben über die Prüfung des Jahresabschlusses (§ 9 VerkProspVO)	Angaben über die Prüfung des Jahresabschlusses (§ 30 BörsZulVO)	Angaben über die Prüfung des Jahresabschlusses (4.1.17 Regelwerk)
Angaben über die Geschäftsführungs- und Aufsichtsorgane (§ 10 VerkProspVO)	Angaben über Geschäftsführungs- und Aufsichtsorgane (§ 28 BörsZulVO)	Angaben über die Geschäftsführungs- und Aufsichtsorgane (4.1.14 Regelwerk)
Angaben über den jüngsten Geschäftsgang und die Geschäftsaussichten (§ 11 VerkProspVO)	Angaben über den jüngsten Geschäftsgang und die Geschäftsaussichten (§ 29 BörsZulVO)	Angaben über den jüngsten Geschäftsgang und die Geschäftsaussichten (4.1.15 Regelwerk)
	Aufstellung über die Herkunft und Verwendung der Mittel (§ 23 BörsZulVO)	Aufstellung über die Herkunft und Verwendung der Mittel (4.1.10 Regelwerk)

Fortsetzung siehe nächste Seite

Fortsetzung Tabelle 8:

Geregelter Markt	Amtlicher Handel	Neuer Markt
Satzung bzw. Gesellschaftsvertrag muß eingereicht werden	Angaben über Beteiligungsunternehmen (§ 24 BörsZulVO)	Angaben über Beteiligungsunternehmen (4.1.11 Regelwerk)
Handelsregisterauszug neuesten Datums muß vorliegen	Angaben von Ergebnis und Dividende je Aktie (§ 25 BörsZulVO)	Angaben von Ergebnis und Dividende je Aktie (4.1.12 Regelwerk)
Gründungsbericht lt. § 32 ff AktG muß eingereicht werden	Aufnahme von Konzernabschlüssen (§ 26 BörsZulVO)	Aufnahme von Konzernabschlüssen (4.1.13 Regelwerk)
Protokolle über die Beschlüsse zur Emission sind beizufügen	Angaben über die Rechnungslegung des Emittenten (§ 22 BörsZulVO)	Angaben über die Rechnungslegung des Emittenten (4.1.9 Regelwerk)
Erklärungen betreffend Betriebsstörungen, Patente, Rechtsstreitigkeiten und Auflösung von Globalurkunden sind einzureichen	Besondere Angaben über Aktien (§ 16 BörsZulVO)	Besondere Angaben über Aktien (4.1.4 Regelwerk)
Einreichung weiterer Unterlagen kann verlangt werden		Voraussichtlicher Kurswert muß mind. DM 10 Mio. betragen (3.7 Regelwerk)
		Streuung muß mind. 25 v.H. betragen (3.10 Regelwerk)
		Angaben über "Risikofaktoren" (4.1.16 Regelwerk)

Quelle: Verkaufsprospekt-Verordnung, Börsenordnung, Börsenzulassungs-Verordnung und Regelwerk des Neuen Marktes

Als wichtigste Zulassungsvoraussetzung ist zu nennen, daß der Emittent mindestens drei Jahre als Unternehmen bestanden haben muß und der voraussichtliche Kurswert der zuzulassenden Aktien mindestens DM 10 Mio. betragen muß.[135] Des weiteren muß eine Streuung der Aktien in Höhe von mindestens 25 v.H. gewährleistet sein.[136]

Hinsichtlich der weiteren Zulassungs- und Verkaufsvoraussetzungen orientiert sich das Regelwerk für den Neuen Markt nicht an den Bestimmungen für den geregelten Markt, sondern ist in nahezu allen Punkten mit den Vorschriften für den amtlichen Handel identisch. Die vorstehende **Tabelle 8** zeigt die Zulassungs- und Verkaufsvoraussetzungen des Neuen Marktes im Vergleich zu denjenigen des geregelten Marktes und des amtlichen Handels.

135 Ziffer 3.2 und 3.7 Regelwerk

136 Ziffer 3.10 Regelwerk

Aus der tabellarischen Gegenüberstellung geht besonders gut hervor, das die Vorschriften des Neuen Marktes denen des amtlichen Handels entsprechen, wobei zusätzlich noch Angaben über sogenannte Risikofaktoren in dem Verkaufsprospekt getätigt werden müssen (4.1.16 Regelwerk).

Der Neue Markt stellt somit an die Emittenten nicht nur bedeutend höhere Anforderungen als bei einer Notierungsaufnahme im geregelten Markt, sondern stellt auch höhere Anforderungen als bei einer amtlichen Notierung, was insbesondere durch den hohen Kurswert der zu emittierenden Aktien zum Ausdruck kommt. Aber auch hinsichtlich der Emissionsfolgepflichten übetrifft der Neue Markt qualitativ den geregelten Markt und auch den amtlichen Handel. Dieses kommt z.B. dadurch zum Ausdruck, daß nicht nur ein Zwischenbericht veröffentlicht werden muß, sondern ein Quartalsbericht in deutscher und in englischer Sprache (7.1 Regelwerk). Die Rechnungslegung hat nach den internationalen Vorschriften der IAS[137] oder nach den us-amerikanischen GAAP[138] zu erfolgen (7.2.2 Regelwerk). Es ist ein Unternehmenskalender zu veröffentlichen, der Auskunft über die wichtigsten Termine gibt (7.2.4 Regelwerk) und jährlich ist eine Analystenveranstaltung abzuhalten (7.2.11 Regelwerk).

Die Emittenten, die eine Zulassung zum Neuen Markt beantragen, sind somit verpflichtet, weitaus mehr Informationen preiszugeben und zu veröffentlichen, als Emittenten, die ein Zulassung in den übrigen drei Segmenten beantragen. Objektiv betrachtet, ist damit ein besserer Informationsfluß an potentielle Investoren gewährleistet, was auch durch die umfangreicheren Emissionsfolgepflichten zum Ausdruck kommt. Dieses bedeutet auf der einen Seite, daß eine mögliche Informationsasymmetrie zwischen Emittent und Kapitalgebern im Neuen Markt bedeutend geringer ist, als bei Börsengängen in den anderen Segmenten. Auf der anderen Seite sind damit aber auch die Kosten einer Notierungsaufnahme im Neuen Markt bedeutend höher, sofern unterstellt wird, daß die Bereitstellung und Veröffentlichung von Informationen Kosten verursacht. Damit aber wiederum könnte suggeriert werden, daß der Neue Markt zwar dem geregelten Markt vergleichbar ist, da der Neue Markt formaljuristisch dort angesiedelt ist, sich aber an weitaus größere Unternehmen richtet, als der amtliche Handel. Eine qualitative Einordnung des Neuen Marktes fällt somit nicht leicht, da der Neue Markt einerseits börsenrechtlich unterhalb des amtlichen Handels

---

137 International Accounting Standards; Rechnungslegungsempfehlungen einer privatrechtlichen Vereinigung von Berufsorganisationen unter dem Dach des International Accounting Standards Committee (IASC), um eine internationale Vergleichbarkeit von Jahresabschlüssen zu ermöglichen.

138 General Accepted Accounting Principals; das us-amerikanische Pendant zu den deutschen Bilanzierungsvorschriften des HGB.

anzusiedeln wäre, andererseits aber faktisch oberhalb der amtlichen Notierung gesehen werden muß.

Diese Skizzierung der rechtlichen Rahmenbedingungen des deutschen Kapitalmarktes unterstreicht die Notwendigkeit, Initial Public Offerings segmentspezifisch zu betrachten, da die Unterschiede der jeweiligen Marktsegmente hinsichtlich der Informationsbereitstellung durch die Emittenten bedeutend sind. Vor dem Hintergrund der Kernfrage dieser Arbeit, ob zwischen den institutionellen Rahmenbedingungen und dem Underpricing bei Initial Public Offerings ein Zusammenhang besteht, ist es aber auch notwendig, ein Blick auf die Organisation internationaler Kapitalmärkte zu werfen, da es sich bei Underpricing um ein weltweites Phänomen handelt.

1.2.2. Die internationalen Kapitalmärkte

Zur Einordnung des Themas in den internationalen Kontext soll an dieser Stelle ein kurzer Überblick über die Organisationsstruktur ausländischer Kapitalmärkte gegeben werden, um Unterschiede zu dem deutschen Kapitalmarkt herzustellen. Diese Betrachtung ist, wie sich im Verlauf der Arbeit zeigen wird, von besonderer Bedeutung, wenn es um die Beurteilung verschiedener Studien über das Underpricing-Phänomen geht. Aber auch zur Evaluierung von Erklärungsansätzen zum Underpricing ist es notwendig, den Aufbau verschiedener Kapitalmärkte zu kennen. Im folgenden werden daher einige wichtige Kapitalmärkte Europas, der USA und Japans vorgestellt.

1.2.2.1. Europäische Märkte

Bezogen auf die Marktkapitalisierung sind die größten Börsenplätze Europas London, Frankfurt und Paris, gefolgt von Zürich, Amsterdam und Mailand.[139] Wie ein Blick auf die nachfolgende **Tabelle 9** zeigt, vereinen die drei erstgenannten Börsenplätze gut 50 v.H. der europäischen Marktkapitalisierung auf sich.

---

[139] Deutsche Börse AG, Fact Book 1999

Tabelle 9: Börsenplätze Europas

Land	Marktkapitalisierung (1998 in Mio. USD)	Marktkapitalisierung (1998; Anteile in v.H.)
London	**2.297.651**	**27,17**
Frankfurt [1]	**1.094.252**	**12,94**
Paris	**985.227**	**11,65**
Zürich [1]	689.199	8,15
Amsterdam	603.182	7,13
Mailand [1]	569.732	6,74
Madrid	402.163	4,76
Bilbao	338.056	4,00
Barcelona	329.157	3,89
Stockholm	278.707	3,30
Brüssel	247.583	2,93
Helsinki	154.833	1,83
Kopenhagen	98.876	1,17
Athen	81.553	0,96
Dublin [1]	69.677	0,82
Lissabon	62.955	0,74
Oslo	46.421	0,55
Luxembourg	38.139	0,45
Wien	35.779	0,42
Istanbul	33.646	0,40
Summe	**8.456.788**	**100,00**

[1] In der Primärstatistik der Deutschen Börse AG werden nicht die Städte, sondern die Länder Deutschland, Schweiz, Italien und Irland angegeben. Der besseren Vergleichbarkeit halber wurden in dieser Tabelle aber die Städtenamen der jeweils bedeutendsten Landesbörsen wiedergegeben.

Quelle: Deutsche Börse AG, Fact Book 1999; eigene Berechnungen

Aus diesem Grunde werden nachfolgend die drei erstgenannten Börsenplätze näher skizziert, die zu den größten und wichtigsten in Europa gehören. Grundgedanke dieser Skizzierung ist es, die Struktur im Vergleich zu der vertikalen Segmentierung des deutschen Kapitalmarktes in den Vordergrund zu stellen. Es soll daher weniger auf Marktusancen oder Vorschriften und Gesetze explizit eingegangen werden, sondern lediglich aufgezeigt werden, welche Börsensegmente ausländische Börsen kennen.

Großbritannien:

Die rechtlichen Rahmenbedingungen des britischen Kapitalmarktes sind in dem *Financial Services Act von 1986* geregelt, welches lediglich den äußersten Rahmen für den Börsenhandel vorgibt.[140] Als einzige Börse in Großbritannien existiert in London die *London Stock Exchange*, welche die Zulassungs- und Handelsvoraussetzungen konkretisiert, da nach dem *Financial Services Act* lediglich vorgegeben ist, daß eine Zulassung von Wertpapieren in die amtliche Notierungsaufnahme nur dann erfolgen darf, wenn ein Zulassungsantrag gemäß den Bedingungen der Börsen gestellt ist. Der Gesetzgeber kennt daher nur den amtlichen Handel als börsenrechtlich verankertes Marktsegment. Dieser amtliche Handel wird an der London Stock Exchange „main market" oder „official list" genannt. Der main market ist vergleichbar dem amtlichen Handel in Deutschland, nur daß sämtliche Zulassungsvorausetzungen nicht per Gesetz vorgegeben sind, sondern durch die Börsenordnung der Londoner Börse. Explizite Zulassungsvoraussetzungen beziehen sich auf ein Mindestvolumen (£ 700.000,--) und die Streuung der Aktien (mind. 25 v.H.), ferner muß ein umfangreicher Prospekt veröffentlicht werden, der detaillierte Informationen und Angaben über den Emittenten, die Geschäftstätigkeit, das Kapital, die Wertpapiere, das Vermögen, die Verbindlichkeiten und das Management enthalten muß.[141] Gut 80 v.H. alle inländischen notierten Aktiengesellschaften sind an dem *main market* notiert.[142]

Neben dem *main market* existiert seit 1995 der *alternative investment market* (*AIM*) als spezielles Segment für kleinere und jüngere Unternehmen. Der *AIM* ist dem Neuen Markt in Deutschland vergleichbar, setzt jedoch kein Mindestvolumen als Zugangsvoraussetzung fest. Ein Emissionsprospekt muß dem Zulassungsantrag beigefügt werden, der Informationen enthält über die Wertpapiere, den Emittenten, die finanziellen Verhältnisse des Emittenten, die Geschäftstätigkeit und das Management.[143]

Weitere Börsensegmente existieren an der London Stock Exchange nicht, jedoch gibt es noch einen (nicht näher geregelten) außerbörslichen Handel. Wird dieser außenvorgelassen, da ein außerbörslicher Handel an jedem Kapitalmarkt existent ist, dann verfügt der Kapitalmarkt in Großbritannien in bezug auf den primären und sekundären Aktienhandel über zwei vertikal angeordnete Handelssegmente – den main market und alternative investment market.

---

[140] Schuster (1996), Seite 107

[141] Siehe „A Practical Guide to Listing on the London Stock Exchange", London Stock Exchange 1999

[142] Angabe bezieht sich auf das Jahr 1997; London Stock Exchange, Fact File 1998

[143] AIM-Guide; London Stock Exchange 1995

Frankreich:

Der Aktienmarkt in Frankreich konzentriert sich allein auf die Bourse-de-Paris in Paris. Im Hinblick auf die vertikale Segmentierung des Marktes ist der französiche Börsenhandel ähnlich strukturiert wie der deutsche Markt. Es gibt (neben einem außerbörslichen Handel) insgesamt vier Handelssegmente: den Premier Marché, den Second Marché, den Marché Libre und den Nouveau Marché.[144] Der Premier Marché stellt das Hauptsegment des Börsenhandels dar und ist dem amtlichen Handel vergleichbar, der Second Marché und der Marché Libre sind nachgeordnete Börsensegmente mit geringeren Zulassungsvoraussetzungen und geringeren Anforderungen an die Emittenten und bilden eine Parallele zu dem deutschen geregelten Markt bzw. dem Freiverkehr. Der Nouveau Marché wurde im Februar 1996 von der Pariser Börse gegründet und ist ein Pendant zu dem Neuen Markt in Deutschland.[145] Hinsichtlich der Zulassungs- und Verkaufsvoraussetzungen für Erstemissionen sind die vier Segmente ähnlich unterschiedlich strukturiert, wie die in Deutschland.

1.2.2.2. Vereinigte Staaten von Amerika

Der us-amerikanische Kapitalmarkt unterscheidet sich grundlegend von den europäischen Kapitalmärkten – sowohl im Hinblick auf die vertikale Segmentierung als auch auf die Verankerungen rechtlicher Rahmenbedingungen.

So wird der us-amerikanische Kapitalmarkt determiniert durch das *Securities Act von 1933*, das *Securities Exchange Act von 1934* und bundesstaatliche Börsengesetze, die sogenannten „*Blue Sky Laws*".[146]

Während das *Securities Act* die öffentliche Plazierung von Wertpapieren regelt, sind in dem *Securities Exchange Act* die Handelsbestimmungen für Wertpapiere dargestellt. Hieraus ergibt sich, daß jedes Wertpapier, welches neu an einer Börse gehandelt werden soll, einer Registrierung bedarf. Weitere Voraussetzungen, speziell für die Emittenten, regeln die einzelnen Börsen und die nationalen Börsengesetze. Eine Handelssegmentierung ist somit durch die us-amerikanische Gesetzgebung nicht vorgegeben, es wird lediglich zwischen einem Börsenhandel und einem außerbörslichen Handel (over-the-counter Markt) unterschieden.

---

144 Siehe Informationen der Bourse-de-Paris

145 Vgl. Blättchen/Jacquillat (1999) und die „Operating regulations of Le Nouveau Marché", Bourse de Paris, 1999

146 Vgl. z.B. Schuster (1996)

Von daher ist es notwendig, die jeweiligen Börsen in den USA zu betrachten, von denen es sieben gibt: die New York Stock Exchange (NYSE), die American Stock Exchange (AMEX), die Midwest Stock Exchange in Chicago (CHX), die Boston Stock Exchange (BSE), die Philadelphia Stock Exchange (PhlX), die Cincinnati Stock Exchange und die Pacific Stock Exchange in Los Angeles (PSE).[147] Neben diese sieben Regionalbörsen, von denen die New York Stock Exchange mit ca. 83 v.H. aller kotierten Aktien die größte Bedeutung hat,[148] gibt es noch die NASDAQ, die National Association of Securities Dealers Automated Quotation System, die ursprünglich den außerbörslichen Handel von Wertpapieren organisiert und den Handel in diesen Papieren automatisiert hat[149]. Heute stellt die NASDAQ aber eine eigenständige Börse dar, die mit gut 80 v.H. des Umsatzvolumens der NYSE eine ernste Konkurrenz für die bislang größte Börse der Welt darstellt.[150] Da die beiden größten Börsen NYSE und NASDAQ gut 90 v.H. des Gesamtumsatzes auf sich vereinen,[151] soll für die folgende Betrachtung der Schwerpunkt auf diese beiden Börsen gelegt werden.

Da nach dem *Securities Act von 1933* Wertpapiere nur öffentlich angeboten (und damit auch gehandelt werden dürfen), wenn sie durch die Securities Exchange Commission (SEC) registriert sind,[152] bedarf es für eine Zulassung zum Handel sowohl an der NYSE als auch an der NASDAQ einer Registrierung durch die SEC. Die SEC stellt aber außer der Veröffentlichung eines Verkaufsprospektes keine expliziten Zulassungsvoraussetzungen an die Emittenten, diese werden durch die Börsenordnungen der Börsen selbst geregelt. Auch dadurch kommt zum Ausdruck, daß es in den USA keine vertikale Segmentierung der Börsenmärkte gibt, sondern nur ein Wettbewerb unter den Börsen selbst.

Und auch die Börsen selbst kennen keine unterschiedlichen Handelssegmente. So gibt es an der New York Stock Exchange nur den Börsenhandel von Aktien. Die Zulassungsvoraussetzungen werden durch die Börsenordnung geregelt und sehen Minimum-Standards hinsichtlich der Marktkapitalisierung, der Streuung der Aktien, des Vermögens des Emittenten und des Jahresüberschusses vor.[153]

Auch die NASDAQ kennt keine unterschiedlichen Handelssegmente, stellt aber unterschiedliche Zulassungsvoraussetzungen an die Emittenten in Abhängigkeit

---

147 Teweles/Bradley (1963)
148 Obst/Hintner (1993)
149 Schuster (1996)
150 NASDAQ Fact Book 1998
151 Fact Book 1998 der NASDAQ
152 Section 5, Securities Act von 1933
153 Vgl. New York Stock Exchange, Domestic Listing Standards, 1997

von ihrer Unternehmensgröße. Eine Zulassung und ein Handel der Aktien erfolgt aber nur in dem einen existenten Markt.[154]

Damit unterscheidet sich der us-amerikanische Kapitalmarkt hinsichtlich der rechtlichen Rahmenbedingungen und der Segmentierung vollständig von dem deutschen Kapitalmarkt. Eine rechtliche Segmentierung wird lediglich zwischen dem börslichen Handel (Registrierung der Wertpapiere durch die *SEC* und Beantragung der Zulassung an einer Börse) und einem nicht konkretisierten außerbörslichen Handel vorgenommen. Die Wertpapierbörsen selbst kennen ebenfalls keine vertikale Segmentierung , wodurch (ohne den außerbörslichen Handel zu betrachten) in den USA de facto nur ein Handelssegment existiert. Innerhalb dieses Handelssegmentes kommt es aber aufgrund unterschiedlicher Börsenordnungen und Zulassungsvoraussetzungen durchaus zu einem Wettbewerb zwischen den regionalen Börsen.

1.2.2.3. Japan

Der japanische Kapitalmarkt weist eine ähnliche horizontale und vertikale Segmentierung auf, wie der deutsche Kapitalmarkt, jedoch sind die einzelnen Bestimmungen zu der vertikalen Segmentierung weniger stringent als in Deutschland. Die Aufsicht über das gesamte Effektenwesen obliegt dem *Finanzministerium*, während die rechtlichen Rahmenbedingungen für den Börsenhandel durch das *Securities and Exchange Law von 1948* vorgezeichnet sind. Besondere Anforderungen an die Emittenten eines Initial Public Offerings ergeben sich aber nicht aus dem Gesetz, sondern aus den Börsenordnungen der jeweiligen Wertpapierbörsen.[155]

Eine horizontale Segmentierung des Börsenhandels ergibt sich in Japan ebenso aus der Geschichte, wie in Deutschland. Derzeit existieren acht Börsen: in Tokyo, Osaka, Nagoya, Kyoto, Hiroshima, Fukuoka, Niigata und Sapporo, von denen die Tokyo Stock Exchange mit ca. 80 v.H. des Gesamtumsatzes die größte Börse Japans ist.[156] Neben diesen acht Wertpapierbörsen gibt es noch einen außerbörslichen over-the-counter market.

Eine grundsätzliche vertikale Segmentierung der acht Wertpapierbörsen ist in Japan nicht gegeben, da nur die Börsen in Tokyo, Osaka und Nagoya über meh-

---

154 NASDAQ, National Market Listing Requirements, 1997

155 Vgl. z.B. Schmidt (1977) oder Viner (1989)

156 Siehe Tagaki, Shinji; Japanese Capital Markets (1993)

rer Handelssegmente verfügen. An allen drei Börsen gibt es die Erste Sektion (*Ichibu*) und die Zweite Sektion (*Nibu*), Tokyo verfügt zusätzlich noch über ein spezielles Segment für ausländische Aktien.[157]

Initial Public Offerings erfolgen grundsätzlich in der Zweiten Sektion, wenn bestimmte, von den Börsen festgelegte, Zulassungsvoraussetzungen erfüllt werden. Eine Notierung in der Ersten Sektion erfolgt nur dann, wenn die wesentlich stringenteren Zulassungsvoraussetzungen erfüllt werden. Das besondere an dem japanischen System ist, daß börsennotierte Unternehmen sowohl in die Erste Sektion aufsteigen, als auch in die zweite Sektion absteigen können, wenn sich die Unternehmensdaten entsprechen geändert haben. Die Zulassungsvoraussetzungen der Tokyo Stock Exchange beziehen sich auf das Aktienvolumen, den Streubesitz, das Grundkapital und den Jahresüberschuß.[158]

Der japanische Aktienmarkt, der von der Börse in Tokyo dominiert wird, ist daher gekennzeichnet durch eine zweifache vertikale Segmentierung,[159] wobei die qualitativen Unterschiede der beiden Sektionen nicht durch den Gesetzgeber vorgegeben werden, sondern sich durch die Börsenordnungen bestimmen.

Als Zusammenfassung der Organisation internationaler Primärmärkte für Aktien kann somit festgehalten werden, daß den Emittenten lediglich in Deutschland rechtliche Vorgaben hinsichtlich der Zulassungsvoraussetzungen gestellt werden, während in den übrigen bedeutenden Kapitalmärkten der Welt die Zulassungsvoraussetzungen zum Börsenhandel durch die Börsenordnungen selbst geregelt werden. Des weiteren existiert lediglich in Deutschland und in Frankreich eine de facto vierfache vertikale Segmentierung mit differenzierten qualitativen Anforderungen an die Emittenten, während in London und in Tokyo lediglich eine zweifache vertikale Segmentierung existiert und in den USA faktisch nur ein Börsensegment vorhanden ist.

Welche Bedeutung diese institutionellen Unterschiede der internationalen Kapitalmärkte in bezug auf das Underpricing von Initial Public Offerings hat, wird im Rahmen der vorliegenden Studie noch diskutiert werden; vorher ist es aber zur Vervollständigung der Deskription des Primärmarktes notwendig, die verschiedenen Verfahren darzustellen, mit denen Aktien erstmalig in einen Markt eingeführt werden können. Dieses ist Gegenstand des folgenden Kapitels.

---

157 Vgl. Takagi (1993), Viner (1989)

158 Tokyo Stock Exchange, Listing Requirements for Domestic Stocks, 1998

159 Der außerbörsliche Handel wird auch hier nicht als eigenständiges Segment betrachtet.

1.2.3. Verfahren zur Börseneinführung von Aktien

Ein Blick auf die Terminologie, die in Zusammenhang mit Initial Public Offerings zur Einführung von Aktien an einer Börse gebraucht wird, macht es notwendig, die verwendeten Begriffe zu (er-)klären, um eine einheitliche Begriffsabgrenzung zu erhalten. So ist von Emissionsmethoden (issue methods)[160], Plazierungsverfahren[161], Emissionsverfahren[162] oder Plazierungsformen[163] die Rede, wobei teilweise unterschiedliche Aspekte unter diese Oberbegriffe subsumiert werden. Auch *Neus* stellt fest, daß die Begriffsbildung nicht ganz einheitlich ist[164], wodurch Irritationen entstehen können, die vermeidbar wären, wenn eindeutig zwischen den beteiligten Partnern differenziert würde.

Wird beispielsweise angenommen, daß ein Emittenten mit Hilfe eines Kreditinstitutes seine Erstemission tätigt, dann müssen auf der einen Seite die Modalitäten zwischen dem Emittenten und dem Kreditinstitut geklärt werden, wie letzteres in die Emission einbezogen wird,[165] auf der anderen Seite müssen die Modalitäten geklärt werden, wie der (potentielle) Investor bei der Emission, insbesondere der Preisfindung, einbezogen wird. In Anlehnung an die Begriffe, die bei *Blättchen/Jacquillat*, *Hartmann-Wendels et.al.*, *Ross/Westerfield/Jaffe* und indirekt auch bei *Neus* verwendet werden, soll im folgenden von Emissionsverfahren die Rede sein, wenn die Beziehung zwischen dem Emittenten und einem Kreditinstitut betrachtet wird, während unter den Plazierungsverfahren die Methode verstanden wird, anhand derer die Investoren an der Emission beteiligt werden.[166]

Bevor aber näher auf die unterschiedlichen Emissions- und Plazierungsverfahren eingegangen wird, müssen vorab zwei grundsätzliche Aspekte in diesem Zusammenhang geklärt werden.

a) Eine Emission von Aktien kann sich entweder an eine breite Öffentlichkeit richten oder an einen kleinen, engen Kreis interessierter Marktteilnehmer.

---

160 Ehrhardt (1997), Ross/Westerfield/Jaffe (1999)

161 Blättchen/Jacquillat (1999)

162 Neus (1995) Ehrhardt (1997) oder Hartmann-Wendels et.al. (2000)

163 Weiler (1998)

164 Neus (1997), Seite 136

165 Insbesondere geht es darum, zu welchen Konditionen und zu welchem Risiko ein Kreditinstitut bereit ist, Aktien des Emittenten zu übernehmen und zu verkaufen.

166 Diese Vorgehensweise ist nicht selbstverständlich; Ehrhardt (1997) und auch Jenkinson/Ljungqvist (1996) nehmen eine solche Unterscheidung z.B. nicht vor und verwenden die Begriffe synonym.

Die erste Variante wird als öffentliches Angebot oder *public issue* bezeichnet, während die zweite Variante eine Privatplazierung oder ein *privat issue* darstellt.[167] Per definitionem handelt es sich nur bei einem öffentlichen Angebot um ein Initial Public Offering (siehe Kapitel 1.1.3.), weshalb auch nur diese betrachtet werden.

b) Neue Aktien können im Rahmen einer Kapitalerhöhung entweder neuen Investoren angeboten werden oder aber den bestehenden (Alt-)Aktionären über deren Bezugsrecht. Die erste Variante kann als *cash offer* bezeichnet werden, während die zweite Variante als *rights offer* tituliert wird.[168] Auch in diesem Fall stellt per definitionem nur das *cash offer* ein Initial Public Offering dar, da bei einem *rights offer* die Aktien nicht der Öffentlichkeit angeboten werden. Mischformen sind jedoch möglich, wobei dann die Abgrenzung zu einem IPO anhand des unter a) genannten Aspektes zu fällen wäre.

Unter Initial Public Offerings werden daher in der Regel *cash offers* im Rahmen eines *public issue* verstanden. Nur auf diese bezieht sich ergo auch die Differenzierung zwischen Emissions- und Plazierungsverfahren.

1.2.3.1. Emissionsverfahren

Emissionsverfahren regeln, wie oben bereits beschrieben, die Modalitäten zwischen dem Emittenten und einem/mehreren eingeschalteten Kreditinstitut/en, wobei es sich in diesem Fall um eine Fremdemission handelt, während im Falle einer Selbstemission kein Kreditinstitut in die Emission einbezogen wird.[169] Da in den meisten Fällen Emittenten nicht nur von einem Kreditinstitut begleitet

---

[167] Die Grenze hierbei ist fließend und nicht streng vorgeschrieben. In den USA ist z.B. von einem private issue die Rede, wenn Aktien weniger als 35 Investoren angeboten werden (Ross/Westerfield/Jaffe (1999), Seite 497); die Zulassungsbedingungen in Deutschland sehen dagegen oft einen Streubesitzanteil in Höhe von mindestens 25 v.H. vor (vgl. Kapitel 1.2.1.)

[168] Ross/Westerfield/Jaffe (1999), Seite 497

[169] Von 1997 bis 1999 wurden von den 262 Erstemissionen nur eine als Selbstemission emittiert: die Fa. Kling, Jelko, Dehmel AG, die am 17.03.1998 in Frankfurt in den geregelten Markt eingeführt wurde.

werden, sondern von einem Bankenkonsortium,[170] kann bei den Emissionsverfahren unterschieden werden zwischen einem[171]

- Begebungskonsortium,
- Garantiekonsortium,
- Übernahmekonsortium,
- Optionskonsortium und einem
- Einheitskonsortium.

Bei einem **Begebungskonsortium** verkaufen die Banken die Aktien im eigenen Namen, aber für Rechnung des Emittenten; die Banken treten lediglich als Intermediär auf und übernehmen die technische Abwicklung, das Absatzrisiko verbleibt beim Emittenten. Bei einem **Garantiekonsortium** fungieren die Banken ebenfalls als Intermediär, übernehmen aber die nicht beim Publikum abgesetzten Aktien zu einem vorher ausgehandelten Preis. Im Rahmen eines **Übernahmekonsortium** übernehmen die Banken die zu emittierenden Aktien vollständig, wodurch das Absatzrisiko vollständig bei den Banken liegt. Bei einem **Optionskonsortium** übernehmen die Banken lediglich einen Teil der zu emittierenden Aktien fest, während sie sich für einen weiteren Teil eine Option vorbehalten, diese ebenfalls übernehmen (und absetzen) zu können. Bei einem **Einheitskonsortium** übernehmen die Banken die Aktien von dem Emittenten, um diese an das Publikum weiterzugeben, wodurch das Absatzrisiko wieder vollständig bei den Banken liegt.[172]

Auf den angelsächsischen Kapitalmärkten dominieren bei den Emissionsverfahren das Pendant zu dem Begebungskonsortium, welches als *best effort issue* bezeichnet wird und das Übernahmekonsortium (*firm commitment issue*).[173]

1.2.3.2. Plazierungsverfahren

Sind die Modalitäten zwischen dem Emittenten und einem beteiligten Kreditinstitut geklärt, so gilt es, die Modalitäten festzulegen, anhand derer die Investoren die Emission zeichnen können. Diese sogenannten **Plazierungsverfahren** be-

---

170 Siehe Neus (1995), Seite 135 oder auch die empirischen Ergebnisse in Kapitel 3; von den 262 Erstemissionen der Jahre 1997 bis 1999 wurden 219 (~ 84 v.H.) von einem Bankenkonsortium an den Markt begleitet.

171 Diese Systematik ist z.B. bei Neus (1995), Seite 135 wiederzufinden.

172 Vgl. Neus (1995)

173 Vgl. z.B. Ross/Westefield/Jaffe (1999) oder Jenkinson/Ljungqvist (1996).

ziehen sich in erster Linie auf die Mechanismen zur Festsetzung des Emissionspreises und können in drei Varianten eingeteilt werden.

Folgende Plazierungsverfahren werden nicht nur in der Literatur, sondern auch in der Praxis unterschieden:[174]

- Festpreisverfahren,
- Bookbuilding-Verfahren,
  a) mit Mehrzuteilungsoption (Greenshoe)
  b) mit Option zur Erhöhung des Emissionspreises
- Auktionsverfahren.

Bei dem **Festpreisverfahren** wird, wie der Name bereits aussagt, ein fester Preis für die neuen Aktien vereinbart, zu dem die Aktien übernommen werden können. Ein Blick in die Literatur zeigt jedoch, daß auch der Begriff Festpreisverfahren nicht einheitlich als *Plazierungsvariante* verwendet wird. Denn es kann unterschieden werden, ob die Aktien von dem Emissionskonsortium zu einem festen Preis übernommen werden, oder ob die Investoren die Aktien zu einem festen Preis zeichnen können. Ersteres verstehen z.B. *Blättchen/Jacquillat* oder *Weiler* unter dem Begriff Festpreisverfahren, denn sie stellen insbesondere ab auf die Übernahme der Aktien durch das Emissionskonsortium zu einem Festpreis, auch wenn sie es als Alternative zu dem Bookbuildingverfahren als Plazierungsmöglichkeit für Aktien nennen.[175] Wenn aber die Aktien von dem Kreditinstitut zu einem festen Preis (in den eigenen Bestand) übernommen werden, um dann weiter veräußert zu werden, handelt es sich nach obiger Systematik streng genommen um das *Emissionsverfahren* des Übernahmekonsortium (firm commitment) oder des Einheitskonsortiums, sagt aber noch nicht darüber aus, zu welchem Preis die Aktien den Investoren angeboten werden. Da nach der vorgenannten Systematik aber unter den *Plazierungsverfahren* diejenigen Modalitäten subsumiert werden, die sich mit der Beziehung zu den Investoren und der Preisfindung befassen, ist das Festpreisverfahren praxisorientiert in Abgrenzung zu dem nachfolgend zu erläuternden Bookbuilding-Verfahren zu erklären.

Bei dem Festpreisverfahren werden die Aktien den (potentiellen) Investoren zu einem festen Preis angeboten, der auch in den Emissionsprospekten genannt ist. Das bedeutet, daß die Emissionspreisfindung bereits abgeschlossen ist. Ein Investor hat nur die Möglichkeit, innerhalb einer vorbestimmten Zeichnungsfrist Kaufangebote für die angebotenen Aktien in Höhe des festgelegten Festpreises

---

174 Siehe z.B. Jenkinson/Ljungqvist (1996), Weiler (1999), Blättchen/Jacquillat (1999) oder Ross/Westerfield/Jaffe (1999)

175 Blättchen/Jacquillat (1999), Seite 172 ff. oder Weiler (1999), Seite 265 ff.

abzugeben. In Deutschland dominierte dieses Plazierungsverfahren bis ca. 1995 wurde aber von 1997 bis 1999 von den 262 Emittenten nur 7 mal angewendet.[176]

Als Alternative zu dem Festpreisverfahren dominiert seit 1995 in Deutschland[177] das sogenannte **Bookbuilding-Vefahren**. Bei diesem Plazierungsverfahren werden die potentiellen Investoren an der Emissionspreisfindung beteiligt und können im Rahmen einer Preisspanne Kauforders für die Aktien abgeben. Grob skizziert verläuft das Bookbuilding wie folgt. Nach einer Bewertung des Unternehmens und der Veröffentlichung eines Emissionsprospektes folgt eine sogenannten Pre-Marketing-Phase, in der das Unternehmen durch Pressekonferenzen, Road-Shows, individuellen Gesprächen mit institutionellen Investoren und Werbeauftritten das Interesse von Investoren versucht zu wecken. Anhand der gewonnenen Erfahrung und Einschätzung während dieser Pre-Marketing-Phase wird eine sogenannte Bookbuilding-Spanne auf einer Pressekonferenz bekanntgegeben, die aussagt, daß die Aktien zu einem Preis von x bis y Euro zum Kauf angeboten werden. Gleichzeitig erfolgt die Angaben einer Zeichnungsfrist innerhalb derer interessierte Investoren ihre (limitierten) Kauforders im Rahmen der Preisspanne abgeben können. Während dieser Zeichnungsfrist erfolgt die eigentliche Marketingphase, in welcher der Emittent das Unternehmen direkt präsentiert und in Einzelgesprächen interessierten Investoren vorstellt. Am Ende der Zeichnungsfrist, und damit auch am Ende der Marketingphase werden alle (limitierten) Zeichnungsorders ausgewertet und der tatsächliche Emissionspreis bekanntgegeben. Dabei kann in der Grundversion des Bookbuilding-Verfahrens der Emissionspreis nur innerhalb bzw. einschließlich der Grenzen der vorher festgelegten Preisspanne festgesetzt werden. Nach Bekanntgabe des Emissionspreises erfolgt die Zuteilung und die Notierungsaufnahme der Aktien an der Börse.[178] Durch die Abgabe von Kauforders während der Zeichnungsfrist innerhalb der Preisspanne haben die Investoren im Gegensatz zum Festpreisverfahren die Möglichkeit, den Emissionspreis mitzugestalten und die Emittenten können entsprechend den Emissionspreis an die tatsächlichen Marktverhältnisse anpassen.

---

176 Die entsprechenden Unternehmen waren: Kling, Jelko, Dehmel AG (17.03.98), Sparta-Beteiligungen (05.08.98), Herzog Telecom AG (29.10.98), Merkur Bank KgaA (23.03.99), Schnigge AG (17.08.99), Gesellschaft für Network-Training (13.12.99) und Stada AG (29.10.97); vgl. die jeweiligen Emissionsprospekte der Unternehmen, siehe auch die Ausführungen zu den empirischen Ergebnissen in Kapitel 3.

177 Das Bookbuilding-Verfahren wurden in Deutschland erstmals 1995 von der Dresdner Bank AG bei dem Initial Public Offering der SGL Carbon AG eingesetzt; vgl. Weiler (1999), Seite 266.

178 Vgl. z.B. die Ausführungen bei Weiler (1999), Jenkinson/Ljungqvist (1996), Blättchen/Jacquillat (1999) o.a.

a) In den letzten Jahren haben sich aber aufgrund einer großen Überzeichnung von Erstemissionen Modulationen des Bookbuilding-Verfahrens herausgebildet, die aber die Prozedur an sich nicht beeinflussen, sondern lediglich einen Einfluß auf die Festsetzung des tatsächlichen Emissionspreises haben. So behalten sich z. B. einige Unternehmen vor, eine sogenannte Mehrzuteilungsoption (over-allotment/greenshoe) ausüben zu können. Das bedeutet, daß im Falle einer sehr hohen Nachfrage nach den Aktien eine (vorher vereinbarte) zusätzliche Anzahl von Aktien (für gewöhnlich aus dem Bestand der Altaktionäre) zum Emissionspreis emittiert werden darf, wodurch sich der Nachfrageüberhang bei einer überzeichneten Emission reduziert. Die Mehrzuteilungsoption wird auch im deutschen Sprachgebrauch zunehmend mit dem angelsächsichen Begriff „Greenshoe“[179] bezeichnet. Durch die Mehrzuteilungsoption kann der Emissionspreis noch besser an die tatsächlichen Marktverhältnisse angepaßt werden.

b) Eine zweite Variante, den Emissionspreis bei einem Nachfrageüberhang (Angebotsüberhang) an die Marktverhältnisse anzupassen, ist die Option, in Abhängigkeit von der Nachfrage die Preisspanne zu erweitern und den Emissionspreis nicht am oberen (bzw. unteren) Rand der Preisspanne festzusetzen, sondern diesen um x v.H. nach oben (bzw. unten) anzupassen. Insbesondere bei Börsengängen, denen aufgrund der Marktverhältnisse eine starke Überzeichnung (bzw. Unterzeichnung) „droht“, wird seit kurzem diese Option verwendet, um den Emissionspreis korrigieren zu können. So wurde bei dem Börsengang der Asclepion-Meditec AG im März 2000 die Option getroffen, daß die Preisspanne von ursprünglich 24 bis 29 EUR auf 37,50 EUR erhöht werden könne, wenn sich während des Bookbuilding-Verfahrens eine große Nachfrage abzeichne.[180] Und bei der am 17. März 2000 erstmals notierten Ision AG wurde aufgrund einer (unbestätigten) 30-fachen Überzeichnung die Bookbuilding-Spanne um 15 v.H. angehoben.[181]

Als weitere Alternative, neue Aktien am Markt zu plazieren, ist noch das sogenannte **Auktionsverfahren** zu nennen, welches aber in Deutschland (noch) keine Anwendung findet, während es in Frankreich und Großbritannien bereits erfolgreich praktiziert wird.[182]

---

179 Die Mehrzuteilungsoption wird „Greenshoe“ genannt, da diese Variante erstmalig bei dem Börsengang der Green Shoe Corporation angewendet wurde; siehe Ross/Westerfield/Jaffe (1999), Seite 501.

180 Siehe Reuters-Meldung vom 13.03.2000

181 Vgl. Handelsblatt vom 14.03.2000

182 Jenkinson/Ljungqvist (1996), Blättchen/Jacquillat (1999)

Bei dem Auktionsverfahren gibt es verschiedene Varianten, die aber im Kern auf das gleiche Verfahren hinauslaufen. Für die neuen Aktien wird von dem Emittenten/Emissionsinstitut zunächst ein Mindestpreis festgesetzt, für den die Investoren innerhalb einer Zeichnungsfrist verbindliche Limitorders unter Angabe des Preises und der Menge abgeben können. Der Emissionspreis errechnet sich nach Ablauf der Zeichnungsfrist durch Auswertung der Orders. Es ist derjenige Preis, bei dem gesamte Plazierungsvolumen zum höchstmöglichen Preis abgesetzt werden kann.[183]

Einem Unternehmen stehen somit verschiedene Möglichkeiten offen, seine Aktien am Markt zu plazieren, und es hat auch verschiedene Möglichkeiten, die Hilfe eines Kreditinstitutes in Anspruch zu nehmen und gegen Entgelt das Absatzrisiko zu verlagern und die Vertriebskanäle der Banken zu nutzen. Bevor jedoch eine Entscheidung über das Emissions- und das Plazierungsverfahren von dem Emittenten getroffen wird, müssen weitere Faktoren, die bei einem Börsengang festzulegen sind, berücksichtigt werden. Diese Faktoren beziehen sich auf die einzuhaltenden Zulassungsvoraussetzungen bei einem Börsengang, den Verkaufsvoraussetzungen für Wertpapiere an einer Börse und auch den Emissionsfolgepflichten für an einer Börse zugelassene Wertpapiere.

Werden diese Überlegungen in die Diskussion einbezogen, dann fällt die Frage auf die Wahl des Börsensegmentes, in welchem eine Notierung angestrebt werden soll, da die oben genannten Aspekte in Abhängigkeit von den jeweiligen Handelssegmenten differenziert sind. Welches Börsensegment für den Emittenten den optimalen Markt darstellt, ist Gegenstand des folgenden Kapitels.

1.2.4. Die Wahl des Marktsegments aus Sicht des Emittenten

Wie die vorhergehenden Ausführungen zeigen, existieren aufgrund der horizontalen und vertikalen Marktsegmentierung eine Vielzahl von Börsenmärkten, in denen ein Emittent seine neuen Aktien notieren könnte. Kennzeichnend für die unterschiedlichen Börsenmärkte sind unterschiedliche Zulassungs- und Verkaufsvoraussetzungen, so daß ein Emittent immer dann die Wahl eines Marktsegmentes treffen muß, wenn er die formalen Zulassungskriterien mindestens zweier Segmente erfüllt. Dann aber stellt sich die Frage, woran sich ein Emittent orientiert, das für sein Unternehmen optimale Marktsegment für einen Börsengang auszuwählen, bzw. was seine Wahl für ein bestimmtes Segment beeinflußt.

---

[183] Siehe z.B. Blättchen/Jacquillat (1999), Seite 178 ff., oder Jenkinson/Ljungqvist (1996), Seite 124 ff.

Die Frage nach den Motiven der Marktsegment-Auswahl ist daher von besonderem Interesse, da es in der vorliegenden Studie um die (Informations-)Effizienz des Primärmarktes, insbesondere um den Neuen Markt geht. Und da der Börsenhandel in Deutschland durch einen mehrfach gespaltenen Primärmarkt charakterisiert ist, sind nicht nur die faktischen Kriterien des Primärmarktes von Interesse, sonder auch die selektiven Kriterien der Emittenten, die ihn veranlassen, das eine oder das andere Börsensegment zu präferieren. Diese Analyse wiederum steht vor dem Hintergrund des segmentabhängigen Underpricing und der Frage nach möglichen Ursachen und Determinanten für Underpricing. Der Frage nach dem optimalen Marktsegment für ein Initial Public Offering gehen daher die Motive eines Börsenganges und die damit verbundenen Kosten voraus.

1.2.4.1. Gründe für einen Börsengang

Die Gründe für einen Börsengang sind im Prinzip so vielfältig, wie es Unternehmen gibt, die sich mit einem Börsengang befassen. Dementsprechend gibt es auch eine Vielzahl von wissenschaftlichen Untersuchungen, welchen die individuellen Motive für einen Börsengang abstrahierend kategorisieren und systematisieren.

So liegen z.B. nach einer Untersuchung von *Pagano/Panetta/Zingales*, die sich auf den italienischen Kapitalmarkt bezieht, die Hauptgründe für einen Börsengang in den Motiven der Investitionsfinanzierung, Kapitalkostenreduzierung und Ausbezahlung der Altaktionäre, wobei diese Motive in absteigender Reihenfolge gelten.[184] Zu einem ähnlichen Ergebnis kommt *Röell* in einer allgemeinen Untersuchung zu den Motiven eines Börsenganges. In absteigender Reihenfolge werden bei *Röell* als Hauptgründe für einen Börsengang genannt:[185]

- Wachstums-/Akquisitionsfinanzierung
- Image
- Motivation für das Management
- Auszahlung der Altaktionäre
- Sonstiges

---

184 Pagano/Panetta/Zingales (1996)
185 Röell (1996)

Eine ähnliche Systematik gilt nach einer Umfrage der *Landeszentralbank München* auch für den deutschen Kapitalmarkt. Nach dieser Umfrage werden in absteigender Reihenfolge als Gründe für einen Börsengang genannt:[186]

- Verbesserung der Eigenkapitalausstattung
- Investitionsfinanzierung
- Senkung der Kapitalkosten
- Bekanntheitsgrad/Image/Standing
- Ungelöste Unternehmensnachfolge

Alle genannten Motive, die sich auch aus weiteren Untersuchungen anführen lassen,[187] können in vier Hauptargumente zusammengefaßt werden. Als Oberbegriffe können genannt werden die Investitionsfinanzierung,[188] das Image, die Ausbezahlung der Altaktionäre und der Generationenwechsel. Diese vier am häufigsten angeführten Hauptargumente lassen sich aber wiederum in zwei verschiedene Kategorien subsumieren, von denen nur eine für künftige Zwecke relevant ist.

Die Aspekte der Investitionsfinanzierung und der Ausbezahlung der Altaktionäre implizieren eine Erlösmaximierung als ursprüngliches Argument, wenn von rational handelnden Unternehmen ausgegangen wird. Die Aspekte des Images und des Generationenwechsels sind durch einen Börsengang für ein Unternehmen nur dann von Vorteil, wenn sich im Sekundärmarkt das Unternehmen im Einklang mit dem Markt bewegt. Das aber bedeutet, daß ein Emittent mit der Aktienkursentwicklung nicht wesentlich underperformen darf, was wiederum impliziert, daß eine Über- oder Unterbewertung des Unternehmens am Primärmarkt nicht stattfinden darf.[189]

Entsprechend ergibt sich als übergeordnete Zielsetzung eines Börsenganges für die Emittenten die Maximierung ihres Emissionserlöses.[190] Der Emissionserlös

---

186 Landeszentralbank im Freistaat Bayern (1997); kurz LZB

187 Siehe z.B. auch die Ausführungen bei Blättchen (1998), Jenkinson/Ljungqvist (1996) oder Ehrhardt (1997).

188 Auch die Finanzierung zukünftigen Akquisitionen oder die grundsätzliche Verbesserung der Eigenkapitalausstattung kann letztlich als eine Finanzierung künftiger oder abgeschlossener Investitionen angesehen werden.

189 Dieser Aspekt bezieht sich auf das sogenannte Flipping und geht zurück auf eine Untersuchung von Krigman/Shaw/Womack (1999), die nachweisen, daß IPO's mit einem besonders hohen Underpricing besonders anfällig sind für eine langfristige Underperformance. Zur Diskussion um diese long-run performance siehe z.B. auch Ritter (1991) oder Loughran/Ritter (1995).

190 Wasserfallen/Wittleder (1994), Seite 1511 formulieren dieses sehr einfach mit den Worten: „The *issuer* is interested in a high price of the new shares."

wird dann maximiert, wenn der Emissionspreis der neuen Aktien gleich ist dem erwarteten Wert der Aktien, sofern von rational handelnden Marktteilnehmern ausgegangen wird.[191] Das bedeutet, daß auf der einen Seite, der Emissionspreis nicht oberhalb des fair value liegen kann, auf der anderen Seite aber auch nicht unterhalb des fair value.[192]

Eine detailliertere Auseinandersetzung über den fair value ergibt sich aus der Systematik der Studie zu einem späteren Zeitpunkt. Zunächst ist jedoch wichtig, festzuhalten, daß das Hauptmotiv bei einem Börsengang die Maximierung des Emissionserlöses ist. Diese Tatsache ist insofern von Bedeutung, als daß die unterschiedlichen Marktsegmente bei einem Motiv für einen Börsengang keine direkte Rolle einzunehmen scheinen, denn die Erlösmaximierung ist segmentunabhängig zu betrachten. Es bleibt daher die Frage, nach welchen Kriterien ein Emittent das spätere Handelssegment auswählt. Um diese Frage zu beantworten, soll ein Blick auf die Kosten eines Börsenganges geworfen werden.

1.2.4.2. Die Kosten eines Börsenganges

Bei der Wahl eines Börsensegmentes sind nicht nur die Zulassungs- und Verkaufsvoraussetzungen entsprechend der gesetzlichen Rahmenbedingungen zu beachten, sondern auch die durch sie entstehenden Kosten eines Börsenganges. Bei *Neumann* werden alleine die Bankenprovisionen auf ca. 5 v.H. taxiert, wohl bezogen auf das Netto-Emissionsvolumen. Hinzukommen lt. *Neumann* aber noch Marketing- und Beraterkosten.[193] Dieses wirft die Fragen auf, welche Kosten bei einem Börsengang zu berücksichtigen sind und wie hoch diese sind.

Nach *Jenkinson/Ljungqvist* würden Ökonomen die Kosten eines Börsenganges in zwei Kategorien unterteilen – die direkten und die indirekten Kosten. Zu den direkten Kosten des Börsenganges zählen insbesondere die

- Börsenzulassungskosten,
- Bankenprovisionen,
- Beraterkosten,
- Managementkosten,
- Präsentations- und Veröffentlichungskosten und
- Kosten eines Rechtsformwechsels.

---

191 Diese Annahme muß nicht zwangsläufig getroffen werden, ist aber realistisch, zumal ein Aufheben dieser Annahmen die Kernaussage nicht wesentlich beeinträchtigen würde.

192 Dieser Zusammenhang wird z.B. bei Titzrath (1994), Seite 141 sehr gut dargestellt.

193 Neumann (1997)

Die indirekten Kosten eines Börsenganges ergeben sich aus dem Underpricing und in gewisser Weise auch aus den Aufwendungen für Investor Relation, da diese eher als Folge des Börsenganges anzusehen sind.[194]

Und wie aus der eigenen empirischen Untersuchung hervorgeht, betragen auf Basis des vorliegenden Datenmaterials die durchschnittlichen Emissionskosten ca. 5 – 8 v.H. des Brutto-Emissionsvolumens.

Zu berücksichtigen ist aber, daß die meisten Kostenkomponenten segmentabhängig sind, wie nicht nur die Ausführungen in Kapitel 1.2.1. bereits angedeutet haben, sondern wie auch z.B. *Ostrowski* unterstreicht.[195] Fast alle direkten Kosten, mit Ausnahme der Kosten des Rechtsformwechsels, fallen unter die segmentabhängigen Kosten, ebenso wie die indirekten Kosten. Bezüglich der direkten Kosten soll nun folgende Annahme getroffen werden. Kosten entstehen insbesondere durch die Bereitstellung (und Präsentation/Veröffentlichung) von Informationen, wobei ein positiver, aber abnehmender funktioneller Zusammenhang zwischen der Bereitstellung von Informationen und den damit verbundenen Kosten gelten soll. Gleiches gilt auch für die indirekten Kosten des Investor Relation; wie sich das Underpricing auswirkt, und ob bei dem Undepricing überhaupt von einer Kostenkomponente gesprochen werden kann, wird in Kapitel 4 näher diskutiert werden.

Dementsprechend kann festgehalten werden, daß aufgrund der unterschiedlichen Zulassungs- und Verkaufsvoraussetzungen in den einzelnen Handelssegmenten die Kosten eines Börsenganges bei einer angestrebten Notierung für die jeweiligen Segmente unterschiedlich hoch sind. Genauer gesagt, sind die Kosten eines Börsenganges bei einer Notierung im Freiverkehr am niedrigsten, im geregelten Markt etwas höher und im amtlichen Handel, bzw. im Neuen Markt am höchsten, da hier die umfangreichsten Informationsbereitstellungspflichten gelten.

Die unterschiedlichen Kosten bei einem Börsengang in ein bestimmtes Marktsegment mögen daher die Wahl eines Emittenten betreffend des späteren Handelssegmentes beeinflussen. Welchen Einfluß diese Kostenstruktur auf die Wahl des Marktsegmentes hat, soll näher analysiert werden.

---

194 Jenkinson/Ljungqvist (1996), siehe aber auch Ehrhardt (1997).

195 Ostrowski (1999)

1.2.4.3. Das optimale Marktsegment

Wie die vorgenannten Ausführungen gezeigt haben, ist ein Hauptmotiv bei einem Initial Public Offering die Maximierung der Emissionserlöse; auf der anderen Seite sind die Kosten eines Börsenganges zu berücksichtigen, so daß auch die mit einem Börsengang verbundenen Vorteile für den Emittenten analysiert werden müssen. Neben den bereits genannten Aspekten wie z.B. Erleichterung des Generationenwechels, Motivation für das Management oder Erhöhung des Images ist für börsennotierte Unternehmen ein wichtiger Aspekt einer Börsennotierung eine hohe Liquidität im Handel mit den Aktien. Eine hohe Liquidität erleichtert den Aktionären die Möglichkeit, ihre Anteile schnell und kostengünstig wieder zu veräußern. Entsprechend eher sind sie bereit, nicht nur Aktionär einer Gesellschaft mit einer hohen Handelsliquidität zu werden, sondern sind auch bereit, die leichte Handelbarkeit durch höhere Kurse und geringere Renditeforderungen zu bezahlen.[196] Die Liquidität im Aktienhandel stellt somit einen weiteren Hauptaspekt bei der Planung eines Börsenganges dar. Die Steigerung der Liquidität im Handel ist aber nach *Ostrowski* eng verbunden mit den Informationspflichten, die von dem Emittenten zu erfüllen sind.[197] Je höher die Publizität, desto höher wird das Vertrauen der Anleger und somit die Liquidität im Handel mit den Aktien. *Ostrowski* bezeichnet dieses als eine Marktwertsteigerung für das Unternehmen, wenn die Liquidität im Handel aufgrund einer erhöhten Publizität zunimmt, da durch die höhere Liquidität die Kapitalkosten des Emittenten tendenziell sinken.[198]

Somit wird die Wahl bei einem Börsengang determiniert durch zwei Komponenten, durch die ein Emittent einem Trade-Off ausgesetzt ist: auf der einen Seite steht die Erhöhung der Informationsbereitstellung und Publizität zur Erhöhung der Handelsliquidität und mithin die Marktwertsteigerung für das Unternehmen. Auf der anderen Seite stehen die Kosten eines Börsenganges, die aufgrund der vertikalen Segmentierung ebenfalls abhängig sind von der Informationsbereitstellung und der Publizität. Für *Ostrowski* ergibt sich daraus das optimale Marktsegment aus der Position, an dem die (erwartete) Differenz zwischen der Marktwerterhöhung und dem Barwert der Kosten maximiert wird.[199]

Anders ausgedrückt gibt es für jeden Emittenten einen „optimalen Informationsbereitstellungsgrad". Formalanalytisch ergibt sich dieser an dem Punkt, an dem der Grenznutzen der Informationsbereitstellung gleich ist den Grenzkosten des Börsenganges. Für die Gültigkeit dieser These sollen folgende Annahmen gel-

---

196 Franconi/Gutschlag (1999), Büschgen (1997), H. Schmidt (1992)
197 Ostrowski (1999), Seite 23
198 Ebenda, Seite 23; Ostrowski bezieht sich hier auf Amihud/Mendelson (1988)
199 Ebenda, Seite 23

ten. Die Kosten eines Börsenganges lassen sich als eine Funktion der bereitzustellenden Informationen darstellen; für diese Kostenfunktion soll eine positive und zunehmende Steigung angenommen werden. Der Nutzen eines Börsenganges ergibt sich aus der zu erwartenden Marktwertsteigerung durch eine hohe Handelsliquidität und kann ebenfalls als Funktion der bereitzustellenden Informationen dargestellt werden. Für die Nutzenfunktion soll eine positive, aber abnehmende Steigung angenommen werden. Ist dieser „optimale Informationsbereitstellungsgrad" gefunden, so ist auch gleichzeitig die Wahl für das in Frage kommende Marktsegment getroffen, da jedes Marktsegment ein unterschiedlich hohes Informationsbereitstellungs-Niveau hat.

Das Initial Public Offering eines rational handelnden Emittenten ist daher im wesentlichen determiniert durch zwei Faktoren: a) steht die Maximierung des Emissionserlöses im Vordergrund und b) ergibt sich das optimale Börsensegment durch die Optimierung der Grenzkosten und –nutzen der Informationsbereitstellung.[200]

Dieses aber bedeutet, daß es unter der Annahme rational handelnder Emittenten kein systematisches Underpricing geben kann. Denn zum einen widerspricht das Ziel der Erlösmaximierung dem systematischen Underpricing, zum anderen wird ein Emittent nicht bewußt mehr oder weniger Informationen bereitstellen wollen, um den potentiellen Investoren eine höhere Marktwertsteigerung oder geringere Kosten vorzutäuschen.

Diese mikroökonomischen Zusammenhänge können auch wie folgt erläutert werden. Liegen die Grenzkosten der Informationsbereitstellung über dem Grenznutzen, werden also „zu viele" Informationen publiziert, so ist das Unternehmen durch überproportional hohe Kosten in Relation zum Nutzenzuwachs für den Investor belastet und der Emittent hat nur noch die Möglichkeit, seine Aktien mit einem Abschlag zu veräußern, um für die Investoren den Kostennachteil auszugleichen. Werden dagegen „zu wenig" Informationen publiziert und die Grenzkosten der Informationsbereitstellung sind geringer als der Grenznutzen, dann liegt ein überproportionaler Nutzenverzicht in Relation zu den zusätzlichen Kosten des Emittenten vor. Ein Investor wird diese Aktien nur mit einem Abschlag erwerben wollen, um für den Nutzenverzicht einen Ausgleich zu erhalten.

---

200 Diese Vorgehensweise ergibt sich auch z.B. bei Blättchen/Jacquillat (1999), die sich aber weniger formalanalytisch, sondern verbal auf die Entscheidungskriterien Publizität und Kosten stützen.

Verhalten sich dagegen die Emittenten rational und wählen ihre Informationspolitik und mithin das dazugehörige Marktsegment nach ökonomischen Optimalitätskriterien aus, so kann es kein systematisches Underpricing geben, zumal die Prämisse der Erlösmaximierung bei den Emittenten im Vordergrund steht. Wie aber die Ausführungen in Kapitel 1.1.6. gezeigt haben, ist Underpricing ein ubiquitäres Phänomen, so daß sich die Frage anschließt, worauf Underpricing zurückzuführen sein könnte. Dieser Frage nach möglichen Erklärungsansätzen für Underpricing wird in dem zweiten Teil der Studie nachgegangen.

2. Darstellung und Beurteilung konventioneller Erklärungsansätze für Underpricing

Underpricing als ungeklärtes Phänomen internationaler Kapitalmärkte steht ungefähr seit den siebziger Jahren im Blickpunkt der Literatur, wobei ein Schwerpunkt der Diskussion in den achtziger und neunziger Jahren geführt wurde.[201] Die Tatsache, daß es ein Underpricing gibt, ist dabei kaum umstritten, welche Ursache(n) hingegen hierfür verantwortlich zu sein scheint(en), ist jedoch nach wie vor Gegenstand einer lebhaften Diskussion und hat dazu geführt, daß es eine Vielzahl von Thesen und Modellen gibt, worauf Underpricing zurückgeführt werden könnte. *Jenkinson/Ljungqvist* z.B. nennen 62 verschiedene mögliche Erklärungen für Underpricing.[202] Die weitere Vorgehensweise ist daher äußerst schwierig, denn viele Thesen ähneln sich in ihrer Kernaussage, so daß es nicht empfehlenswert sein kann, jede einzelne These vorzustellen und empirisch zu überprüfen.

Eine Systematisierung der vorhandenen Erklärungsansätze ist daher nicht nur wünschenswert, sondern auch für eine prägnante Darstellung und empirische Überprüfung empfehlenswert, doch gestaltet sich auch dieses Unterfangen als nicht ganz unproblematisch, wie einige Vorstöße in diese Richtung zeigen. So schlägt z.B. *Ehrhardt* vor, eine Systematisierung zu beginnen mit einer Differenzierung nach der Informationseffizienz eines Marktes.[203] Diese Einteilung scheint aber wenig pragmatisch, da sich hinter ihr eine gewisse Tautologie verbirgt. Denn wenn Underpricing systematisch vorkommt, deutet dieses ja gerade (unter der Voraussetzung, daß die Markteffizienzhypothese Gültigkeit besitzt) auf eine Ineffizienz eines Marktes. Wird dagegen an der Gültigkeit der Markteffizienzhypothese gezweifelt, muß zunächst das *systematische* Vorkommen von Underpricing neu definiert werden.

Da diese Einteilung der vielen Erklärungshypothesen somit bislang nicht weiterhilft, auf der anderen Seite aber nicht alle existierenden Thesen erläutert werden können und sollen, scheint es pragmatisch zu sein, sich an der Differenzierung zu orientieren, wie sie von *Uhlir* oder *Kaserer/Kempf* vorgenommen wird. Nach *Uhlir* kann bei den Erklärungsansätzen unterschieden werden nach Adhoc-Hypothesen, Ansätzen zur Erklärung der Höhe des Underpricing und theo-

---

201 Eine gute Übersicht über die historische Entwicklung der Studien zum Thema Underpricing findet sich bei Carter/Manaster (1990) oder Smith (1986).

202 Jenkinson/Ljungqvist (1997), siehe Übersichten zu einzelnen Kapiteln auf den Seiten 45-86.

203 Vgl. Ehrhardt (1997), Schaubild Seite 111

riegeleiteten Ansätzen.[204] Da aber auch bei der zweiten von *Uhlir* genannten Gruppe das Underpricing auf *irgendetwas* zurückzuführen sein muß, ist diese Differenzierung ebenfalls nicht ganz stichhaltig, weshalb die Einteilung von *Kaserer/Kempf* ein vielversprechenderer Weg für die Einteilung von Erklärungsansätzen zu sein scheint, da hierdurch unterschiedliche Kernursachen für das Underpricing am ehesten in den Vordergrund gestellt werden. *Kaserer/Kempf* unterscheiden lediglich zwischen *gleichgewichtsgeleiteten* Ansätzen und *Ad-hoc-Erklärungshypothesen* und machen durch diese Polarisierung deutlich, daß im Kern für das Vorhandensein von Underpricing entweder Informationsasymmetrien oder sonstige Marktunvollkommenheiten verantwortlich sind.[205]

Zwar kann auch diese Unterscheidung angezweifelt werden, da eine Informationsasymmetrie auch eine gewisse Form von einer Marktunvollkommenheit ist bzw. darauf zurückgeführt werden könnte. Doch ist diese Unterscheidung dennoch hilfreich für spätere Lösungsansätze zur Reduzierung des Underpricing, da unterschieden werden kann, ob ein Lösungsansatz eher im Bereich der Forcierung des Wettbewerbs zur Reduzierung von bestehenden Informationsasymmetrien ansetzen muß oder im Bereich der Marktorganisation zur Eliminierung möglicher Marktunvollkommenheiten.[206]

Für die weitere Vorgehensweise wird daher in Anlehnung an *Kaserer/Kempf* unterschieden zwischen *gleichgewichtsgeleiteten* Ansätzen und *Ad-hoc-Erklärungshypothesen.* Somit werden nicht eine Vielzahl von verschiedenen Modellen oder Thesen dargestellt, sondern unter den jeweiligen Überschriften diejenigen Ansätze subsumiert, die im Kern hierauf zurückzuführen sind, auch wenn einige Thesen nuancierte Abweichungen von der Grundüberlegung aufweisen. Denn Ziel dieses Kapitels ist nicht die lückenlose Darstellung aller Erklärungsthesen und -modelle, sondern eine Darstellung der unterschiedlichen Gedankenstrukturen zur Erklärung des Underpricing, um eine empirische Überprüfung zu ermöglichen, die im dritten Teil dieser Studie vorgenommen wird.

Unter die *gleichgewichtsgeleiteten* Erklärungsansätze werden im folgenden diejenigen Thesen subsumiert, welche davon ausgehen, daß Underpricing auf eine ungleich verteilte Information der am Emissionsprozeß Beteiligten zurückgeführt werden kann.

---

[204] Uhlir (1989), Seite 4

[205] Kaserer/Kempf (1995), Seite 45 & 47-49

[206] Genau genommen muß auch diese Aussage noch relativiert werden, doch kann sie für die hier vorliegenden Zwecke dieser Arbeit so bestehen bleiben, denn eine differenzierte Diskussion der Institutionenökonomik würde den Rahmen der Arbeit sprengen, ohne dem eigentlichen Ziel dienlich zu sein.

Hierzu zählen die folgenden Thesen:

- das Gleichgewichtsmodell von *Rock,*
- Signalling[207]-Thesen,
- Reputation der Emissionshäuser.

Unter die *Ad-hoc-Erklärungsansätze* werden diejenigen Thesen subsumiert, welche Underpricing auf Unvollkommenheiten des Emissionsmarktes zurückführen, wie z.B. die

- Monopolstellung der Banken,
- Versicherung gegen die Prospekthaftung,
- Spekulative Blasen,
- Kurspflege der Emissionshäuser.

In den folgenden zwei Kapiteln werden diese Erklärungshypothesen im einzelnen vorgestellt und kurz erläutert, wobei ein kritische Betrachtung des Erklärungsansatzes jeweils im Anschluß an den deskriptiven Teil folgt. Die kritische Würdigung der Erklärungsansätze unterliegt in Hinblick auf die Fragestellung der Arbeit dem Fokus der Erklärung der segmentspezifischen Höhe des Underpricing. Dieser Fokus wird zum einen gewählt, um nicht das Thema in der Kritik an einzelnen Erklärungsansätzen aus dem Auge zu verlieren,[208] und zum anderen, um der kritischen Diskussion über das ungelöste Problem des Underpricing neue Denkanstöße zu geben.

---

207 Die Schreibweise „Signalling" ist in der Literatur nicht einheitlich zu finden. Während z.B. bei Neus (1995) oder Spiess/Pettway (1997) von „signaling" die Rede ist, schreiben z.B. Anderson (1995) oder Jenkinson/Ljungqvist (1997) „signalling". Um Vereinheitlichung bemüht, wird in der vorliegenden Arbeit die letztgenannte Schreibweise verwendet.

208 Analog der Vielzahl von Erklärungsmodellen für Underpricing gibt es in der literarischen Diskussion auch eine scheinbar unendliche Fülle von Argumenten für oder wider des einen oder anderen Ansatzes. Ein komplettes aufgreifen dieser Argumente würde nicht nur den Rahmen der Arbeit sprengen, sondern lieferte auch keinen Mehrwert für die Diskussion, wenn lediglich bereits vertretene Standpunkte aufgezählt würden. Aus diesem Grund wird der Schwerpunkt auf eine allgemeine Kritik im Hinblick auf den Schwerpunkt der Arbeit gelegt, um die Diskussion zu bereichern.

2.1. Gleichgewichtsgeleitete Erklärungsansätze

Wie bereits erläutert, gehen gleichgewichtsgeleitete Erklärungsansätze davon aus, daß Underpricing an sich mit einem Gleichgewicht auf dem Emissionsmarkt grundsätzlich vereinbar ist, der Emissionspreis also ein markträumender Gleichgewichtspreis ist. Der Emissionspreis ist aber in seiner jeweiligen Höhe nur deshalb markträumend, weil Informationsasymmetrien auf dem Emissionsmarkt vorliegen. Lägen keine Informationsasymmetrien vor, so wäre der gleichgewichtige Emissionspreis ein anderer.[209] Da es eine Vielzahl von Thesen gibt, welche zur Erklärung von Underpricing diese Annahme treffen, werden im folgenden drei Erklärungsthesen vorgestellt, die in der Literatur bislang den größten Zuspruch gefunden haben. Hiermit soll nicht die Relevanz anderer Erklärungsansätze geschmälert werden, doch ist es für den Fokus der Studie wichtiger, ein Grundverständnis über mögliche Ursachen zu bekommen, als alle Erklärungsmodelle mit ihren Nuancen zu kennen. Der Schwerpunkt der folgenden Darstellung liegt daher auf der Informationsverteilung nach dem Modell von *Rock,* Signalling-Thesen und der Reputationsthese der Emissionshäuser

2.1.1. Das Gleichgewichtsmodell von *Rock*

Die Grundzüge gleichgewichtsgeleiteter Ansätze zur Erklärung von Underpricing gehen zurück[210] auf ein von *Rock* entwickeltes Gleichgewichtsmodell, welches wahrscheinlich das bekannteste Modell dieser Art für Underpricing darstellt.[211] Nach diesem Modell ist eine Informationsasymmetrie zwischen gut informierten Investoren und weniger gut informierten Investoren für das Underpricing verantwortlich.[212] Diese These, die in der Literatur auch unter dem Terminus „the winner's curse" eingegangen ist, liefert modelltheoretisch eine Erklärung dafür, daß Underpricing aufgrund von Informationsasymmetrien mit einem Marktgleichgewicht vereinbar ist. Die Überlegungen, die zu diesem Modell geführt haben, werden im folgenden kurz skizziert, um einen Überblick über die gleichgewichtsgeleiteten Ansätze zu erhalten.

---

209 Vgl. hierzu auch die Ausführungen bei Jenkinson/Ljungqvist (1996), Uhlir (1989) oder Kaserer/Kempf (1995).

210 Kaserer/Kempf (1995) wählen diese Formulierung, auch wenn es nicht immer eindeutig ist, von wem „Grundzüge" entwickelt wurden – zumal ein ähnlicher Ansatz asymmetrischer Informationsverteilung bereits 1982 von *Baron* vorgestellt wurde. Auf diesen Ansatz wird aber später näher eingegangen.

211 Vgl. z.B. Jenkinson/Ljungqvist (1996), Seite 43 oder Anderson et.al. (1995), Seite 30.

212 Rock (1986)

Die Grundannahme in dem *Rock*'schen Modell ist, daß die am Emissionsprozeß beteiligten Marktteilnehmer einen unterschiedlichen Informationsstand hinsichtlich des „wahren Wertes“[213] der angebotenen Aktien haben. Auf der einen Seite gibt es sehr gut informierte Marktteilnehmer, die aufgrund ihrer Informationen in der Lage sind eine Emission erheblich besser zu beurteilen – sie haben quasi „perfekte“ Informationen über den Wert einer Emission. Auf der anderen Seite gibt es uninformierte Marktteilnehmer, die nicht in der Lage sind, den Wert einer Emission beurteilen zu können. Warum einige Marktteilnehmer „perfekt“ informiert sind, ist für das Modell an sich unerheblich, doch können bestimmte Insiderinformationen oder ein bedeutend höherer Research-Aufwand die Ursachen hierfür sein. Eine Hauptannahme von *Rock* besteht darin, daß sowohl der Emittent selbst, als auch das Emissionshaus zu der Gruppe der uninformierten Marktteilnehmer zählen und daher nicht in der Lage sind, den „wahren“ Emissionspreis festzusetzen. Bei den Investoren gibt es eine Gruppe, die uninformiert ist, und eine Gruppe, die über „perfekte“ Informationen verfügt. Nur die letztere Gruppe ist in der Lage, die Emission „wirklich“ beurteilen zu können. Aus diesem Grunde zeichnen die gut informierten Investoren nur Emissionen, die unterbewertet an den Markt kommen, um eine positive (Emissions-) Rendite zu erzielen. Überbewertete Emissionen würden dagegen von den gut informierten Investoren nicht gezeichnet. Die uninformierten Investoren hingegen zeichnen jede Emission, doch besitzt keine der beiden Gruppen jeweils über ausreichend Kapital, um die gesamte Emission aufnehmen zu können. Da das Emissionshaus nach *Rock* selbst zu der Gruppe der uninformierten Marktteilnehmer zählt, fungiert es nur als Finanzintermediär zur Plazierung der Aktien – der Emissionspreis wird von dem Emittenten selbst festgelegt, der aber ebenfalls nicht über perfekte Informationen verfügt.[214] Somit kennt zwar auch der Emittent selbst nicht den „wahren“ Gleichgewichtskurs, doch ermittelt er einen Schätzwert, der bei unverzerrten Erwartungen im Durchschnitt mit dem Gleichgewichtskurs übereinstimmt.[215]

Aus diesen Annahmen resultiert nun folgendes Bild für die Emissionsrendite: Liegt der Emissionskurs über dem Gleichgewichtskurs, so ergibt sich eine negative Zeichnungsrendite, die von den informierten Investoren antizipiert wird.[216]

---

213 Jenkinson/Ljungqvist (1996) sprechen von dem „true value“ (Seite 43), Kaserer/Kempf gebrauchen auch den „wahren“ Wert (Kaserer/Kempf 1995, Seite 47), während Rock von dem „realized value“ spricht (Rock 1986, Seite 190).

214 In der Originalliteratur von Rock (1986) zählen sowohl das Emissionshaus als auch der Emittent zu uninformierten Marktteilnehmern; Uhlir (1989) geht dagegen „der Einfachheit halber“ davon aus, diese beiden zu der Gruppe der Informierten zu zählen (Seite 5).

215 Vgl. z.B. Döhrmann (1989) für diese Formulierung.

216 Als Gleichgewichtskurs ist hier der spätere erste Sekundärmarktkurs zu verstehen. *Rock* impliziert somit einen informationseffizienten Sekundärmarkt.

Die informierten Investoren zeichnen daher diese Emission nicht, während annahmegemäß die uninformierten Investoren Kauforders für diese Emission abgeben. Die Zeichnungsrendite fällt daher nicht nur negativ für die uninformierten Investoren aus, weil der Gleichgewichtskurs unterhalb des Emissionskurses liegt, sondern auch weil die Nachfrage geringer ist, als das Angebot, da die Gruppe der uninformierten Investoren annahmegemäß nicht über ausreichend Kapital verfügt, um die gesamte Emission zeichnen zu können.

Liegt dagegen der Emissionskurs unter dem Gleichgewichtskurs, so ergibt sich eine positive Zeichnungsrendite, die ebenfalls von den informierten Investoren antizipiert wird. Die Emission wird daher von den informierten Investoren gezeichnet *und* von den uninformierten Investoren, die annahmegemäß jede Emission zeichnen. Es kommt zu einer Überzeichnung der Emission, mit der Folge, das eine Zuteilung der Aktien erfolgen muß, bei der die uninformierten Investoren bei einer streng quotalen Zuteilung[217] eine systematisch geringere Zuteilung erhalten.

Werden beide Varianten zusammen betrachtet, so erhalten die uninformierten Investoren entweder eine relativ geringe Zuteilung bei unterbewerteten Emissionen, bzw. erhalten eine negative Zeichnungsrendite bei überwerteten Emissionen. Und da im Ganzen betrachtet „die leidtragenden Investoren zwar „uninformiert", aber nicht „dumm" sind"[218], ist mittelfristig ein Rückzug der gesamten Gruppe der uninformierten Investoren aus dem Emissionmarkt unvermeidlich, da sich kein rationaler Anleger auf Dauer an einem Spiel mit negativer Gewinnerwartung beteiligt.[219] Würde also der Emissionskurs im Mittel dem Gleichgewichtspreis entsprechen, würden sich die uninformierten Investoren mittelfristig aus dem Emissionsmarkt zurückziehen, wodurch der Emissionsmarkt zusammenbrechen würde, da annahmegemäß die Gruppe der informierten Investoren nicht über ausreichend Kapital verfügt, um eine Emission komplett aufzunehmen.

Aus diesen Erkenntnissen wird gefolgert, daß es notwendig ist, Aktien mit einem „Underpricing" am Emissionsmarkt zu plazieren, d.h. den Emissionskurs unterhalb des geschätzten späteren Gleichgewichtskurses festzulegen, um eine vollständige Plazierung der Emission zu gewährleisten und die Funktionalität des Emissionsmarktes aufrecht zu halten. Underpricing ist daher nicht als

---

217 Spezielle Zuteilungsmodalitäten der Emissionshäuser bei Überzeichnung können an dieser Stelle vernachlässigt werden, da die Emissionshäuser mangels Kenntnis nicht zwischen informierten und uninformierten Investoren unterscheiden können, so daß im Mittel von einer anteiligen Zuteilung ausgegangen werden kann.

218 Uhlir (1989), Seite 5

219 Kaserer/Kempf (1995), Seite 47

Anomalie am Emissionsmarkt zu betrachten, sondern als eine Notwendigkeit, die bei dieser gegebenen Informationsasymmetrie eine Gleichgewichtssituation ermöglicht.

Fraglich ist einzig, wie hoch dieses Underpricing sein muß, um nicht systematisch zu sein, aber gerade noch zu einer Gleichgewichtssituation am Emissionsmarkt führt. Hierzu führt *Uhlir* an, daß die informierten Investoren ihr hohes Informationsniveau z.B. durch eine superiore Informationsbeschaffung erreichen, die in der Regel mit zusätzlichen Transaktionskosten verbunden ist. Die Höhe des Underpricing würde daher im Idealfall im Mittel die Höhe der Transaktionskosten der informierten Investoren berücksichtigen.[220]

Das Modell von *Rock* liefert mit seiner Argumentation eine Ausgangsbasis zur Erklärung des Underpricing im Rahmen eines durch Informationsasymmetrien bedingten Gleichgewichts am Emissionsmarkt.

Diese Überlegungen können allerdings dahingehend differenziert werden, daß eine Informationsasymmetrie nicht zwischen den Investoren besteht, sondern zwischen der Emissionsbank und den übrigen Marktteilnehmern oder zwischen dem Emittenten und den übrigen Marktteilnehmern.

Die erstgenannte Variante, in welcher das Emissionshaus über „bessere" Informationen verfügt, ist als das Modell von *Baron* in die Literatur eingegangen, und unterstellt, daß die Emissionsbank aufgrund besserer Informationen den Wert und die Nachfrage der Emission besser einschätzen kann.[221] Da die Emissionshäuser die Nachfrage aber *„nur"* besser einschätzen können, als die Emittenten selbst,[222] aber nicht exakt vorhersagen können, verbleibt ein Plazierungsrisiko bei den Emissionshäusern, welches dadurch minimiert wird, daß Emissionen mit einem Underpricing angeboten werden, um eine vollständige Plazierung zu gewährleisten.

Die zweite Variante, in welcher der Emittent über „bessere" Informationen verfügt, ist auf ein Modell von *Cho* zurückzuführen[223], und ähnelt dem Modell von *Baron*. Der Emittent kennt zwar den „wahren Wert" der Emissionspapiere, weiß aber nicht, welchen Wert die Investoren seinen Aktien beimessen. Ergo trifft

---

220 Vgl. Uhlir (1989), Seite 6

221 Vgl. Baron (1982)

222 Baron geht noch wesentlich deutlicher auf die Gründe ein, warum ein Emittent ein Emissionshaus beauftragen sollten; diese Einzelheiten können aber für die vorliegende Darstellung unterbleiben.

223 Das Model von Cho wird kaum in der Literatur näher betrachtet, sondern nur erwähnt; eine relativ ausführliche Beschreibung findet sich bei Döhrmann (1989, Seite 354 ff.)

auch ihn ein Plazierungsrisiko, wenn die Aktien mit einem „zu hohen" Wert am Markt plaziert werden sollen. Das Underpricing stellt auch hier die Prämie für eine vollständige Plazierung der Wertpapiere dar.

Allen Überlegungen gemeinsam ist, daß Underpricing keine Anomalie des Emissionsmarktes darstellt, sondern aufgrund einer vorhandenen Informationsasymmetrie eine Notwendigkeit zur Erreichung eines Marktgleichgewichtes ist. Damit wird zwar in erster Linie die Entstehung des ex-ante Underpricing modelltheoretisch erklärt, doch ist die Argumentation auch für die empirische Analyse des ex-post Underpricing und für das Grundverständnis seiner möglichen Entstehung sehr wertvoll.

Eine abschließende Begründung zur Entstehung des Underpricing kann aber mit dem Gleichgewichtsmodell von *Rock* nicht gelegt werden, denn es bleiben einige grundsätzliche Fragen offen. So weist z.B. *Uhlir* darauf hin, daß die Existenz einer Informationsasymmetrie hinsichtlich des künftigen Marktpreises nur über das Vorliegen einer ex-ante Unsicherheit begründbar ist.[224] Daher ist das Underpricing um so größer, je größer die ex-ante Unsicherheit bezüglich des späteren Marktpreises einer Aktie ist. Entsprechend folgert *Uhlir*, daß die „Höhe des von den Emissionsbanken bewußt vorgenommenen Underpricings .. vom Ausmaß der Ex-ante Unsicherheit hinsichtlich des späteren Marktpreises" abhängt.[225] Wird aber berücksichtigt, daß in den Annahmen von *Rock* die Emissionshäuser und die Emittenten beide zu den uninformierten Marktteilnehmern zählen, dann kann kein *bewußtes* Underpricing vorgenommen, welches im Mittel zu positiven Emissionsrenditen führt. Folgendes Zahlenbeispiel soll diese Überlegung verdeutlichen. Angenommen der „wahre" Emissionspreis würde von dem Emissionsinstitut/Emittenten auf 70 geschätzt werden. Aufgrund der ex-ante Unsicherheit über den Wert, den die Investoren der Emission beimessen, wird der Emissionspreis auf 60 reduziert. Beträgt der erste Sekundärmarktpreis (als der angenommenen „wahre Wert") 100, dann betrüge das (absolute) Underpricing 40. Läge dagegen der erste Sekundärmarktpreis (als der angenommenen „wahre Wert") bei 20, so ergäbe sich ein absolutes Overpricing in Höhe von 40. Da weder Emissionshaus noch Emittent den „wahren Wert" der Emission kennen, würde - bei unterstellter Normalverteilung der Abweichungen der Emissionspreise vom „wahren" Wert - dennoch das Underpricing bei Null liegen müssen. Hinzu kommt die Frage, woran die Emittenten, die annahmegemäß den Emissionspreis festlegen, die ex-ante Unsicherheit ihrer Aktie ausmachen, da ja nur die informierten Investoren vollkommene Informationen haben. *Jenkinson/Ljungqvist* greifen diese Überlegung auf und sprechen bezüglich des Under-

[224] Uhlir (1989), Seite 5
[225] Uhlir (1989), Seite 5

pricing von „unfreiwilligen Kosten für die Emittenten, die einen klaren Anreiz geben müßten, die Informationsasymmetrie zu reduzieren".[226] Doch wenn die Emittenten selbst uninformiert sind, woher wissen sie dann, wieviele und vor allem, welche Informationen fehlen, um den „wahren Wert" der Emission abschätzen zu können.

Ein weiterer Aspekt ist die Höhe des Underpricing, die in dem Modell ebenfalls unbeantwortet bleibt. *Uhlir* argumentiert, daß durch die Höhe des Underpricing die durchschnittlichen Transaktionskosten der Investoren gedeckt sind. Zweifelsohne habe die informierten Marktteilnehmer durch z.B. ihren Research-Aufwand die höheren Transaktionskosten, doch ist zweifelhaft, ob diese Kosten so hoch sind, wie die empirisch nachgewiesenen Höhen des Underpricing. Hinzu kommt, daß die Informationen, die informierte Investoren „sammeln", nicht nur für eine, sondern für eine Vielzahl von Transaktionen verwendet werden können, so daß nicht die gesamte Höhe der Transaktionskosten in das Underpricing einfließen müßten, sondern nur die jeweils anteiligen Kosten. Diese sind den Emittenten aber nicht bekannt, so daß fraglich bleibt, woran die Höhe des vorgenommenen Underpricing tatsächlich festgemacht wird, wenn es aufgrund von Informationsasymmetrien bewußt vorgenommen wird. Hinsichtlich der Ergebnisse dieser Arbeit stellt sich ferner die Frage, worauf das segmentdifferenzierte Underpricing zurückgeführt werden könnte. Ist die ex-ante Unsicherheit in einem Marktsegment eine andere, als in einem anderen Marktsegment?[227] Oder sind aufgrund des höheren Research-Aufwandes der informierten Investoren die Transaktionskosten in den Marktsegmenten unterschiedlich hoch, die dann ein intendiertes Underpricing in Höhe von bis zu 55 v.H. erklären? Worauf ließe sich gegebenenfalls eine unterschiedliche ex-ante Unsicherheit oder unterschiedlich hohe Transaktionskosten für die Investoren in den jeweiligen Marktsegmenten zurückführen?

Eine mögliche Antwort könnte in den differenzierten Zulassungs- und Publizitätspflichten der Emittenten liegen. Diese Überprüfung ist aber Gegenstand des Kapitels 4.2., in dem die Relevanz der Erklärungsansätze anhand der eigenen empirischen Ergebnisse inspiziert wird. Vorher wird aber noch ein Blick auf weiter konventionelle Ansätze zur Erklärung des Underpricing gelegt.

---

226 Jenkinson/Ljungqvist (1996), Seite 44/47

227 Dieses wird aber z.B. von Döhrmann in Frage gestellt, der in seiner Untersuchung feststellte, daß Erstemissionen im Durchschnitt keinem grundsätzlich anderem systematischen Risiko unterliegen, als im Markt bereits gehandelte Aktien. Vgl. Döhrmann (1989).

2.1.2. Signalling-Thesen

Die Gruppe der Signalling-Thesen als Erklärungsansatz für Underpricing basieren zwar ebenfalls auf Informationsasymmetrien, doch im Gegensatz zu dem Modell von *Rock* sehen Sie keine Informationsasymmetrien zwischen Investoren, sondern verweisen auf einen Informationsvorsprung beim Emittenten, der diesen bewußt als Signal einsetzt.[228] Die Grundüberlegungen zur Signalling-Theorie gehen zurück auf ein Modell von *Spence*, der die Auswirkungen eines individuellen Bildungsstandes auf den Arbeitsmarkt untersucht.[229] Variationen des Modells führten zu Adaptionen der Erkenntnisse auch auf die ubiquitäre Underpricing-Problematik.

Ausgangspunkt der Signalling-Thesen im Hinblick auf das Underpricing sind die Emittenten selbst, die allen anderen Marktteilnehmern gegenüber einen Informationsvorsprung haben. Ferner gibt es „gute" und „schlechte" Unternehmen, die nicht nur einen Börsengang anstreben, sondern auch bereits eine Folgeemission von Aktien planen, um ihre Erlöse zu maximieren. Die „guten" Unternehmen setzen nun das Underpricing bewußt als Signal ein, um durch die folgenden Kurssteigerungen bei den Investoren einen positiven Eindruck zu hinterlassen.[230] Bei einer bevorstehenden Folgeemission kann dann ein höherer Preis erzielt werden, der die „Verluste" aus dem niedrigeren Erstemissionspreis überkompensiert.[231] Jedoch ist nicht nur das Underpricing selbst das Signal, welches zu einem Gleichgewicht führt, denn die Logik der Signalling-Thesen liegt in der Differenzierung zwischen „guten" und „schlechten" Unternehmen.

Nach den Überlegungen von *Grinblatt/Hwang*[232] ist eine weitere zu signalisierende Komponente der Anteil der Altaktionäre am Grundkapital nach dem Börsengang. „Gute" Unternehmen unterscheiden sich von „schlechten" Unternehmen durch einen höheren Aktienanteil der Altaktionäre, da diese auf Diversifikationsmöglichkeiten Ihrer eigenen Anlagen verzichten.[233] Ein geringer Free-Float signalisiert somit eine hohe Unternehmensqualität Doch nicht nur der geringe Free-Float, sondern auch die Höhe des Underpricing selbst ist ein Signal,

---

228 Vgl. z.B. Anderson (1995)

229 Vgl. z.B. Jenkinson/Ljungsqvist (1996) oder Anderson (1995)

230 „to leave a good taste in investors mouth", wie Ibbotson (1975) es formuliert

231 Es liegt hier die Annahme zugrunde, daß durch den im Vergleich zum Emissionspreis höheren ersten Sekundärmarktpreis eine weitere Nachfrage nach diesen Aktien ausgelöst wird, die kurstreibend wirkt. Ohne die „Wahl" eines niedrigeren Emissionspreises wäre eine Kurssteigerung nicht im gleichen Maße aufgetreten.

232 Grinblatt/Hwang (1989), vgl. aber auch die Ausführungen bei Neus (1995), Kaserer/Kempf (1995) oder Ehrhardt (1997).

233 Vgl. Kaserer/Kempf (1995)

welches „gute“ Unternehmen in den Kapitalmarkt setzen. Sie nehmen ein bewußtes Underpricing vor und verzichten bewußt auf Emissionserlöse, da eine Folgeemission von Aktien und somit eine Reduzierung des Aktienanteils der Altaktionäre bereits geplant ist. Durch den geringen Emissionspreis der Erstaktien jedoch werden Kurssteigerungen ausgelöst, die auch in Zukunft von den Investoren erwartet werden, wodurch die Nachfrage steigt und Folgeemission zu einem relativ höheren Preis emittiert werden können. Die höheren Emissionserlöse aus der Folgeemission überkompensieren die geringen Emissionserlöse aus dem Börsengang mit dem bewußten Underpricing.

Eine Modifikation dieser Überlegungen findet sich bei *Allen/Faulhaber*,[234] die zwar auch die Höhe des Underpricing als bewußtes Signal der Unternehmen in Hinblick auf Folgeemissionen wählen, aber eine Differenzierung zwischen „guten“ und „schlechten“ Unternehmen durch deren Dividendenankündigungen vornehmen. „Gute“ Unternehmen können mit einer größeren Wahrscheinlichkeit ihre Dividendenankündigungen erfüllen, als „schlechte“ Unternehmen. Für die „guten“ Unternehmen „lohnt“ sich daher auch die Emission ihrer Aktien mit einem hohen Underpricing, da sie in der ersten Periode die avisierte Dividende sicher zahlen können. Auch diese hinterläßt einen positiven Eindruck bei den Investoren, wodurch Kurssteigerungen ausgelöst werden, die zu einem höheren Preis von Folgeemissionen führen, deren Erlöse wiederum die niedrigeren Erlöse des Börsenganges überkompensieren. Für „schlechte“ Unternehmen „lohnt“ sich ein hohes Underpricing nicht, da die Wahrscheinlichkeit, in der ersten Periode Dividenden zu zahlen gering ist. Unterbliebe tatsächlich eine Dividendenzahlung in der ersten Periode, so würde das Unternehmen als „schlechtes“ Unternehmen entlarvt werden – der Kurs der Aktie würde fallen und das Unternehmen hätte bei einer Folgeemission keinen monetären Vorteil.

Welch[235] geht in seiner Modifikation einen ähnlichen Weg, stellt aber in erster Linie auf das ex-ante Underpricing ab. Insofern soll dieser Ansatz nur der Vollständigkeit halber hier genannt werden.

Basis ist zwar auch wieder ein bewußtes Underpricing zur Generierung eines höheren Emissonserlöses bei Folgeemissionen, doch könnten „schlechte“ Unternehmen versuchen, die Qualität der „guten“ Unternehmen zu imitieren. Je geringer jedoch der Anteil der „guten“ Unternehmen im Markt, bzw. je höher die Wahrscheinlichkeit, daß die Imitation der guten Unternehmen durch die schlechten Unternehmen am Markt entdeckt wird, desto geringer wird das Un-

---

234 Allen/Faulhaber (1989), siehe aber auch die Ausführungen bei Neus (1995), Kaserer/Kempf (1995) oder Ehrhardt (1997)

235 Welch (1989)

derpricing der schlechten Unternehmen ausfallen, da zu den Signalkosten des Underpricing noch die Imitationskosten hinzukommen.

Allen diesen Signalling-Thesen zur Erklärung der Underpricing ist gemeinsam, daß Underpricing aufgrund des Informationsvorsprunges der Emittenten bewußt als Signal eingesetzt wird, um sich von den „schlechten" Unternehmen zu differenzieren und durch Folgeemissionen die Summe der Emissionserlöse zu maximieren. Das Underpricing erfährt daher eine positive Korrelation mit der Qualität der Unternehmen.

Es können im Rahmen der Signalling-Thesen auch noch weitere Signale durch die Emittenten gesetzt werden, um eine bestimmte Intention hervorzuheben. So führt *Neus* z.B. die Auswahl des Wirtschaftsprüfers oder die Art der Informationsweitergabe als Signal an und bezieht sich auf Arbeiten von *Titman/Truemann* (1986) bzw. *Hughes* (1986).[236] Diese Ansätze sollen hier aber nicht weiter verfolgt werden, da sie sich primär mit dem ex-ante Underpricing befassen.

R.H. Schmidt subsumiert unter die Signalling-Thesen auch die Wahl des Emissionshauses durch die Emittenten. Diese Subsumption ist zwar ein denkbarer Ansatz, doch steht diese These in einem gewissen Widerspruch zu den vorgenannten Signalling-Thesen, wie noch erläutert werden wird. Aus diesem Grunde soll dieser Erklärungsansatz in einem eigenen Kapitel behandelt werden, zumal dieser Ansatz als eigenständige These in die Literatur eingegangen ist. Bevor jedoch in dem folgenden Kapitel auf die Reputationsthese der Emissionshäuser eingegangen wird, soll zunächst eine kritische Würdigung der Signalling-These zur Erklärung des Underpricing erfolgen.

Einer der Haupteinwände richtet sich gegen die Logik des Ansatzes, da es nach *Kunz/Aggarwal* keinen Grund dafür gibt, warum Investoren, die ein „Geschenk" in der Vergangenheit erhalten haben, später bereit sein sollten, dafür zu zahlen.[237]

Aus diesem Argument lassen sich jedoch noch weitere Mängel ableiten. So ist z.B. fraglich ob die Emittenten tatsächlich bei der Vorbereitung ihres Börsengang eine Zwei-Phasen-Emission planen.[238] Denn nur wenn die Emittenten vor ihrem Börsengang wissen, daß nach der Erstemission eine zweite folgt, kann das Underpricing gemäß der These als Signal eingesetzt werden. Doch auch wenn diese Annahme akzeptiert wird, kann in einem effizienten Sekundärmarkt der

---

236 Neus (1995), Seiten 154 ff

237 Vgl. Kunz/Aggarwal (1994), Seite 720

238 Vgl. Jenkinson/Ljungqvist (1996), Seite 53

Emissionspreis einer Folgeemission nicht höher festgesetzt werden, als der Marktpreis der Aktie ist, da die bekannten Informationen über die bevorstehende Kapitalerhöhung in den jeweils aktuellen Aktienkursen „eingepreist" wäre. Wird dagegen von einem ineffizienten Sekundärmarkt ausgegangen, kann die Berechnungsmethodik zum Underpricing in Frage gestellt werden, so daß die Thematik einen anderen Schwerpunkt erhält und eventuell gar nicht mehr von Underpricing die Rede sein kann.[239] Hinzu kommt, daß in den meisten Kapitalmärkten die existierenden Aktionäre bei Kapitalerhöhungen ein Bezugsrecht zum Bezug der jungen Aktien haben. Dieses Bezugsrecht ist aber in bezug auf die jungen Aktien kostenneutral, so daß die Altaktionäre die jungen Aktien zum gleichen Preis erwerben, wie neue Aktionäre.[240] Wichtiger ist aber die Überlegung, daß die Altaktionäre ihr Bezugsrecht aber auch verkaufen könnten, wenn ihnen der Preis für die jungen Aktien zu hoch erscheint. Ist dieses der Fall, so würden die Gründe hierfür in einem effizienten Markt ebenfalls verarbeitet werden, die Aktienkurse fallen und der vermeintliche Vorteil für die Emittenten wegfallen.

Doch auch in bezug auf den Untersuchungsgegenstand der vorliegenden Arbeit können die Signalling-Thesen angezweifelt werden. Denn durch das unterschiedliche Underpricing in den einzelnen Handelssegmenten müßten sich auch unterschiedliche Intensitäten der Signale begründen können. Die Intensitäten für das Signal und mithin für die Höhe des Underpricing sind ja aber nach den Signalling-Thesen der Anteil des Free-Float, die Dividendenankündigungen oder die Imitationskosten „schlechter" Unternehmen. Diese potentiellen Signale unterliegen aber keinen (quantitativen) Voraussetzungen in den jeweiligen Handelssegmenten. Lediglich der Minimumanteil des Free-Float wird bei Emissionen im amtlichen Handel und dem Neuen Markt vorgegeben. Doch worin liegt die Begründung, daß die Signale in den jeweiligen Handelssegmenten mit unterschiedlicher Intensität eingesetzt werden, wenn der jeweilige Markt in den Thesen keine Rolle spielt. Eine mögliche Antwort auf diese Fragen findet sich in Kapitel 4.2. bei der empirischen Überprüfung der Erklärungsansätze. Zuvor soll aber mit dem deskriptiven Teil möglicher Underpricing-Ursachen fortgefahren werden.

---

239 Neus faßt diese Kritik in andere Worte, in dem er sich speziell auf das Modell von Grinblatt/Hwang bezieht und kritisiert, daß per Annahme der Sekundärmarkt hinsichtlich der Informationsverarbeitung als grob ineffizient dargestellt wird, während die Anleger gleichzeitig bemerkenswerte Antizipationsleistungen vollbringen. Vgl. Neus (1995), Seite 168.

240 Vgl. Jenkinson/Ljungqvist (1996), Seite 53

2.1.3. Reputation der Emissionshäuser

Die Reputation des Emissionshauses als Erklärungsansatz für die Höhe des Underpricing geht zurück auf Arbeiten von *Beatty/Ritter*[241] und *Carter/Manaster*[242]. Die Kernaussage dieser These, die im angelsächsichen Sprachgebrauch als „*Underwriter-Reputation*"-These bezeichnet wird, lautet, daß die Höhe des Underpricing negativ mit der Reputation eines Emissionshauses korreliert. Der gedankliche Aufbau dieser These, die bei *Carter/Manaster* formalanalytisch unterlegt wird, orientiert sich an den Grundgedanken des *Rock'* schen Gleichgewichtsmodell[243] und kann in gewisser Weise auch den Signalling-Thesen zugeordnet werden.[244] Aufgrund der dominierenden Stellung dieser These im Bereich der Signalling-Ansätze gebührt diesem Ansatz aber ein eigenes Kapitel, da die These auch als eigenständiger Erklärungsansatz in der Literatur erwähnt wird. Die These kann wie folgt erläutert werden.

Es gibt Emissionsinstitute, die umfangreichere und somit qualitativ höhere Research-Aktivitäten im Markt umsetzen. Aufgrund des dadurch gewonnen Informationsvorsprunges begleiteten solche Emissionshäuser, die ein qualitativ hochwertiges und umfangreiches Research betreiben, nur diejenigen Unternehmen an die Börse, die ein geringes systematisches Risiko aufweisen. Diese Unternehmen werden auch als „low risk firms"[245] bezeichnet, und zeichnen sich durch vergleichbar „gute Investitionsprojekte"[246] aus, um sich von den „high risk firms" zu unterscheiden, welche weniger rentable Investitionsprojekte durchführen, oder welche, die mit einer höheren Ausfallwahrscheinlichkeit behaftet sind. Hieraus ergeben sich wiederum zwei Überlegungen. Auf der einen Seite müssen diejenigen Emissionshäuser, die ein umfangreiches und qualitativ hochwertiges Research betreiben, sich diese Form der Dienstleistung auch bezahlen lassen – sie verlangen entsprechend hohe Emissionsgebühren und suchen sich für die Begleitung des Börsenganges nur die „low risk firms" heraus, um eine „sichere" Emission am Markt zu plazieren. Auf der anderen Seite sind aber nur diejenigen Unternehmen in der Lage, hohe Emissionsgebühren zu bezahlen, welche „gute Investitionsprojekte" verfolgen, da nur bei diesen „guten Investitionsprojekten" ein entsprechender Überschuß aus den geplanten Einnahmen für die Begleichung der Emissionsgebühren zur Verfügung steht, während „high risk firms" aufgrund der Realisationswahrscheinlichkeit ihrer „schlechten" Inve-

---

[241] Beatty/Ritter (1986)

[242] Carter/Manaster (1990)

[243] Carter/Manaster (1990), Seite 1046

[244] Siehe z.B. R.H. Schmidt (1988)

[245] Von „low risk firms" sprechen z.B. Carter/Manaster (1990).

[246] Der Begriff der „guten Investitionsprojekte" wird von Ehrhardt in die Diskussion eingeworfen; Ehrhardt (1997), Seite 119.

stitionsprojekte nur mit geringeren liquiden Mitteln kalkulieren können. Dementsprechend suchen sich Emissionshäuser mit einem hohen Research-Aufwand nur die „low risk firms“ zur Börsenbegleitung heraus, bzw. es sind auch nur die „low risk firm“ in der Lage, die hohen Gebühren dieser Emissionshäuser zu bezahlen. Ergo kann auch argumentiert werden, daß „high risk firms“ nicht in der Lage sind, hohe Emissionsgebühren zu bezahlen und sich folglich nur an Emissionshäuser wenden können, die ein relativ geringen Research-Aufwand betreiben und mithin geringere Emissionsgebühren vereinnahmen können.

Aufgrund des höheren Research-Aufwandes derjenigen Emissionshäuser, die „low risk firms“ auswählen, wird der zukünftige Marktpreis des an die Börse zu bringenden Unternehmens im Mittel „besser“ getroffen als im Vergleich zu denjenigen Emissionshäusern, die „high risk firms“ auswählen (oder von ihnen ausgewählt werden) und mangels umfangreicher Research-Aktivitäten den zukünftigen Marktpreis nur unzureichend treffen, aber dennoch einen vollständigen Absatz der neuen Aktien sicherstellen wollen. Das Underpricing fällt daher bei den „low risk firms“, die von Emissonsinstituten mit einem hohen Research-Aufwand an die Börse gebracht werden, geringer aus[247], als bei den „high risk firms“, die von Emissionsinstituten mit einem relativ geringeren Research-Aufwand „auf das Parkett“ begleitet werden. Der Research-Aufwand der Emissionshäuser steht somit Pate für deren Reputation, da hierdurch sichergestellt ist, daß nur „low risk firms“ an die Börse gebracht werden. Dementsprechend kann auch argumentiert werden, daß die Reputation des (konsortialführenden) Emissionshauses ein Signal für die Qualität der Wertpapiere[248] ist[249].

Zur Unterstützung ihrer These führen *Carter/Manaster* eine empirische Untersuchung von 501 IPOs in der Zeit von 1979 bis 1983 für den us-amerikanischen Markt an.[250] Der von Ihnen ermittelten market-adjusted return liegt zwischen 6,8 v.H. und 24,2 v.H. – in Abhängigkeit von der Reputation des Emissionshauses. Die Vorgehensweise für die empirische Untersuchung zur Reputation eines Emissionsinstitutes basiert auf der quantitativen und qualitativen Beteiligung eines Emissionshauses bei einem Initial Public Offering. Vereinfacht ausgedrückt[251] werden in absteigender Folge Punkte für ein Emissionshaus vergeben,

---

247 Vgl. Carter/Manaster (1990), Seite 1052 oder auch Carter/Dark/Singh (1997)

248 Unter der Qualität der Wertpapiere ist in diesem Zusammenhang das systematische Risiko der Aktien des Unternehmens zu verstehen.

249 Diese Signalwirkung wird z.B. von Ehrhardt (1997) oder Kaserer/Kempf (1995) den Emissionshäusern zugesprochen.

250 Carter/Manaster (1990)

251 Carter/Manaster lehnen nach eigenen Aussagen ihr Reputationsmaß an Arbeiten von S. Hayes (1971) an, nach denen sich die Investment Banking-Industrie eine rigide Hierarchie bewahrt, die in sogenannten „tombstone announcements“ reflektiert wird. Diese

je nach dem, an welcher Stelle es in einem Verkaufsprospekt eines Initial Public Offering genannt wird. So werden den in den Verkaufsunterlagen genannten Emissionsinstituten in absteigender Reihenfolge Punkte zugewiesen, je nachdem, ob sie als bookrunner, als co-bookrunner oder als weiteres Emissionsinstitut auf den Verkaufsprospekten von Initial Public Offerings erscheinen. Die Aggregation über alle Initial Public Offerings führt somit zu einer Reputationsliste, die in Relation zu den empirischen Underpricing-Ergebnissen gestellt werden kann.

Auf diese Weise konnte empirisch ermittelt werden, daß bei Emissionshäusern, die ein hohes Prestige im Markt genießen, die Höhe des Underpricing relativ geringer ist, als bei Emissionshäusern, die ein geringeres Prestige im Markt haben. Die „Underwriter-Reputation"-These begründet somit eine negative Korrelation zwischen der Höhe des Underpricing und der Reputation des Emissionshauses aufgrund der zu vergütenden Research-Aktivitäten der Emissionsinstitute, die nur von „guten" Unternehmen gezahlt werden (können), so daß sich diese „low risk firms" auch nur „gute" Emissionshäuser mit einem hohen Marktprestige zur Börsenbegleitung auswählen.

Zu einer vergleichbaren Aussage kommt auch *R.H. Schmidt* für den deutschen Kapitalmarkt, der ebenfalls eine negative Korrelation zwischen der Höhe des Underpricing und der Reputation eines Emissionshauses feststellt[252], während *Kaserer/Kempf* die Gültigkeit dieser These ablehnen.[253].

Die Höhe des Underpricing ist anhand dieser „Underwriter-Reputation"-These daher auf die Informationsasymmetrie zwischen den Emissionshäusern zurückzuführen, da einige Emissionsinstitute (aufgrund ihr kostenintensiven Research-Aktivitäten) über einen marktgerechteren Informationsstand verfügen, als Institute, die einen geringeren Research-Aufwand betreiben und daher einen relativ marktfernen Informationsstand vorweisen. Ein interessanter Aspekt bei dieser These ist, daß sie aus Sicht der Emittenten das Underpricing beurteilt, was in der Praxis nur selten der Fall ist. Denn es wird von einer hohen Reputation des Emissionshauses gesprochen, wenn ein Unternehmen mit einem geringeren Underpricing in den Börsenmarkt eingeführt werden kann. Aus Anlegersicht könnte dagegen vermutet werden, daß ein Emissionshaus dann eine hohe Reputation vorweisen kann, wenn der festgelegte Emissionspreis den Anlegern eine

---

braucht hier aber nicht explizit vorgestellt werden, da zum Grundverständnis der Vorgehensweise der Autoren das schematische Verfahren als Erläuterung ausreicht.

252 Vgl. R.H. Schmidt (1988), Seite 1200

253 Vgl. Kaserer/Kempf (1995), Seite 56 ff.

hohe Emissionsrendite ermöglicht, also wenn das Underpricing möglichst hoch ausfällt.[254]

Diese Unterscheidung läßt bereits den Haupteinwand an der Reputationsthese augenscheinlich werden. Welcher Erfolg verleiht einem Emissionshaus eine bestimmte Reputation? Ist es der Erfolg, zu dem das Emissionshaus den Emittenten verhilft, oder den Investoren?[255] Ist nach *Kaserer/Kempf* davon auszugehen, daß Emissionshäuser eher langfristig darauf aus sind, eine hohe Reputation aufzubauen,[256] so müßten für eine erfolgreiche Reputation sowohl Emittenten als auch Investoren zufriedengestellt werden. Im Mittel kann daher kein Marktteilnehmer übervorteilt werden, ohne Gefahr zu laufen, an Reputation zu verlieren. Hinzu kommt der Einwand von *Jenkinson/Ljungqvist*, daß die Emissionsgebühren in der Regel proportional zu der Höhe des Brutto-Emissionsvolumens festgelegt werden. Dementsprechend hätten auch die Emissionshäuser unabhängig von ihrer Reputation einen ökonomischen Anreiz, die Höhe des Underpricing zu minimieren.[257]

Ein weiterer Aspekt, der Zweifel an der Gültigkeit der Reputationsthese aufkommen läßt, ohne sie damit gänzlich verwerfen zu wollen, greift erneut die Frage nach der Reputation eines Emissionshauses auf. Ganz pragmatisch kann daher die Frage gestellt werden, ob die Art und Weise, wie *Carter/Manaster* die Reputation zu messen versuchen stichhaltig für die zugrundeliegende Problematik ist. *Kaserer/Kempf* gehen auf diesen Aspekt ein, indem sie anhand ihrer eigenen empirischen Ergebnisse für den deutschen Kapitalmarkt zu dem Schluß kommen, daß es bei Gültigkeit der Underwriter-Reputation-These ein Reputationsmaß geben müßte, welches der Commerzbank eine sehr hohe Reputation und der Deutschen Bank eine sehr geringe Reputation zuweisen würde.[258] Insofern kann auch an der Methode von *Carter/Manaster* gezweifelt werden, die Reputation zu bestimmen. Auch wurden von 1997-1999 in Deutschland nur ca. 15 v.H. der Erstemissionen[259] von nur einem Emissionshaus in den Markt eingeführt, so daß der weitaus größte Teil der Erstemissionen von einem Emissionskonsortium begleitet wird. Bei einem Emissionskonsortium ist es aber problematisch die Reputation eines jeden Hauses mit der Methode von *Carter/Manaster* festzule-

[254] Diese Argumentation setzt allerdings voraus, daß die Emissionshäuser ein bewußtes Underpricing betreiben, was auch für den Fall der Gültigkeit der Underwriter-Reputation-These nicht zwangsläufig der Fall sein muß.

[255] Kunz/Aggarwal (1994) gehen an verschiedenen Stellen auf diesen Aspekt ein, ohne allerdings explizit auf die Reputationsthese einzugehen.

[256] Kaserer/Kempf (1995), Seite 56

[257] Jenkinson/Ljungqvist (1996), Seite 61

[258] Kaserer/Kempf (1995), Seite 56

[259] Vgl. die Ergebnisse zu der eigenen empirischen Analyse in Kapitel 3.

gen, da ein Emissionsinstitut einen relativ hohen Rang erreichen kann, wenn es an relativ vielen Emissionen beteiligt ist, ohne jemals eine Konsortialführerschaft übernommen zu haben. Hat aber innerhalb eines Emissionskonsortiums ein Konsortialmitglied gegenüber dem Konsortialführer keine Mitsprachemöglichkeit bei der Festsetzung des Emissionspreises,[260] würde das Reputationsmaß Konsortialführer in ihrem Rang u.U. benachteiligen. Doch alleine die Tatsache, daß es ein geeignetes Reputationsmaß für Emissionshäuser (noch) nicht gibt, ist nicht stichhaltig genug, um diese These generell zu verwerfen.

Doch sind weitere pragmatische Zweifel an der Gültigkeit dieser These angebracht, wenn z.B. die Underpricing-Differenzen zwischen den einzelnen Handelssegmenten oder auch zwischen verschiedenen Kapitalmärkten betrachtet werden. Deuten die Unterschiede bei Gültigkeit der Reputationsthese darauf hin, daß die Emissionshäuser in Frankreich eine höhere Reputation genießen, als in dem Vereinigten Königreich oder den USA? Denn das Underpricing liegt, wie ein Blick auf die Tabelle 3 (Seite 47), zeigt, in Frankreich bei 4,1 v.H., in Großbritannien bei ca. 10 v.H. und in den USA bei ca. 20 v.H.. Beziehungsweise lassen die Ergebnisse vermuten, daß diejenigen Unternehmen, welche im amtlichen Handel notieren, von Emissionshäusern mit einer höheren Reputation an die Börse gebracht wurden, als diejenigen Unternehmen, die an den Neuen Markt gebracht wurden?

Inwieweit die Reputationsthese der Emissionshäuser im Einklang mit dem deutschen Kapitalmarkt steht, wird anhand der eigenen empirischen Studie in Kapitel 4.2. näher analysiert.

2.2. Ad-hoc Erklärungsansätze

Ansätze zur Erklärung des Underpricing, bei denen die Ursache in Marktunvollkommenheiten gesehen werden, die keine Informationsasymmetrien sind, können unter die Ad-hoc-Erklärungshypothesen subsumiert werden.

---

260 Streng genommen müßte bei dieser Formulierung differenziert werden zwischen den Plazierungsverfahren.

Diese Hypothesen leiten das Underpricing nicht, wie die gleichgewichtsgeleiteten Ansätze, aus formalen Gleichgewichtsbetrachtungen her,[261] sondern liefern sonstige Marktunvollkommenheiten als Argumente, um die Existenz des Underpricing zu erklären.[262]

Auch in diesem Kapitel sollen nicht alle denkbaren Varianten und Modelle von möglichen Ursachen vorgestellt werden, da es eine Vielzahl von Marktunvollkommenheiten gibt, die mehr oder weniger eine direkte oder indirekte Ursache für das Underpricing darstellen könnten. Zu den wichtigsten und überzeugendsten Erklärungsansätzen jedoch gehören die Überlegungen zu der Wettbewerbssituation auf dem Emissionsmarkt, die Versicherungsthese gegen die Prospekthaftung, spekulative Blasen und kursstützende Aktivitäten der Emissionshäuser. Diese Thesen werden im folgenden näher erläutert.

2.2.1. Monopolstellung der Banken

Nach einer von *Logue* und *Hayes* entwickelten These ist Underpricing zurückzuführen auf einen mangelnden Wettbewerb zwischen den Emissionsinstituten.[263]

Herrscht auf dem Markt für Investment Banking, also dem Markt der Emissionsinstitute, ein geringer bis gar kein Wettbewerb, so haben die Emissionshäuser die Möglichkeit, das mit einer Erstemission verbundene Absatzrisiko voll auf die jeweiligen Emittenten abzuwälzen. Sofern die meisten Banken den Emittenten eine Übernahmegarantie für die abzusetzenden Aktien geben, was nach *Neus* und *Kaserer/Kempf* die Regel ist,[264] liegt das Absatzrisiko für die zu plazierenden Aktien vollständig bei den Banken. Um dieses Absatzrisiko zu minimieren, sind die Emissionshäuser bestrebt, den Emissionspreis möglichst gering zu halten oder anders ausgedrückt, den Emissionspreis unter dem erwarteten Gleichgewichtspreis am Sekundärmarkt festzulegen. Je größer die Differenz zwischen Emissionspreis und dem erwarteten späteren Sekundärmarktpreis, desto sicherer ist der vollständige Absatz der Emission. Aufgrund eines mangelnden Wettbewerbs auf dem Emissionsmarkt haben die Emissionsinstitute die Marktmacht, den Emittenten den Emissionspreis zu diktieren. Den Emittenten fehlt aufgrund des mangelnden Wettbewerbs an Emissionshäusern die Möglichkeit, sich ein anderes Emissionshaus zu suchen, welches ihm einen höheren Emissionspreis anbieten würde. Underpricing wird daher von den Emissions-

261 Vgl. Kaserer/Kempf (1995)

262 Vgl. Uhlir (1989)

263 Vgl. Logue (1973) oder Hayes (1971); entnommen aus Kaserer/Kempf (1995), Seite 49

264 Vgl. Neus (1995), Seite 133 f, Kaserer/Kempf (1995), Seite 49

häusern bewußt vorgenommen, um ihr Absatzrisiko von Erstemissionen zu minimieren. Der mangelnde Wettbewerb auf diesem Markt schützt die Emissionshäuser vor Zugeständnissen bei der Höhe des Underpricing.

Die Höhe des Underpricing ist nach dieser These daher negativ korreliert mit der Intensität des Wettbewerbs unter den Emissionsinstituten

Diese These, die in der theoretischen Diskussion kaum berücksichtigt wird, ist dennoch Gegenstand vieler empirischer Untersuchungen. So führen z.B. *Finn/Higham* für den australischen Markt Underpricing auf Wettbewerbsaspekte zurück[265], *Saunders/Lim* konstatieren dies für Singapur[266] und *Kunz/Aggarwal* bekräftigen die These für die Schweiz.[267] Und auch für den deutschen Kapitalmarkt wird die Monopolstellung der Banken in Untersuchungen von *Ljungqvist*, *Kaserer/Kempf* oder *Uhlir* als möglicher Aspekt für die Beeinflussung der Höhe des Underpricing genannt.[268]

Wie aus der mikroökonomischen Theorie hinlänglich bekannt, ist es ohne Zweifel, daß im Vergleich zu einem Monopol oder einem Oligopol der Gleichgewichtspreis in einem Markt unter vollkommener Konkurrenz relativ niedriger ist. Entsprechend muß sich auch der Gleichgewichtspreis bei Erstemissionen verhalten. Bei unzureichendem Wettbewerb ist es daher von den (wenigen) Emissionshäusern nur ökonomisch, sämtliche Vorbehalte gegen eine Emission in dem Emissionspreis zu berücksichtigen. Bezogen auf die Kapitalmärkte und das Problem des Underpricing stellt sich aber hier die Frage, ob bei dem Markt für Erstemissionen tatsächlich von einem unzureichenden Wettbewerb gesprochen werden kann, bzw. wie die Wettbewerbsintensität gemessen werden kann und ob die Höhe des Underpricing dementsprechend negativ korreliert ist mit der Intensität des Wettbewerbs.

Die Antwort auf diese Fragen ist auch gleichzeitig die Kritik an dieser These, denn die These der Monopolstellung der Banken ist insbesondere in dem Punkt der Wettbewerbsintensität auf dem Emissionsmarkt angreifbar.[269] Ein Blick auf die **Tabelle 3** (Seite 47), in der die Höhe des Underpricing auf internationalen Kapitalmärkten wiedergegeben ist, läßt Bedenken gegen diese These aufkommen. So kann z.B. bezweifelt werden, daß in Frankreich, Finnland oder den Niederlanden (≙ Länder mit einem relativ geringen mittleren Underpricing) ein größerer Wettbewerb auf dem Emissionsmarkt herrscht, als in Singapur, dem

---

265 Finn/Higham (1988)
266 Saunders/Lim (1990), Seite 297
267 Kunz/Aggarwal (1994), Seite 721
268 Ljungqvist (1997), Seite 1319, Kaserer/Kempf (1995), Seite 49, Uhlir (1989), Seite 6f
269 Vgl. z.B. Kunz/Aggarwal (1994), Seite 714

Vereinigten Königreich oder den USA (≙ Länder mit einem relativ hohen mittleren Underpricing). Denn es sind doch gerade die internationalen Finanzzentren in Singapur, London oder New York beheimatet und weniger in Paris, Helsinki oder Den Haag. Doch auch wenn diese Plausibilität mangels Stichhaltigkeit vernachlässigt wird, kann diese These in den Kontext des deutschen Kapitalmarktes hineingezogen werden. Aber auch dann stellt sich die Frage, wann ein ausreichender Wettbewerb auf dem Emissionsmarkt existiert, der zu einem „Null-Underpricing" führte. Unter der Berücksichtigung, daß im amtlichen Handel die Zulassung von Wertpapieren zum Börsenhandel nur zusammen mit einem Kreditinstitut beantragt werden kann,[270] könnte ein geringerer Wettbewerb eruiert werden, als wenn eine Zulassung zum Börsenhandel auch ohne Kreditinstitut möglich wäre. Dieses Argument läßt sich aber problemlos dadurch entkräften, daß es in der Bundesrepublik gut 3.000 Kreditinstitute[271] gibt, die potentiell einen Emittenten an die Börse begleiteten dürfen. Ohne eine Maßzahl für einen ausreichenden Wettbewerb festlegen zu wollen, kann aber wohl bei 262 Erstemissionen in drei Jahren und gut 3.000 potentiellen Emissionshäusern von einem hinlänglichen Wettbewerb gesprochen werden.

Hinzu kommt, daß bezogen auf die unterschiedliche Höhe des Underpricing in den einzelnen Marktsegmenten des deutschen Kapitalmarktes, die These der Monopolstellung der Banken bedeutete, daß der Emissionsmarkt bei Instituten, die Unternehmen in den Neuen Markt begleiten, enger ist, als der Emissionsmarkt bei Instituten, die Unternehmen in den amtlichen Handel einführen. Ob dieses tatsächlich der Fall ist, bzw. sein kann, ist Gegenstand des Kapitels 4.2., in welchem eine Überprüfung der Erklärungsansätze anhand der deutschen Erstemissionen der Jahre 1997-1999 vorgenommen wird. Zuvor sollen aber weitere Erklärungsansätze für das Underpricing vorgestellt werden.

270 § 36, Abs. 2, Satz 1 BörsG

271 Nach dem Monatsbericht der Deutschen Bundesbank vom Juli 1999 beträgt die Anzahl der Kreditbanken, der Landesbanken, der Sparkassen, der genossenschaftlichen Zentralbanken und der Kreditgenossenschaften im Mai 1999 in der Summe 3.128. Hierin sind nicht enthalten die Realkreditinstitute, die Bausparkassen, Banken mit Sonderaufgaben sowie Auslandsbanken, die nach dem Wortlaut des § 36, Abs. 2 BörsG ebenfalls eine Emission an die Börse begleiten dürften. Ferner ist keine zwingende Kongruenz gegeben zwischen den monetären Finanzinstituten (MFI) lt. Bundesbank und den Kreditinstituten bzw. Finanzdienstleistern nach dem Wortlaut des Börsengesetzes. Für eine grobe Übersicht mag dieser Vergleich aber reichen.

2.2.2. Versicherung gegen Prospekthaftung

Ein auf *Tinic*[272] zurückgehender Ansatz zur Erklärung des Underpricing betrachtet das Underpricing als eine Art Versicherungsprämie des Emissionshauses gegen negative Folgen aus der gesetzlich vorgeschriebenen Prospekthaftung.

Basis seiner Überlegungen ist das Securities Act of 1933 für den us-amerikanischen Kapitalmarkt. Dort heißt es in Section 11: „In case any part of the registration statement ... contained an untrue statement ... or omitted to state material facts... any person acquiring such security ... may ... sue .. every underwriter with respect to such security."[273]

Die Emissionshäuser werden hiernach in die Pflicht genommen, für jede Unrichtigkeit[274], die in den Emissionsprospekten verbreitet wird, die zivilrechtliche Haftung zu übernehmen. Dieses bedeutet, daß im Falle einer unrichtigen Angabe in dem Verkaufsprospekt das Emissionshaus den Aktionär entschädigen muß, wenn aufgrund eines unrichtigen Verkaufsprospekts der spätere Sekundärmarktkurs unterhalb des Emissionspreises liegt. Der Zeithorizont für Haftungsansprüche der Aktionäre aus der Prospekthaftung beträgt dabei bis zu einem Jahr seit Bekanntwerden der Falschinformation oder der Unterlassung, bzw. bis zu drei Jahren nach Veröffentlichung des Prospektes. Die Höhe des Schadensersatzes ist dabei auf den Emissionspreis beschränkt.[275]

Die Gefahr der Inanspruchnahme aus der Prospekthaftung könnte gerade bei Erstemissionen besonders groß sein, da diese eine verhältnismäßig größere Unsicherheit aufweisen als z.B. Seasonal Equity Offerings, da nur geringe, gar keine oder zu bezweifelnde Kenntnisse über relevante Informationen vorliegen.[276] Zur Vermeidung dieser möglichen Schadensersatzansprüche der Erstaktionäre wählen die Emissionshäuser daher ein bewußtes Underpricing und sichern sich somit nicht nur gegen mögliche Zahlungen aus Schadensersatzansprüchen ab, sondern auch gegen mögliche Reputationsschäden, die mit einer „fehlgeschlagenen" Emission[277] verbunden sein können. Denn je geringer der Emissionspreis

---

272 Tinic (1988)

273 Securities Act of 1933, Section 11; hier wiedergeben nach: SEC Handbook Vol. One, R.R. Donnelley & Sons Company, 1997

274 Sect. 11 bezieht sich nicht nur auf Unwahrheiten, sondern auch auf Unterlassung oder Irreführung von Fakten.

275 Siehe Tinic (1988), Seite 800

276 Vgl. z.B. Kunz/Aggarwal (1994), Seite 719

277 In Anlehnung an den üblichen Sprachgebrauch ist hier unter einer fehlgeschlagenen Emission zu verstehen, daß in der Zeit nach der Notierungsaufnahme keine Kursteigerungen zu verzeichnen sind, mithin ergo negative Emissionsrenditen entstehen.

unterhalb des ex-ante erwarteten Gleichgewichtspreis am Sekundärmarkt liegt, desto geringer ist die Wahrscheinlichkeit einer negativen Kursentwicklung nach der Notierungsaufnahme. Ergo ist die Wahrscheinlichkeit der Inanspruchnahme aus der Prospekthaftung um so geringer, je niedriger der Emissionspreis festgelegt wird. Die damit verbundene Reputation einer „erfolgreichen“ Börseneinführung ist dann nur noch eine willkommene Nebenerscheinung der Bemühungen, die Schadensersatzansprüche zu minimieren. Underpricing ist somit auf die gesetzlich verankerte Prospekthaftung zurückzuführen.

Eine alternative zu dem bewußten Underpricing der Emissionshäuser aufgrund der Prospekthaftung wäre der Abschluß einer Versicherung, sofern sie denn existierte. Denn die Versicherungsprämien für die Emissionshäuser wären aufgrund des „moral-hazard“-Problems „prohibitiv“.[278] Ergo kann kein Versicherungsmarkt für mögliche Ansprüche aus der Prospekthaftung existieren und die Emissionshäuser haben nur die Möglichkeit, ein bewußtes Underpricing zu betreiben, um die Wahrscheinlichkeit einer Haftung zu minimieren.

Tinic stützt seine These auf eine empirische Untersuchung des us-amerikanischen Kapitalmarktes für die Zeit *vor* und *nach* Inkrafttreten des Securities Act von 1933, in dem erstmals die oben zitierte Prospekthaftung legitimiert wurde. Für eine Periode vor Inkrafttreten des Securities Act ermittelt *Tinic* für 70 Initial Public Offerings in der Zeit von 1923 bis 1933 ein mittleres Underpricing in Höhe von 5,17 v.H., während das mittlere Underpricing in einer Periode nach Inkrafttreten des Securities Act für 134 Initial Public Offerings in der Zeit von 1966 bis 1971 11,07 v.H. beträgt.[279] *Saunders/Lim* unterstützen *Tinic*'s These für Singapur, während *Kunz/Aggarwal* diese für den schweizerischen Kapitalmarkt ablehnen.[280]

Die Versicherung gegen mögliche Ansprüche aus der Prospekthaftung als Erklärung für Underpricing ist somit zwar eine plausible, doch keineswegs unumstrittene Erklärung im Rahmen der Ad-hoc-Ansätze, auch wenn diese nur eine geringe Beachtung in der Literatur findet. Dieses mag daran liegen, daß empirische Untersuchungen für die Höhe des Underpricing für andere als den us-amerikanischen Kapitalmarkt nicht zu dem gleichen Ergebnis kommen, wie *Tinic* in seiner Analyse. Wie *Jenkinson/Ljungqvist* zu entnehmen ist, wird die These der Prospekthaftung für Australien, Finnland, Deutschland, Japan, Schweden und Großbritannien abgelehnt.[281] Doch nicht nur die Ergebnisse von empirischen Untersuchungen lassen Zweifel an der These von *Tinic* aufkommen, son-

278 Tinic (1988), Seite 800
279 Ebenda, Seite 803ff
280 Siehe Saunders/Lim (1990), Seite 297, bzw. Kunz/Aggarwal (1994), Seite 720.
281 Jenkinson/Ljungqvist (1996), Seite 76

dern auch plausible Gedanken, wie sie z.B. von *Kunz/Aggarwal* geäußert werden. Diese merken an, daß der Untersuchungszeitraum bei *Tinic's* Studie zu weit auseinanderliegt, so daß sich in der Zwischenzeit nicht nur rechtliche Bestimmungen verändert hätten, sondern unter Umständen einen Vielzahl von anderen Faktoren auch, die einen Einfluß auf die Höhe des Underpricing haben könnten.[282] Und *Jenkinson/Ljungqvist* beziehen sich auf Äußerungen von *Drake/Vetsuypens*, die anmerken, daß Underpricing gerade nicht die Wahrscheinlichkeit einer rechtlichen Auseinandersetzung reduziert, da in den USA sowohl Unternehmen von Aktionären verklagt werden, die overpriced sind, als auch Unternehmen, die underpriced sind. Hinzu käme die Tatsache, daß Unternehmen, die verklagt werden, nicht mehr oder weniger underpriced seien, als vergleichbaren Unternehmen, die nicht verklagt würden.[283]

Ein weiteres Argument gegen die These der Prospekthaftung ist ebenfalls pragmatischer Natur. So ist z.B. die Wahrscheinlichkeit aus der Inanspruchnahme der Prospekthaftung um so größer, je größer die Unsicherheit des Emissionshauses bei der Festlegung des Emissionspreises und mithin bezüglich der ex-ante Unsicherheit bezüglich des Emittenten. Diese Unsicherheit könnte aber tendenziell durch einen höheren Grad an Informationen über den Emittenten reduziert werden, so daß der Research-Aufwand der Emissionshäuser zu einer geringeren Bewertungsunsicherheit beitragen kann und mithin zu einem geringeren Underpricing. Ergo sind es weniger die gesetzlichen Vorschriften, die im Kern die Höhe des Underpricing determinieren, sondern die Emissionshäuser selbst, die aufgrund der rechtlichen Bestimmungen die Intensität Ihres Research-Aufwandes festlegen. Und da die Intensität des Reserachs bei Emissionshäusern mit einer hohen Marktreputation um so ausgeprägter ist, ist demzufolge die Höhe des Underpricing negativ korreliert mit der Reputation des jeweiligen Emissionshauses. Dann zeichnet sich aber eher die Reputationsthese der Emissionhäuser verantwortlich als Erklärungsansatz für das Underpricing und weniger die Versicherungsthese.

Zu dieser Überlegung kommt hinzu, daß sich rechtliche Bestimmungen nur relativ selten ändern. Die Höhe des Underpricing müßte sich dann aber signifikant sprunghaft verändern, wenn sich eine Veränderung in der Prospekthaftung ergibt. Ferner ist fraglich, ob z.B. für den deutschen Kapitalmarkt faktisch nachgewiesen werden kann, daß die Prospekthaftung im Neuen Markt eine schärfere ist, als im amtlichen Handel.

---

282 Kunz/Aggarwal (1994), Seite 720

283 Drake/Vetsuypens; IPO Underpricing and Insurance against Legal Liability; Financial Management 22; hier entnommen aus: Jenkinson/Ljungqvist (1996), Seite 73

Diese Fragen werden aber in Kapitel 4.2. eingehend diskutiert, wenn die empirischen Ergebnisse unterstützend für den deutschen Kapitalmarkt herangezogen werden können.

2.2.3. Speculative-Bubble

Die „spekulative Blase“ als Erklärungsansatz für Underpricing ist genau genommen kein eigenständiger Ansatz zur Erklärung des ex-post Underpricing, doch wird die *Bubble* gerne in der Literatur im Zusammenhang mit Underpricing genannt, auch wenn kaum näher darauf eingegangen wird. Daher wird sie der Vollständigkeit halber in die Systematik der Ad-hoc-Erklärungsansätze mit eingereiht.

Das Funktionieren spekulativer Blasen ist in der Literatur weitaus abgesicherter, als der eigentlich auslösende Faktor. In bezug auf das Underpricing finden sich lediglich erklärende Hinweise bei *Döhrmann* oder *Kunz/Aggargwal*. Während *Döhrmann* vermuten läßt, daß spekulative Blasen durch einen Kursanstieg ausgelöst werden, sind *Kunz/Aggarwal* konkreter und begründen eine Übernachfrage nach (neuen) Aktien mit der Tatsache, daß der Emissionspreis nicht als Allokationskriterium aufgefaßt werden kann.[284] Was den Kursanstieg bei *Döhrmann* auslöst oder warum der Emissionspreis kein Allokationskriterium ist, bleibt offen. Hilfreich sind in diesem Zusammenhang die Ausführungen von *Uhlig*[285], der sich auf George Soros, ein „intimer Kenner der Finanzmärkte“,[286] beruft. Nach ihm sind die Investmentfonds, die als institutionelle Anleger die „big player“ der Aktienmärkte sind, nicht mehr an fundamentalen Werten interessiert, sondern nur noch an der Wertentwicklung einer Anlage, wobei Wert mit dem erzielten Kurs gleichgesetzt würde. Erwartungen bestimmen zunehmend die Entwicklung an den Aktienmärkten, nicht mehr fundamental abgesicherte Werte. „Es werden Anlagetitel gekauft, die eine möglichst gute Wertentwicklung aufweisen. Das bewirkt eine positive Rückkopplung, denn die erhöhte Nachfrage steigert diese Werte noch.“[287] Die übrigen „Anleger sehen hierin ein Signal, sie erwarten weiter steigende Kurse ..., selbst wenn sie überzeugt sind, daß die Ertragskraft des Unternehmens den gegenwärtigen Kurs nicht mehr rechtfertigt. Diese Strategie ist solange erfolgreich, wie es gelingt, an andere Anleger zu verkaufen, die ihrerseits glauben, zu noch höheren Kursen Abnehmer zu finden. Der Kurs entfernt sich auf diese Weise immer weiter vom fundamental abgesi-

---

284 Siehe Döhrmann (1989), Seite 361 ff, bzw. Kunz/Aggarwal (1994), Seite 719.

285 Uhlig (1999), Seite 195

286 Ebenda, Seite 195

287 Ebenda, Seite 195

cherten Niveau."[288] Auf Initial Public Offerings übertragen bedeutet dies, daß Anleger, die aufgrund einer Überzeichnung der Erstemission am Primärmarkt keine Zuteilung erhalten haben, die Titel am Sekundärmarkt nachfragen, was kurstreibend wirkt.

Spekulative Blasen funktionieren solange, bis sich keine Abnehmer zu noch höheren Kursen finden – die Blase platzt, und infolge der sinkenden Kurse sehen Anleger hierin wiederum ein Signal, ihre Positionen zu veräußern, um den sinkenden Kursen zu entgehen. Der Abwärtstrend dauert bis zu einem neuen Auslöser einer spekulativen Blase, denn auch der Kurssturz kann bis weit unter fundamental abgesicherte Kurse erfolgen.

Die Beschreibung der *Bubble* an sich läßt bereits deutlich werden, daß hierin kein eigenständiger Ansatz zur Erklärung des systematischen Underpricing zu sehen ist, denn Underpricing ist per definitionem die positive Differenz zwischen dem ersten Sekundärmarktkurs und dem Emissionspreis. Die weitere Kursentwicklung am Sekundärmarkt ist für die isolierte Betrachtung des Underpricing unerheblich, so daß fraglich ist, ob und wenn ja, warum der Emissionspreis die *Bubble* auslöst. Wäre dieses der Fall, dann ist die Frage nach dem Auslöser der spekulativen Blase identisch mit der Frage nach der Ursache des Underpricing.

Die empirische Manifestierung der spekulativen Blase für Underpricing sieht entsprechend mäßig aus. So schreibt auf der einen Seite *Döhrmann*, daß „ein speculative bubble für steigende Kurse bei deutschen Erstemissionen gleich im Anschluß an die Emission verantwortlich sein"[289] kann, während *Kunz/Aggarwal* eine spekulative Blase als Erklärung für Underpricing für den schweizerischen Kapitalmarkt verneinen.[290] Doch die empirische Bestätigung oder Negierung der These steht und fällt mit der Interpretation ihres Inhaltes. Wie bereits deutlich geworden ist, ist es problematisch, das Underpricing selbst auf eine spekulative Blase zurückzuführen, ohne darauf einzugehen, was der Auslöser für diese Blase ist. Insofern scheint es, daß diese These Ursache und Auslöser in einem Atemzug betrachtet, ohne auf deren Unterschiede einzugehen. Dieses ist auch der Haupteinwand gegen die These, denn es bleibt unklar, wodurch die spekulative Blase ausgelöst wird. Und genau diese Frage ist Gegenstand der Suche nach einem Erklärungsansatz für das Underpricing. Denn der Auslöser für das Underpricing steht zeitlich vor der spekulativen Blase als Ursache für den vom Emissionspreis abweichenden Sekundärmarktpreis. Die

[288] Döhrmann (1989), Seite 361
[289] Ebenda, Seite 363
[290] Kunz/Aggarwal (1994), Seite 719

speculative bubble-These beschreibt somit eher die Kursentwicklung eines Initial Public Offerings an seinem ersten Handelstag, und weniger, warum der erste Sekundärmarktkurs von dem festgelegten Emissionspreis abweichen kann. Demzufolge ist auch eine empirische Überprüfung dieser These kaum möglich, solange nicht der eigentlich auslösende Faktor für die *Bubble* gefunden ist. Wäre dieser aber bekannt, so ergäbe sich hieraus ein eigenständiger Erklärungsansatz für das Underpricing, aus dem eine spekulative Blase entstehen kann. Dieses mag der Grund dafür sein, warum diese These als Erklärungsansatz für das Underpricing in der Literatur nur eine geringe Bedeutung erfährt.

Dementsprechend vermag in dem Kontext des Schwerpunktes dieser Arbeit der *speculative-bubble*-Ansatz auch nicht überzeugen, denn die unterschiedliche Höhe des Underpricing in den internationalen Kapitalmärkten, bzw. in den jeweiligen Handelssegmenten des deutschen Kapitalmarktes, kann durch die *Bubble* nicht stichhaltig aufgegriffen werden. Warum hat eine *Bubble* in Deutschland z.B. eine größere Dimension, als in Frankreich[291], bzw. worauf könnte es zurückzuführen sein, daß eine *Bubble* in dem Neuen Markt eine größere Dimension hat, als im amtlichen Handel?[292]

Weitaus vielversprechender scheint dagegen eine andere Erklärung für das Underpricing zu sein, die eher zu den neueren Thesen der Underpricing-Literatur gezählt werden kann. Diese wird in dem folgenden Kapitel behandelt.

2.2.4. Kurspflege durch Emissionshäuser

Insbesondere in der neueren Literatur werden seit einer Untersuchung von *Ruud*[293] auch Kurspflegemaßnahmen durch die Emissionshäuser selbst als Erklärungsansatz für Underpricing genannt.[294] Auch dieser Ansatz kann unter die Adhoc-Erklärungshypothesen subsumiert werden, da eine asymmetrische Informationsverteilung nicht die Basis der Überlegungen ist. Kern der Ausführungen von *Ruud* ist vielmehr, daß Emissionshäuser kein bewußtes Underpricing vornehmen, sondern Underpricing erst durch Maßnahmen zur Preisstabilisierung durch die Emissionshäuser zustande kommt.

Die Argumentationskette für die These lautet wie folgt: Die Emissionshäuser bewerten die Neuemissionen „richtig", d.h. sie legen den Emissionspreis auf

291 Vgl. hierzu die Tabelle 3
292 Siehe hierzu im einzelnen die Ausführungen in Kapitel 3.
293 Ruud (1993)
294 Siehe z.B. bei Kaserer/Kempf (1995), Jenkinson/Ljungqvist (1996) oder Ehrhardt (1997).

den erwarteten späteren Sekundärmarktpreis fest, so daß der Emissionspreis bedingt durch die Irrtumswahrscheinlichkeit sowohl oberhalb als auch unterhalb des Erwartungswertes liegen kann. Im Durchschnitt, d.h. in einer Mittelwertbetrachtung, entspricht aber der Emissionspreis dem erwarteten Sekundärmarktpreis. Da aber mit Emissionen, deren Sekundärmarktpreis unterhalb des Emissionspreises liegt, Reputationsverluste für die Emissionshäuser verbunden seien, greifen die Banken kursstützend in den Markt ein. Sie erhöhen die Nachfrage nach diesen Titeln und sorgen somit für eine Kurssteigerung.[295] Dieses hat zur Folge, daß Erstemissionen mit negativen Emissionsrenditen vermieden werden und durch die durchschnittliche Betrachtung der Emissionsrenditen es nur so scheint, als wären die Aktien *im Mittel underpriced.*[296] Die Kurspflege kann dabei nach einer Systematik von *Ehrhardt* aktiv sein, indem durch eigene Handelsaktivitäten Aktien (zurück)gekauft werden, passiv, indem Aktien im eigenen Bestand gehalten werden oder auf die Ausübung des Greenshoes verzichtet wird, oder im weiteren Sinne durch Kaufempfehlungen durch geeignete Publizitätsmaßnahmen.[297] Die Preisstabilisierung von Erstemissionen führt somit zu einer quantitativen Reduzierung von Erstemissionen mit negativen Emissionsrenditen, bzw. zu einer qualitativen Reduzierung negativer Emissionsrenditen.[298] Das tatsächlich durchschnittliche Underpricing liegt daher nach *Ruud* bei null, da mit der gleichen Wahrscheinlichkeit der Emissionspreis sowohl unterhalb, als auch oberhalb des mittleren Erwartungswertes festgesetzt werden. Um die negativen Emissionsrenditen aus Reputationsgründen zu vermeiden, werde nun von den Emissionshäusern nachfragend in den Markt „eingegriffen", um eine Kursteigerung herbeizuführen, die oberhalb des Emissionspreises endet. Eine dann angestellte Mittelwertbetrachtung der durchschnittlichen Emissionsrenditen führt somit zu einem Wert größer null, der als Underpricing interpretiert würde. Underpricing wird somit nach *Ruud* nicht von den Emissionshäusern bewußt vorgenommen, sondern ist eine Folge der kursstützenden Maßnahmen der Banken zur Vermeidung negativer Emissionsrenditen. *Ruud* festigt ihre These durch eine empirische Untersuchung von 463 (us-amerikanischen) IPO's der Jahre 1982/1983. Sie stellt fest, daß im Vergleich der 1-Tages-Renditen zu den 4-Wochen-Renditen der Minimumwert des Underpricing absolut größer geworden ist, die Standardabweichung sich vergrößert hat und mithin die Schiefe der Verteilung der Emissionsrenditen abgenommen hat.

Ruud steht mit dieser Darstellung nicht alleine dar; so argumentieren z.B. *Hagenmüller/Diepgen*, daß sich Emissionsrückkäufe durch die Bank häufig nicht

295 Ruud (1993)
296 Jenkinson/Lungqvist (1996), Seite 76
297 Ehrhardt (1997), Seite 130
298 Ruud (1993), Seite 138, 140.

vermeiden lassen,[299] *Schultz/Zaman* stellen fest, daß im Durchschnitt von 72 analysierten us-amerikanischen IPO's ca. 21 v.H. der emittierten Aktien in den ersten drei Tagen von den Emissionshäusern zurückgekauft wurden und *Asquith/Jones/Kieschnick* fanden heraus, daß in den Jahren 1982/1983 ca. die Hälfte der US-IPOs (preis-)gestützt worden sein müssen.[300]

Auf der anderen Seite verdeutlichen sowohl die Argumentation als auch die empirischen Ergebnisse, daß es nicht unumstritten ist, die Kurspflege durch die Emissionshäuser als einen eigenständigen Ansatz zur Erklärung des Underpricing anzuerkennen.

So hinterfragen z.B. *Jenkinson/Ljungqvist* nicht nur die Beweggründe der Banken zur Kursstützung im Vergleich zu einem bewußten Underpricing, sondern sinnieren auch darüber, wer die Banken für ihre Maßnahmen kompensiert.[301] Und *Schürmann/Körfgen* wenden ein, daß die Möglichkeiten der Emissionsbank bei der Kurspflege nicht überschätzt werden sollten, da es im allgemeinen schwierig ist, einen Kurs entgegen dem Kurstrend zu stabilisieren.[302]

Doch zu berücksichtigen sind auch weitere theoretische Überlegungen im Zusammenhang mit den empirischen Ergebnissen der vorliegenden Studien. *Ruud* kommt zu ihrer These anhand von Untersuchungen der *1-Tages-Rendite* im Vergleich zur *4-Wochen-Rendite* von Initial Public Offerings und *Schultz/Zaman* konstatieren die analysierten 21 v.H. Aktienrückkäufe während der ersten *drei Handelstage* von Initial Public Offerings. Damit ist aber per definitionem keine Kongruenz mehr zum Underpricing gegeben, welches ja gerade die (marktbereinigte) Preisdifferenz zwischen dem *ersten Börsenkurs und dem Emissionspreis* versteht. Die These der Kurspflege durch die Emissionshäuser greift somit vollständig in den Sekundärmarkt ein und kann daher keine eigenständige These zur Erklärung für das Underpricing sein, sondern eher eine Möglichkeit zur Erklärung der längerfristigen Kursentwicklung von Initial Public Offerings. Die Glaubwürdigkeit der These würde allerdings dadurch untermauert werden können, daß (Handels-)aktivitäten der Emissionshäuser in der Periode zwischen Bekanntgabe des Emissionspreises und Aufnahme des Börsenhandels nachgewiesen werden könnten. Dieses bedeutete aber, daß die Aktivitäten der Emissionshäuser am sogenannten Graumarkt im Hinblick auf Initial Public Offerings un-

---

299 Hagenmüller/Diepgen, Der Bankbetrieb, Wiesbaden 1993, Seite 707 f; hier entnommen aus Ehrhardt (1997), Seite 129.

300 Schultz/Zaman (1994) bzw. Asquith/Jones/Kieschnick (1995); hier entnommen aus Jenkinson/Ljungqvist (1996), Seite 76

301 Vgl. Jenkinson/Ljungqvist (1996), Seite 77.

302 Schürmann/Körfgen, Familienunternehmen auf dem Weg zur Börse, München 1987; hier entnommen aus: Ehrhardt (1997), Seite 129.

tersucht werden müßten. Hierin läge aber ein Widerspruch zu der aufgestellten These. Würde ein Emissionshaus bereits im Graumarkt die noch nicht gehandelten Titel nachfragen, um eine Überzeichnung und somit steigende Kurse hervorrufen, so müßte es ja den ersten Sekundärmarktkurs kennen, um überhaupt (handels-)aktiv zu werden. Kennt es den Kurs nicht, besteht auch keine Notwendigkeit, die Nachfrage nach diesen Aktien im Graumarkt zu erhöhen. Kennt es jedoch den ersten Sekundärmarktkurs, dann ist fraglich, warum der Emissionspreis, den das Emissionshaus ja annahmegemäß „richtig" festgelegt hat, nun von dem ersten Sekundärmarktkurs abweicht. Und genau diese Frage ist die Frage nach der Ursache des Underpricing. Wird ein Emissionshaus dagegen aufgrund von Preistaxen am Graumarkt kursstützend aktiv, so müßten diese Aktivitäten nachgewiesen werden, aber nicht die Aktivitäten der ersten Tage oder der ersten Wochen des Sekundärmarkthandels.

Die Kurspflege der Emissionshäuser ist daher kein eigenständiger Ansatz zur Erklärung des ex-post Underpricing, da bereits durch die Annahme, die Emissionshäuser würden den „wahren" Emissionspreis kennen und als solchen festsetzen, ein Widerspruch zu der Definition des Underpricing geschaffen wird.

Doch auch bei einer sehr großzügigen Interpretation vom „Underpricing" im Sinne einer Differenz zwischen dem Emissionspreis und dem späteren Sekundärmarktpreis nach x Tagen stellt sich im Hinblick auf ein segmentspezifisches Underpricing eine unerklärbare Problematik dar. Würden tatsächlich die Emissionshäuser in die Preisfeststellung eingreifen, so ist fraglich, warum dieses in dem einen Marktsegment ausgeprägter geschieht, als in dem anderen Marktsegment. Warum wird gerade bei Erstemissionen im Neuen Markt verstärkt Kurspflege betrieben, und bei Erstemissionen im amtlichen Handel weniger? Sofern dieses nicht pauschal zu beantworten wäre, sonder nur auf wenige Emissionshäuser zurückzuführen ist, so läge die Erklärung eher bei dem Ansatz der Reputation der Emissionshäuser. Sind aber andere Gründe dafür verantwortlich, warum Kurspflege in dem einen Marktsegment kurstreibender wirkt, als in einem anderen Marktsegment, dann ist die Suche nach den Ursachen womöglich die gleiche, wie die Suche nach den Gründen für das Underpricing in seiner originären Bedeutung. Auch muß die Frage gestellt werden, worauf es bei Gültigkeit der These zurückzuführen sein könnte, daß die Emissionshäuser in Deutschland aktiver in den Markt eingreifen, als z.B. in Frankreich, da dort die Höhe des Underpricing geringer ist.

Zusammenfassend ergibt sich damit ein recht unbefriedigendes Bild für die Erklärung des Underpricing. Sowohl die gleichgewichteten Erklärungsansätze, als auch die Ad-hoc-Erklärungsansätze weisen nicht nur in der theoretischen Abhandlung argumentative Schwächen auf, sondern können insbesondere die unterschiedliche Höhe des Underpricing auf den jeweiligen Märkten und Marktsegmenten nicht abschließend erklären. Es besteht daher nach wie vor Forschungsbedarf, worin die Besonderheiten der einzelnen Aktienmärkte liegen, und wie sich diese in bezug auf das Underpricing auswirken, bzw. wie sich das Underpricing auf die Märkte auswirkt. Um zumindest für den deutschen Kapitalmarkt eine mögliche Antwort auf diese Fragen zu diskutieren, ist es erforderlich, trotz aller Vorbehalte gegen die systematisch dargestellten Erklärungsansätzen, ihre Relevanz anhand einer empirischen Analyse deutscher Initial Public Offerings zu überprüfen. Dieses ist notwendig, um mögliche Besonderheiten des deutschen Kapitalmarktes zu berücksichtigen, bevor eine abschließende Beurteilung der Erklärungsansätze für das Underpricing erfolgt. Erst anhand dieser Ergebnisse kann die Diskussion um das *Emissions-Puzzle*[303] konstruktiv fortgesetzt werden. Dementsprechend folgt in Kapitel 3 die Darstellung einer empirischen Studie über das Underpricing in Deutschland, bevor in Kapitel 4 die Ursachen für das Underpricing erörtert werden.

---

303 Diese Designation folgt in Anlehnung an einen Aufsatz von Louhgran/Ritter im Journal of Finance unter dem Titel „The New Issue Puzzle“; Loughran/Ritter (1995)

3. Eine empirische Untersuchung deutscher Initial Public Offerings der Jahre 1997 - 1999

Das folgende Kapitel liefert eine empirische Untersuchung über das Underpricing deutscher Erstemissionen der Jahre 1997 bis 1999. Diese eigene Untersuchung zum Kursverhalten deutscher Initial Public Offerings ist aufgrund der Konzeption dieser Studie notwendig geworden. Bisherige Studien zu diesem Thema, die sich ebenfalls mit dem deutschen Kapitalmarkt befassen, greifen die vertikale Differenzierung des deutschen Kapitalmarktes nicht, oder nicht so detailliert auf, wie es für die Überlegungen aus dieser Arbeit notwendig ist. *Uhlir*, *Kaserer/Kempf* oder *Döhrmann* gehen z.B. gar nicht auf die Handelssegmentierung ein,[304] *Ljungqvist*[305] erwähnt zwar große Unterschiede, vernachlässigt diese aber genauso, wie *Wasserfallen/Wittleder*.[306] Und *Ehrhardt* differenziert zwar nach Marktsegmenten, führt die Unterschiede bei der Höhe des Underpricing aber im wesentlichen auf ein einziges beteiligtes Emissionshaus zurück.[307] Bereits aus diesen Gründen ist es notwendig, eine eigene empirische Untersuchung als Datenbasis für den Untersuchungsgegenstand dieser Arbeit zu projektieren. Auch ergibt sich eine weitere Notwendigkeit für die eigene Untersuchung, da im Mittelpunkt dieser Studie das Handelssegment Neuer Markt steht, der erst seit dem 10. März 1997 existiert und von daher in keiner der genannten Untersuchungen berücksichtigt werden konnte. Des weiteren spricht die Aktualität der Daten für die eigene Untersuchung, da sich im Laufe der letzten 15 Jahre unter Umständen beeinflussende Rahmenbedingungen geändert haben.

Die Vorgehensweise in diesem Kapitel ist folgende. In dem ersten Teil werden mit den analytischen Vorbemerkungen die quantitativen (3.1.1.) und qualitativen (3.1.2.) Modalitäten der empirischen Studie dargestellt. In dem zweiten Teil folgt mit einer Diskussion über das Kursverhalten deutscher Initial Public Offerings eine Darstellung der Ergebnisse (3.2.1.) und eine kritische Erörterung der Auffälligkeiten (3.2.2.) im Kontext der Fragestellung der Arbeit.

3.1. Analytische Vorbemerkungen

Bevor die Ergebnisse der empirischen Untersuchung vorgestellt werden sollen, ist es notwendig, zunächst die quantitative und qualitative Methodik zu erläu-

---

304 Vgl. die Analysen bei Uhlir (1989), Kaserer/Kempf (1995) und Döhrmann (1989).
305 Siehe Ljungqvist (1996)
306 Wasserfallen/Wittleder (1994)
307 Ehrhardt (1997)

tern, mit der die Untersuchung aufgebaut ist. Diese Konzeption ist erforderlich, um die Daten und die Struktur der Ergebnisse nachvollziehen und verstehen zu können. Entsprechend folgt zunächst eine zeitliche und sachliche Abgrenzung der Analyse bevor in Kapitel 3.1.2 auf die angewandte Methodik eingegangen wird.

3.1.1. Zeitliche und sachliche Abgrenzung der Analyse

Die Daten für die empirische Untersuchung beziehen sich auf den Zeitraum vom 10. März 1997 bis zum 31. Dezember 1999. Der Hauptgrund für die Wahl dieses Zeitraumes ist der Untersuchungsgegenstand dieser Arbeit selbst. Am 10. März 1997 erfolgte am Neuen Markt die erste Notierung für die Aktien der Mobilcom AG, wodurch das quasi vierte Handelssegment begründet wurde. Und durch die Fokussierung dieser Studie auf den Neuen Markt ist es obsolet, auch Emissionen vor dem 10. März 1997 zu betrachten, da gerade ein möglicher Zusammenhang zwischen dem Underpricing und der Segmentierung Gegenstand der Untersuchung ist. Hinzu kommt, daß, wie aus Kapitel 1.2.4. bekannt, die Gestaltung eines Handelssegmentes einen wesentlichen Einfluß auf die Entscheidung eines Börsenganges hat und somit ein Vergleich von Erstemissionen, die unter verschiedenen Ausprägungen des Kapitalmarktes erfolgten, vor diesem Hintergrund nicht unproblematisch erscheint.

Die Untersuchung endet mit dem 31.12.1999, um noch aktuelle Daten in die Untersuchung einbeziehen zu können, aber auch ausreichend Zeit für umfangreiche Berechnungen zu haben, da diese Studie während der Jahre 1999/2000 entstand.

Ein weiterer Grund für den Beginn des Untersuchungszeitraumes ist die Tatsache, daß in den Jahren vor 1997 nur relativ wenig Erstemissionen zu verzeichnen waren. Auch die Einbeziehung der Initial Public Offerings z.B. der Jahre 1996 oder 1995 würden die Ergebnisse quantitativ nur geringfügig ändern, da es in diesen beiden Jahren zusammen genauso viele Erstemissionen gab, wie in dem einen Jahr 1997. Vor dem Hintergrund der oben beschriebenen Problematik bei dem Vergleich von Erstemissionen verschiedener Marktgestaltungen, wird daher auf eine Ausdehnung der Untersuchung auf frühere Jahre verzichtet.

Die folgende **Graphik 3** verdeutlicht die Anzahl Erstemissionen in Deutschland in den letzten 15 Jahren.

Graphik 3: Anzahl Erstemissionen in Deutschland

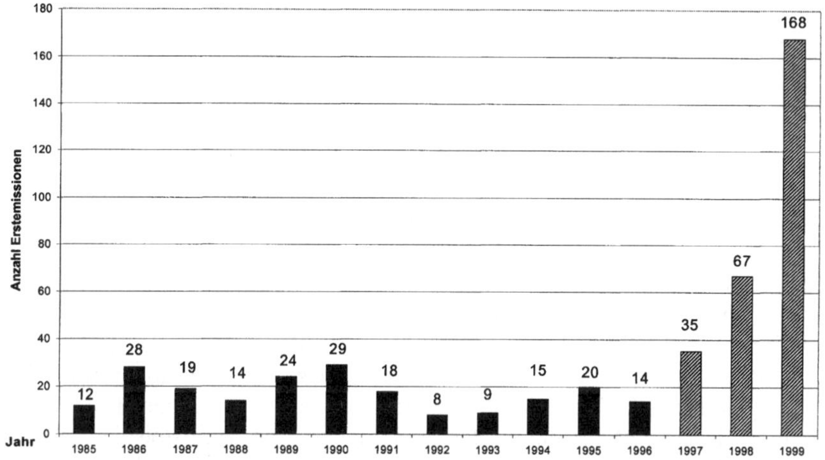

Quelle: Historical Statistics, Deutsche Börse AG, Januar 2000

Die Graphik läßt vermuten, daß mit der Gründung des Neuen Marktes eine Art Renaissance der Börsengänge eingesetzt hat, da die Anzahl von Erstemissionen in den letzten zwei Jahren ein Vielfaches der Börsengänge der Vorjahre war. Diesbezüglich aber eine Kausalität zum Neuen Markt herzustellen ist eine sehr heroische Annahme, wenngleich sicherlich der „Erfolg" des Neuen Marktes für die Anleger zu einem Umdenken bei der Unternehmensfinanzierung geführt haben mag. Worauf aber die quantitative Entwicklung der Erstemissionen zurückzuführen ist, ist nicht Gegenstand dieser Studie und soll daher nicht weiter vertieft werden.

Neben der *zeitlichen* Abgrenzung der Untersuchung ist auch eine *sachliche* Abgrenzung vorzunehmen, die sich aber wesentlich komplexer darstellt. Einbezogen in die Analyse werden nur deutsche Erstemissionen, d.h. Emissionen von deutschen Unternehmen, die erstmals am bundesdeutschen Kapitalmarkt Aktien emittieren. Hierdurch wird zum einen erreicht, daß ausländische Emittenten nicht in die Untersuchung einbezogen werden, da nicht ausgeschlossen werden kann, daß für die ausländischen Unternehmen bereits Beteiligungstitel in ihrem Heimatland gehandelt wurden, auch wenn dieses keine Aktien nach deutscher Rechtsauffassung sein müssen. Diese Abgrenzung ist zum einen vorzunehmen, da über ausländische Gesellschaften oft nur unzureichende Informationen publiziert werden, zum anderen aber, weil das Kapitalmarktrecht anderer Staaten von dem deutschen Kapitalmarktrecht abweichen kann, so daß nur unter einem unverhältnismäßigen Aufwand geprüft werden kann, ob eine ausländische Gesellschaft tatsächlich zum ersten Mal Beteiligungstitel einem breiten Publikum zum Kauf anbietet. Mit wenigen Ausnahmen dürfte aber davon auszugehen sein, daß ein ausländisches Unternehmen zuerst den heimischen Kapitalmarkt in Anspruch nehmen dürfte.

Eine zweite Abgrenzung bezieht sich auf eine Erstemission an sich. Im Folgenden werden nur Emissionen betrachtet, bei denen erstmals Aktien einem breiten Publikum zu Kauf angeboten werden. Diese Genauigkeit ist vorzunehmen, um die Erstemissionen von Folgemissionen (Seasonal Equity Offerings) und Segmentwechslern abzugrenzen. Dementsprechend wird die Ausgabe von z.B. jungen Aktien im Rahmen einer Kapitalerhöhung nicht betrachtet, da sich der Emissionspreis für die jungen Aktien an dem aktuellen Börsenkurs der Altaktien orientiert. Auch Segmentwechsler werden aus diesem Grunde nicht in die Betrachtung einbezogen. Unter Segmentwechslern sind Unternehmen zu verstehen, die bereits in einem Segment an der Börse notiert sind, zum Beispiel im geregelten Markt, dann aber in ein anderes Handelssegment, z.B. den amtlichen Handel, überwechseln. Auch dann ist der erste Preis dieser Aktien im amtlichen Handel kein Emissionspreis im Sinne eines Initial Public Offerings, da bereits ein Börsenpreis (am geregelten Markt) existiert. Diese Vorgehensweise der sachlichen Abgrenzung wird analog zu bisherigen Studien über das Underpricing vorgenommen.[308]

Entsprechend werden auch nur Erstemissionen betrachtet, die im Rahmen eines öffentlichen Angebotes erstmalig an der Börse plaziert wurden, um diese von den Privatplazierungen abzugrenzen.[309] Auch diese Unterscheidung erfolgt analog der üblichen Vorgehensweise.

Ferner wird bei den betrachteten Erstemissionen keine Differenzierung nach Börsenplätzen vorgenommen. So ist es für die ökonometrische Auswertung unerheblich, ob eine Aktie in Frankfurt oder in Stuttgart an die Börse gebracht wurde. Diese Vorgehensweise wird gewählt, da der Fokus dieser Arbeit auf den Marktsegmenten liegt, und nicht auf den regionalen Börsenplätzen, die in Deutschland den gleichen gesetzlichen Bestimmungen unterliegen.[310]

---

308 Vgl. z.B. die Studien von Ljungqvist (1996), Uhlir (1989), Kaserer/Kempf (1995) oder Döhrmann (1989) für den deutschen Kapitalmarkt.

309 Siehe für die Differenzierung die Ausführungen in Kapitel 1.2.3.

310 Bei Untersuchungen des us-amerikanischen Aktienmarktes wäre eine solche Zusammenfassung von Börsenplätzen weitaus problematischer. Zwar wird der Rechtsrahmen landesweit bindend durch das Securities Act von 1933 vorgegeben, doch existieren weitere Rechtsvorschriften der einzelnen Bundesstaaten und unterschiedliche Zulassungs- und

Wird eine Aktie an mehreren Börsenplätzen eingeführt, wie dies bei größeren Gesellschaften häufig der Fall ist, ist folgende Unterscheidung vorzunehmen. Die Daten beziehen sich immer auf das „höchste“ Marktsegment, in dem die Aktien notiert werden. Werden die Aktien auch im Xetra-Handel gelistet, so beziehen sich die Daten auch auf den Xetra-Handel. Die Priorisierung der Daten erfolgt daher nach dem Muster „höheres“ Marktsegment[311] - Xetra-Handel – Frankfurt. Als Beispiele für diese Systematik mögen folgende Beispiele dienen. Am 21. September 1999 ging die Firma Cash Medien AG an die Börse. Eine Notierungsaufnahme erfolgte in Frankfurt und in Hamburg im geregelten Markt, in Berlin, Düsseldorf, München und Stuttgart im Freiverkehr und in Frankfurt im Xetra-Handel. Ergo beziehen sich verwendeten Daten auf das Marktsegment „Geregelter Markt“ und dort auf die Xetra-Werte – stammen also aus Frankfurt, auch wenn das Unternehmen auch in Hamburg im Marktsegment geregelter Markt notiert ist und an weiteren Börsenplätzen im Freiverkehr gehandelt wird.

Die Daten dieser komplexen Studie stammen aus verschiedenen Quellen, da es keinen umfassenden Fundus für die Vielzahl der hier benötigten Daten gibt. Die Angaben über die Erstemissionen stammen daher aus der Going-Public-Statistik der Börsenzeitung, der Going-Public-Statistik des Hoppenstedt Börsenforums und der Neuemissionsstatistik der Deutschen Börse AG. Die Angaben wurden auf ihre Plausibilität geprüft und Unstimmigkeiten anhand der Emissionsprospekte bereinigt. Weitere Angaben zu den Emissionen, wie z.B. Anzahl der Aktien, Emissionskosten oder Emissionskonsortium wurden, sofern möglich und vorhanden ebenfalls den jeweiligen Emissionsprospekten der Unternehmen entnommen.

Aufgrund dieser zeitlichen und sachlichen Abgrenzung verbleiben für den Zeitraum vom 10. März 1997 bis zum 31. Dezember 1999 eine Anzahl von 262 Initial Public Offerings, die im folgenden näher analysiert werden. Welche Methoden dabei zur Anwendung kommen, ist Gegenstand des folgenden Kapitels.

3.1.2. Angewandte Methodik

Die ökonometrische Vorgehensweise der empirischen Untersuchung erfolgt analog zu den Methoden vergleichbarer Studien. Wie bereits in Kapitel 1.1.5.

Verkaufsvoraussetzungen für Aktien an den jeweiligen Börsen. Vgl. hierzu z.B. Schuster (1994) bzw. die Ausführungen in Kapitel 1.2.2.

311 In Anlehnung an das Börsengesetz und die Börsenordnung ist die betrachtete Reihenfolge bei den Marktsegmenten: Amtlicher Handel, Neuer Markt, Geregelter Markt, Freiverkehr.

erläutert wurde, wird die Höhe des Underpricing marktadjustiert ermittelt, die Beschreibung der Charakteristika der Verteilung erfolgt anhand von geeigneten Lageparametern. Graphische Darstellungen runden die Übersichtlichkeit der Ergebnisse ab. Im einzelnen werden folgende Verfahren verwendet:

Die Berechnung des Initial Returns (IR) der Aktie (i) am ersten Börsenhandelstag (t) erfolgt als Differenz zwischen dem ersten Börsenkurs (P) der Aktie (i) am Tag (t) und dem Emissionspreis (E) der Aktie (i). Diese Differenz wird in Relation zum Emissionspreis (E) der Aktie (i) gesetzt (und mit 100 multipliziert, um die übliche prozentuale Darstellung der Höhe des Initial Returns zu erhalten).[312]

$$(4) \qquad IR_i = \frac{(P_{i,t} - E_i)}{E_i} * 100$$

mit: IR_i = Initial Return der Aktie (i)
$P_{i,t}$ = Erster Börsenpreis der Aktien (i) am ersten Handelstag (t)
E_i = Emissionspreis der Aktie (i)

Die Angaben zu den Emissionen wurden den jeweiligen Emissionsprospekten der Emittenten entnommen. Lagen diese nicht (mehr) vor, so wurde auf Statistiken der Deutschen Börse AG, der Börsen-Zeitung und des Hoppenstedt-Börsenforums zurückgegriffen.

Zur Verwendung eines marktadjustierten Ansatzes wurde der Initial Return (IR_i) um die (prozentuale) Veränderung eines Marktindex (*M* $\hat{=}$ *Market Return*) bereinigt.

$$(5) \qquad M = \frac{(M_t - M_{t_0})}{M_{t_0}} *100$$

mit: M = Preis eines vergleichbaren Marktportefeuilles (M)
t = Erster Börsenhandelstag der Aktie (i)
t_0 = Preis des Marktportefeuilles am Ende der Zeichnungsfrist der Aktie (i)

Wird der *Market Return* (M) von dem *Initial Return* (IR) subtrahiert, ergibt sich, der Literatur folgend[313], die Berechnung der Höhe des Underpricing (UP):

---

312 Dieser Ansatz ist (teils mit anderer Symbolik) z.B. wiederzufinden bei Uhlir (1989), Kaserer/Kempf (1995), Lee/Taylor/Walter (1996), Saunders/Lim (1990), Paudyal (1998) oder Kunz/Aggarwal (1994).

313 Diese Ausdrucksweise verwenden Wasserfallen/Wittleder (1994).

(6) $UP_i = IR_i - M_i$

(6a) $$UP_i = \frac{(P_{i,t} - E_i)}{E_{.i}} - \frac{(M_t - M_{t_0})}{M_{t_0}} *100$$

mit: UP_i = Underpricing der Aktie (i)
$P_{i,t}$ = Erster Börsenpreis der Aktien (i) am ersten Handelstag (t)
E_i = Emissionspreis der Aktie (i)
M_t = Preis des Marktportefeuilles am ersten Börsenhandelstag der Aktie (i)
M_{to} = Preis des Marktportefeuilles am Ende der Zeichnungsfrist der Aktie (i)

Die durchschnittliche Höhe des Underpricings über alle Erstemissionen (N) als arithmetisches Mittel berechnet sich dann als:

(7) $$UP = \frac{1}{N}\sum_{i=1}^{N} UP_i$$

Der Berechnung des *market returns* als Abzugsfaktor von den *initial returns* liegen aber zwei unterschiedliche Überlegungen zugrunde, die entsprechend die Wahl der Marktindices beeinflussen können. So betrachten z.B. *Kaserer/Kempf* den Marktindex, der zur Berechnung des *market returns* herangezogen wird, als **Vergleichsindex**[314], während *Uhlir* weniger auf den *market return* abstellt, sondern auf die **erwartete Rendite** der Emission.[315] Der Unterschied der beiden Methoden liegt in der Begründung und der Argumentation für die Bereinigung der initial returns um einen bestimmten Faktor. Wird, so wie *Kaserer/Kempf* argumentieren, auf einen **Vergleichsindex** abgestellt, so impliziert dies, daß der initial return um den Faktor bereinigt werden muß, den ein Anleger bei Investition in einem **vergleichbaren** Portefeuille hätte erzielen können. Dieses vergleichbare Portefeuille kann im Ausnahmefall mit dem Portefeuille übereinstimmen, welches sich auf die Weise ergibt, die von *Uhlir* eingeschlagen wird.

Die Vorgehensweise bei *Uhlir*, die auf die **erwarteten Renditen** abstellt, bedient sich zur Schätzung der erwarteten Renditen der Standardversion des *Capital Asset Pricing Modells*. Dadurch aber verändert sich die Formel zur Berechnung des Underpricing wie folgt:

(6b) $$UP_i = [IR_i - (1 - \beta_{i,m})R_{f,t} - \beta_{i,m} M_i] *100$$

mit: $\beta_{i,m}$ = systematisches Risiko der Erstemission (i) zum Marktportefeuille (M)
$R_{f,t}$ = risikofreie Verzinsung zum Zeitpunkt (t)
M_i = Rendite des Marktportefeuilles (M)

---

[314] Kaserer/Kempf (1995), Seite 51
[315] Uhlir (1989), Seite 7

Zur Berechnung der Höhe des Underpricing werden nun noch Werte für $\beta_{i,m}$ und für $R_{f,t}$ benötigt. Wird angenommen, daß das systematische Risiko der Erstemission (i) gleich dem systematischen Risiko des Marktportefeuilles ist, dann ist β = 1 und Gleichung (6b) ist mit Gleichung (6a) identisch.[316]

Diese Vorgehensweise ist sehr pragmatisch und wird bei *Uhlir* damit begründet, daß in der Folge „stets nur aggregierte Ergebnisse, d.h. Portefeuilleerfolge betrachtet werden"[317] und daher unterstellt werden kann, daß das systematische Risiko von Erstemissionen dem Risiko des Marktportefeuilles gleichgesetzt werden kann. Auch wenn diese Begründung nicht befriedigend ist für die Annahme, β gleich 1 zu setzten, soll dieser Ansatz aus praktischen Gründen dennoch akzeptiert werden.

Doch kann die *Umsetzung* dieser Vorgehensweise in Frage gestellt werden. Denn *Uhlir* verwendet als Marktportefeuille den Index des Statistischen Bundesamtes, ein All-Share-Index, womit unterstellt wird, daß die Erstemissionen das gleiche systematische Risiko aufweisen, wie das Portefeuille, welches durch den Index des Statistischen Bundesamtes nachgebildet wird. Fraglich ist an dieser Stelle, ob es gemäß der getroffenen Annahme nicht plausibler wäre, ein Marktportefeuille heranzuziehen, welches dem Markt gleicht, auf dem die Erstemissionen notiert werden. Denn wenn das systematische Risiko von Erstemissionen und Marktportefeuille gleich sein soll, dann müßten sich auch die Märkte entsprechen, aus denen das Marktportefeuille zusammengestellt wird und in dem die Erstemission gehandelt werden soll, da gerade das systematische Risiko ein marktspezifisches Risiko sein kann. Für die praktische Umsetzung bedeutete dieses, daß bei einem $\beta = 1$ das Underpricing von Erstemissionen im Neuen Markt z.B. um den Neuen Markt-Index bereinigt werden müßte.

An dieser Stelle könnte eingewendet werden, daß Indices eine sehr hohe Korrelation aufweisen, wie bereits in Kapitel 1.1.5. skizziert und in der nachfolgenden **Graphik 4** veranschaulicht wird.

So weist nach *Göppl/Schütz* der DAFOX-Index eine Korrelation von 0,98 zum DAX-30 auf[318] und, wie bei *Döhrmann* zu entnehmen ist, liegt die Korrelation zwischen den Indizes der Frankfurter Allgemeinen Zeitung (FAZ), der Westdeutschen Landesbank und der Commerzbank über 0,9823.[319]

---

316 Diese Annahme liegt allen Untersuchungen über Underpricing zugrunde, die die Höhe des Underpricing nach dieser Methode bestimmen.

317 Uhlir (1989), Seite 8

318 Göppl/Schütz (1992), entnommen aus Kaserer/Kempf (1995), Seite 51

319 Döhrmann (1989), Seite 244 ff, der sich auf Untersuchungen von Winkelmann bezieht.

Graphik 4: Indexverläufe – ausgewählte DAX-Indizes

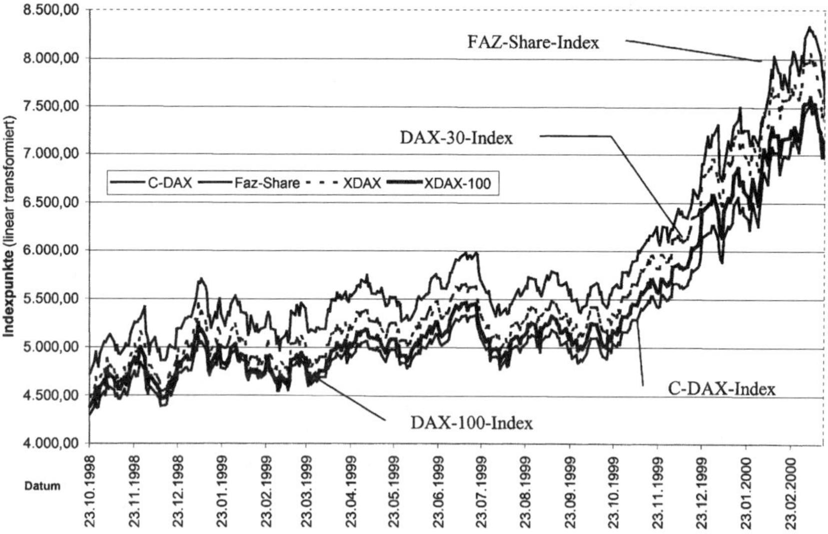

Quelle: Dresdner Bank AG; eigene Berechnungen

Die drei letztgenannten Indizes beinhalten aber alle die DAX 30 Werte, wodurch die hohe Korrelation begründet sein mag. Ein vergleichbares Bild ergibt sich, wenn z.B. der DAX-30-Index, der DAX-100 Index, der C-DAX miteinander verglichen werden, und auch, wenn der FAZ-Index in den Vergleich einbezogen wird. Liegt ein fast identischer Gleichlauf der Indizes vor, der zu einer so hohen Korrelation führt, dann ist es sicherlich unerheblich, welcher Index zu Bereinigung der initial returns herangezogen wird, wie *Döhrmann* und *Kaserer/Kempf* schlußfolgern.[320] Die vorstehende **Graphik 4** verdeutlicht diesen Zusammenhang, wobei ein Zeitraum vom 23.10.1998 – 31.12.1999 abgebildet wird[321] und die Originalwerte zur besseren Veranschaulichung einer linearen Transformation unterzogen wurden.

Es zeichnet sich aber ein anders Bild, wenn insbesondere die vertikale Marktsegmentierung des deutschen Kapitalmarktes berücksichtigt wird, wie in der nachfolgenden **Graphik 5** dargestellt.

---

320 Döhrmann (1989), Seite 246; Kaserer/Kempf (1995), Seite 51

321 Die Wahl dieses Zeitraumes erfolgt willkürlich, doch liegen erst ab dem 23.10.98 vollständige Daten für alle Indizes vor.

Graphik 5: Indexverläufe – ausgewählte Indizes

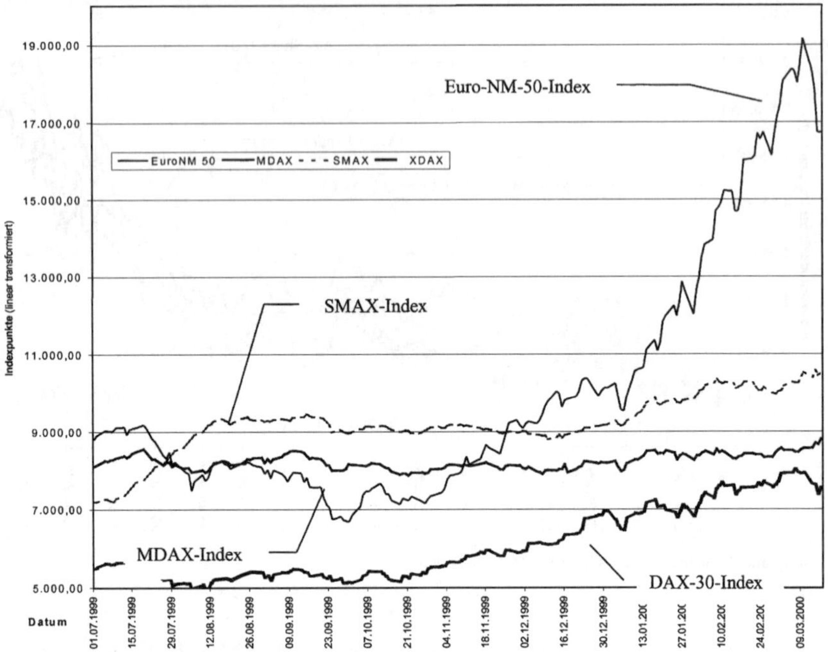

Quelle: Dresdner Bank AG; eigene Berechnungen

Zwar liegt nur für das Marktsegment des Neuen Marktes ein eigener Index vor, doch wenn die Entwicklung des Neuen Marktes verglichen wird, mit den Werten, die in den Aktienindizes SMAX, MDAX und DAX-30 repräsentiert werden, so wird offensichtlich, daß der Gleichlauf nicht so identisch ausfällt, und mithin die Korrelation nicht so hoch ist, wie bei den weiter oben genannten Indizes, die sich fast ausschließlich auf die DAX-30 Werte beziehen. So liegt die Korrelation des MDAX und des SMAX zum DAX-30 nur bei 0,62 bzw. 0,67.[322] Die vorstehende **Graphik 5** veranschaulicht die Disharmonie zwischen den vorgenannten Aktienindizes, die wiederum einer besseren Übersichtlichkeit halber einer linearen Transformation unterzogen wurden.

Je unterschiedlicher aber sich die jeweiligen Aktienindices entwickeln, desto notwendiger ist es, einer Erstemission das Marktportefeuille des Marktes, auf dem die Erstemissionen notieren sollen, gegenüberzustellen, wenn unterstellt

---

322 Die Berechnung bezieht sich auf den Zeitraum vom 01.07.1999 bis 31.12.1999, der gewählt wurde, da erst ab dem 01.07.1999 vollständige Daten für alle Werte vorlagen.

wird, daß sich die systematischen Risiken entsprechen. Für die praktisch Vorgehensweise bedeutet das, daß, sofern die erwarteten Renditen als Berechnungsfaktor nach dem Capital Asset Pricing Model berechnet werden sollen, bei einem unterstellten β von 1 ein marktsegmentspezifischer Index als Vergleichsportefeuille herangezogen werden muß, oder aber die Annahme, daß $\beta = 1$ ist aufgehoben werden muß, da anzunehmen ist, daß das systematische Risiko einer Erstemission gerade nicht identisch ist mit dem systematischen Risiko eines breit angelegten Marktportefeuille, wie es z.B. durch den All-Share-Index des Statistischen Bundesamtes nachgebildet wird. Diese Überlegungen sind im Ansatz bei *Kaserer/Kempf* zu finden, die ja von einem Vergleichsindex als Berechnungsfaktor für die Initial Returns sprechen, doch wählen *Kaserer/Kempf* in ihren empirischen Studien den DAX-30 Index der Deutschen Börse AG als Marktportefeuille aus[323] und führen somit die eigenen Überlegungen unbegründet nicht konsequent zu Ende.

Für die weitere Vorgehensweise bedeutet dieses, daß für eine korrekte Ermittlung des marktadjustierten Underpricing der Initial Return einer Erstemission um die Rendite desjenigen Marktportefeuilles bereinigt werden muß, welches den Markt abbildet, auf dem die Erstemission notieren soll, sofern angenommen wird, daß das systematische Risiko der Erstemission dem des Marktportefeuilles entspricht. Dieser Ansatz scheitert in der praktischen Umsetzung allerdings dadurch, daß nicht für alle Marktsegmente spezielle Indizes existieren, mit deren Hilfe das jeweilige Marktportefeuille abgebildet werden kann. So gibt es für den deutschen Kapitalmarkt z.B. lediglich einen All-Share-Index des Neuen Marktes, den Nemax-All-Share-Index der Deutschen Börse AG, nicht aber für die übrigen Marktsegmente.[324] Im folgenden wird daher *nicht* die Annahme getroffen, daß das systematische Risiko der Erstemissionen gleich ist dem systematischen Risiko des bereinigenden Marktportefeuilles, sondern es werden der Einfachheit halber die Initial Returns der Erstemissionen um die Rendite eines alternativen Marktportefeuilles bereinigt. Hierdurch wird zum einen zum Ausdruck gebracht, daß ein Kapitalanleger mit dem gewählten Marktportefeuille eine Alternative Anlageform zu der Zeichnung der Erstemission hat, zum anderen wird der Tatsache Rechnung getragen, daß es keine Marktindizes für die jeweiligen Marktsegmente des deutschen Kapitalmarktes gibt. Auch kann an dieser Stelle eingewendet werden, daß nach Studien von *Ljungqvist* oder *Louhgran/Ritter* die Wahl der Indices für die Berechnung der langfristigen Perfor-

---

323 Kaserer/Kempf (1995)

324 Untersuchungen für z.B. den us-amerikanischen Kapitalmarkt haben es hier einfacher. So könnten die Emissionen an der New York Stock Exchange um die Entwicklung des Dow-Jones-Index bereinigt werden, während die Emissionen an der NASDAQ um den NASDAQ-Index bereinigt werden.

mance von Aktien eine größere Rolle spielt, als für die Messung der Höhe des Underpricing.[325]

Als approximativer Marktindex dieser Studie wird daher der DAX-100-Index der Deutschen Börse AG verwendet[326], welcher die nach ihrer Marktkapitalisierung 100 größten inländischen börsennotierten Unternehmen darstellen. Die Daten beziehen sich auf den Xetra-Handel, wobei jeweils die Tagesschlußkurse in die Berechnung einfließen[327]. Bei der Berechnung der Veränderung des Marktindex wird die Periode vom Ende der Zeichnungsfrist der Aktie (i) bis einschließlich des ersten Börsenhandelstages der Aktie (i) zugrundegelegt. Bei 18 der betrachteten 262 Erstemissionen konnte das Ende der Zeichnungsfrist nicht ermittelt werden, in diesen Fällen wird der Indexstand des Tages vor Notierungsaufnahme verwendet. Die Höhe des Underpricing der Aktie (i) wird somit nach der nachstehend wiederholten Formel (6a) berechnet (und mit dem Faktor 100 multipliziert, um eine prozentuale Darstellung zu erhalten).

(6a) $$UP_i = \frac{(P_{i,t} - E_i)}{E_{.i}} - \frac{(M_t - M_{t-1})}{M_{t-1}} * 100$$

mit: UP_i = Underpricing der Aktie (i)
$P_{i,t}$ = Erster Börsenpreis der Aktien (i) am ersten Handelstag (t)
E_i = Emissionspreis der Aktie (i)
M_t = Preis des Marktportefeuilles am ersten Börsenhandelstag der Aktie (i)
M_{to} = Preis des Marktportefeuilles am Ende der Zeichnungsfrist der Aktie (i)

Die durchschnittliche Höhe des Underpricings über alle Erstemissionen (N) als arithmetisches Mittel berechnet sich dann als gleichgewichtete Summierung:

(7) $$UP = \frac{1}{N} \sum_{i=1}^{N} UP_i$$

mit: N = Anzahl der Erstemissionen

---

325 Vgl. Ljungqvist (1997), Louhgran/Ritter (1995); zu beachten ist allerdings, daß sich diese Studien auf den us-amerikanischen Kapitalmarkt beziehen, auf dem die Problematik aufgrund der fehlenden vertikalen Marktsegmentierung nicht so gravierend ist, wie für den deutschen Kapitalmarkt.

326 Datenquelle für die Indexstände ist das Management Informationssystem (MIS@) der Dresdner Bank AG, Frankfurt.

327 Streng genommen ist die Verwendung von Tagesschlußkursen nicht zulässig, müßten doch analog zu den Erstemissionen auch die Eröffnungskurse verwendet werden, die aber nicht veröffentlicht werden. Würden als Alternative die jeweiligen Schlußkurse des Vortages in Berechnung einfließen, so würde aber gerade die zu untersuchende Underpricing-Periode in die Indexbetrachtung nicht mit einbezogen. Die Verwendung der Tagesschlußkurse stellt somit die geringere Ungenauigkeit dar, die tolerierbar ist.

Aufgrund der Einführung des Euro mit Beginn der Europäischen Währungsunion am 01.01.1999 wurden alle Emissions- und Börsenpreise von Emissionen der Jahre 1997/1998 mit dem offiziellen Umrechnungsfaktor von 1 EUR = 1,95583 DEM in Euro umgerechnet. Gleiches gilt auch für alle weiteren währungsabhängigen Zahlenangaben, wie z.B. dem Emissionsvolumen oder dem Grundkapital. Alle Währungsangaben in dieser Studie beziehen sich somit auf die aktuelle Währung Euro.

Die Darstellung von Charakteristika der Verteilung erfolgt in analoger Vorgehensweise zu bisherigen Untersuchungen anhand von geeigneten Lageparametern, welche die Besonderheiten der Ergebnisse veranschaulichen. In erster Linie wird hier auf das arithmetische Mittel, den Median und die Standardabweichung zurückgegriffen. Sofern keine expliziten Anmerkungen getroffen werden, sind alle Werte signifikant auf dem 99%-Signifikanzniveau. Neben einer tabellarischen Darstellung der Werte erfolgt die Visualisierung anhand verschiedener Diagramme. Bei der graphischen Darstellung der relativen Häufigkeitsverteilung erfolgte die Wahl der Anzahl der Klassen (d) und damit die Wahl der Klassenbreite nach der Faustformel $d = \sqrt{N}$, d.h. die Anzahl der Klassen (d) ergibt sich aus der Quadratwurzel der zu betrachtenden Gesamtindikationen (N).[328]

Diese Vorgehensweise bezieht sich nicht nur auf die Darstellung der Höhe des Underpricing, sondern auch auf weitere Ausprägungsmerkmale der Initial Public Offerings, wie z.B. die Emissionsvolumina oder das Grundkapital. Weitere Methoden, die in dieser Untersuchung Anwendung finden, werden im Rahmen des Kapitels 4.1. vorgestellt, wenn die aus dem zweiten Kapitel bekannten Erklärungsansätze für das Underpricing anhand der empirischen Ergebnisse dieses Kapitels überprüft werden. Zuvor soll jedoch eine eingehende Darstellung der empirischen Ergebnisse erfolgen.

3.2. Das Kursverhalten deutscher IPO‘s

In dem folgenden Kapitel 3.2.1. werden die allgemeinen Ergebnisse der empirischen Untersuchung vorgestellt, eine Darstellung der Besonderheiten der Untersuchung in Bezug auf den Neuen Markt folgt in Kapitel 3.2.2.

---

[328] Vgl. Fahrmeier/Künstler/Pigeot/Tutz (1999)

3.2.1. Die empirischen Ergebnisse

In dem Betrachtungszeitraum vom **10. März 1997 bis zum 31. Dezember 1999** wurden insgesamt **262 Initial Public Offerings** verzeichnet, die den Kriterien einer Erstemission im Sinne dieser Untersuchung entsprachen.[329] Mit dieser Anzahl ist die Untersuchung umfangreicher und damit aussagekräftiger als bisherige Untersuchungen zum deutschen Underpricing von *Ehrhardt*, *Ljungqvist*, *Wasserfallen/Wittleder*, *Kaserer/Kempf*, *R.H. Schmidt*, *Uhlir* oder *Döhrmann.*[330]

Das mittlere, ungewichtet-marktadjustierte Underpricing liegt über alle Erstemissionen bei **43,70 v.H.** und ist damit höher, als die ermittelten Werte der vorgenannten Untersuchungen. Die folgende **Tabelle 10** gibt nochmals einen Überblick über ausgewählte Studien zum Underpricing auf dem deutschen Kapitalmarkt

Tabelle 10: Underpricing in Deutschland - Vergleich

Autor	Anzahl	Zeitraum	Underpricing in v.H.
Ljungqvist (1997)	189	1970 - 1993	10,57
Kaserer/Kempf (1995)	171	1983 - 1992	13,99
Ehrhardt (1997)	207	1960 - 1993	16,80
Wasserfallen/Wittleder (1994)	92	1961 - 1987	17,58
Döhrmann (1989)	93	1983 - 1987	21,21
Uhlir (1989)	97	1977 - 1987	21,46
Schmidt, R.H. (1988)	32	1984 - 1985	20,62
Eigene Studie	**262**	**1997 - 1999**	**43,70**

Quelle: Originalaufsätze und Übersichten in Aufsätzen

Warum die mittlere Höhe des Underpricing in der hier vorliegenden Studie mit 43,70 v.H. ungefähr doppelt so hoch ist, wie in den vorgenannten Studien, kann zum jetzigen Zeitpunkt noch nicht abschließend beantwortet werden, da noch nicht geklärt ist, worauf sich die Höhe des Underpricing zurückführen läßt. Wie aber bereits aus den vorangegangenen Kapiteln deutlich geworden ist, könnten u.U. ungleiche empirische Methoden, die stark gestiegene Zahl von Erstemissionen in den letzten Jahren und/oder sonstige institutionelle Aspekte ein Grund für das höhere Underpricing sein. Bevor aber diese Antwort näher diskutiert wird, sind weitere Charakteristika der Untersuchung aufzuführen.

---

329 Siehe zur Abgrenzung die Ausführungen in Kapitel 3.1.1.

330 Aufzählung ohne Wertung, sondern in abnehmender Reihenfolge des Erscheinungsdatums der Untersuchung.

Von den 262 betrachteten Erstemissionen wurden **255 Emissionen** (oder gut 97 v.H.) im Rahmen eines **Bookbuilding-Verfahrens** an die Börse gebracht. Lediglich **7 Emissionen** wurden mittels **Festpreisverfahren** plaziert. Am Börsenplatz **Frankfurt** wurden mit **242** der **262** Emissionen gut **92 v.H.** aller IPOs plaziert, die verbleibenden 20 Erstemissionen verteilen sich auf Berlin (9), München (6) und Stuttgart (5). An den übrigen deutschen Börsenplätzen wurden Erstemissionen lediglich im Rahmen eines Zweitlistings in dem gleichen oder einem untergeordneten Marktsegment eingeführt. **Tabelle 11** faßt die sachliche Verteilung der Initial Public Offerings zusammen:

Tabelle 11: Sachliche Verteilung der Initial Public Offerings

Anzahl IPO's nach Börsenplätzen		**Anzahl IPOs nach Plazierungsverfahren**	
Frankfurt	242[1]	**Bookbuilding**	**255**
Berlin	9	**Festpreis**	7
München	6		
Stuttgart	5		
Gesamt	**262**	**Gesamt**	**262**

[1] Hiervon entfallen 167 auf den Neuen Markt

Quelle: Eigene Berechnungen

Der Börsenplatz Frankfurt und das Bookbuilding-Verfahren zur Plazierung von Erstemissionen nehmen bei Initial Public Offerings in Deutschland eine unangefochtene Stellung ein.

Die 262 an die Börse gebrachten Unternehmen verfügten zum Zeitpunkt des Börsenganges über ein gemeinsames Grundkapital in Höhe von 3,7 Mrd. EUR was im Durchschnitt einem mittleren Grundkapital in Höhe von 14,49 Mio. EUR entspricht. Bezogen auf den Emissionspreis der Aktien ergab sich ein nominales Brutto-Emissionsvolumen[331] insgesamt in Höhe von 17,8 Mrd. EUR Wird der erste Sekundärmarktpreis zugrunde gelegt, so betrug das effektive Brutto-Emissionsvolumen 22,8 Mrd. EUR Das sich hieraus ergebende absolute Underpricing in Höhe von 5 Mrd. EUR bedeutet, daß, im Vergleich zu einem effizienten Markt, jedes Unternehmen ein um ca. 19 Mio EUR geringes Emissionsvolumen erlöste.

[331] Das Brutto-Emissionsvolumen ergibt sich aus der Anzahl emittierter Aktien multipliziert mit dem Emissionspreis; dieser Betrag muß aber noch um die Emissionskosten bereinigt werden, um zu einem Netto-Emissionsvolumen zu gelangen, der Wert, der dem Unternehmen (bzw. den Altaktionären) de facto zufließt.

Die nachfolgende **Tabelle 12** faßt die Ergebnisse schematisch zusammen:

Tabelle 12: Emissionsdaten deutscher IPO's

Anzahl Emittenten	**262**
Grundkapital[1]	**3.797,59 Mio. EUR**
Ø Grundkapital	14,49 Mio. EUR
Nominales Emissionsvolumen[2]	**17.805,25 Mio. EUR**
Ø nominales Emissionsvolumen	67,96 Mio. EUR
Effektives Emissionsvolumen[3]	**22.877,32 Mio. EUR**
Ø effektives Emissionsvolumen	87,32 Mio. EUR

[1] Zugelassenes Grundkapital zum Emissionstag
[2] Emittierte Aktien multipliziert mit dem Emissionspreis
[3] Emittierte Aktien multipliziert mit dem ersten Sekundärmarktpreis

Quelle: Eigene Berechnungen

Das mittlere Underpricing dieser 262 Initial Public Offerings in Höhe von 43,70 v.H. hat seinen **Minimalwert bei – 48,35 v.H.** und sein **Maximum bei + 358,57 v.H.,** wodurch sich eine relative große **Standardabweichung** in Höhe von **66,80** ergibt. Auffällig ist jedoch der **Median** in Höhe von **13,29**, der zu einer linkssteilen, bzw. **rechtsschiefen Verteilung** der Emissionsrenditen führt.

Die folgende **Tabelle 13** gibt einen Überblick über die wichtigsten Lageparameter der Emissionsrenditen der letzten drei Jahre in Deutschland.

Tabelle 13: Lageparameter der Emissionsrenditen

Anzahl	**262**
Ø-Underpricing (in v.H.)	**43,70**
Initial Return	**43,66**
Anzahl negative Werte	45
Maximum negativ	**- 48,35**
Minimum negativ	- 0,05
Anzahl positive Werte	217
Minimum positiv	0,01
Maximum positiv	**358,57**
Median (in v.H.)	**13,29**
Standardabweichung	**66,80**

Quelle: Eigene Berechnungen

Eine bessere Übersicht über diese Lageparameter ergibt sich, wenn die relative Häufigkeitsverteilung der Underpricing-Werte in einem Histogramm abgebildet wird.

Graphik 6: Histogramm der Underpricing-Werte für den Gesamtmarkt

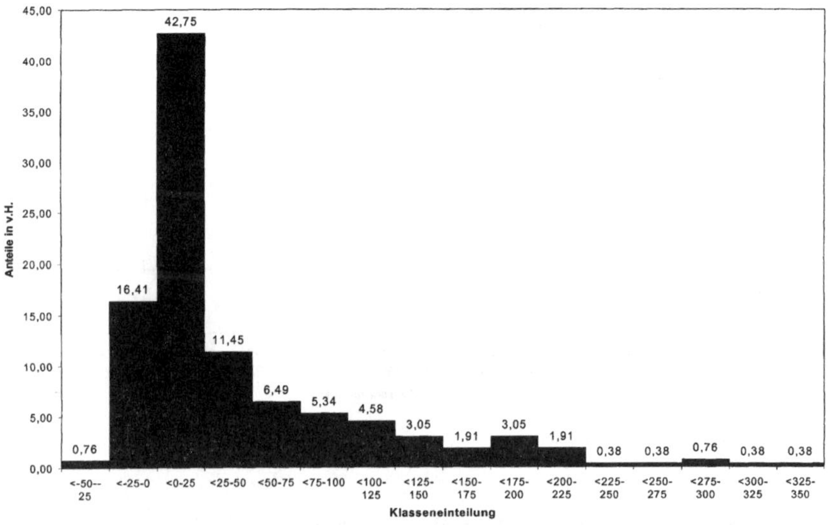

Quelle: Eigene Berechnungen

Aus dieser Graphik läßt sich besonders gut ablesen, wie linkssteil die Verteilung der Emissionsrenditen ist, und daß der positive Ast der Verteilungsfunktion „länger" ist, als der negative Ast, wenngleich das Zentrum des Underpricing mit 42,75 v.H. eindeutig in dem Klassenbereich von 0 – 25 v.H. liegt. Deutlich wird ferner, daß 17 v.H. aller Erstemissionen ein negatives Underpricing aufweisen, der größte Negativwert aber einen bedeutend geringeren Abstand zum empirischen Mittelwert aufweist, als der größte Positivwert, was auch durch den links von dem arithmetischen Mittelwert liegenden Median in Höhe von 13,29 zum Ausdruck kommt.

Ein ebenfalls aufschlußreiches Bild ergibt sich aus der Betrachtung der empirischen Verteilungsfunktion, wie sie in der nachfolgenden **Graphik 7** dargestellt wird.

Graphik 7: Empirische Verteilung der Emissionsrenditen

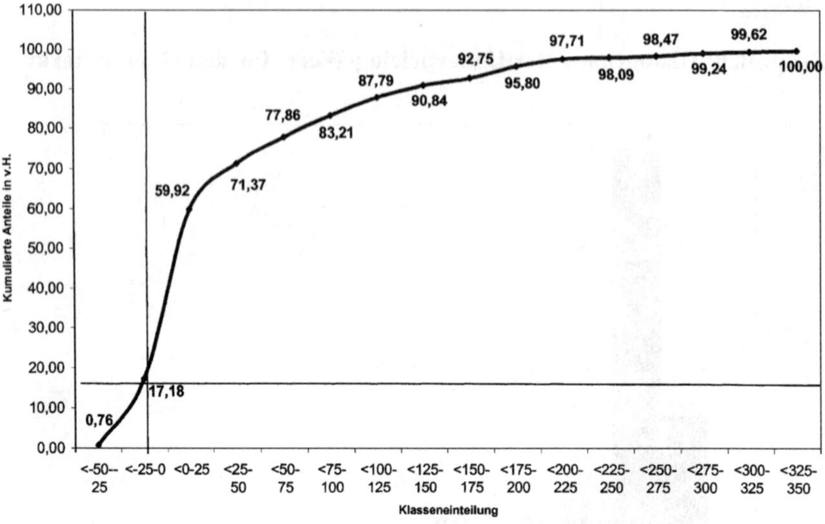

Quelle: Eigenen Berechnungen

Der Blick auf die empirische Verteilungsfunktion ist insofern von Bedeutung, als daß verdeutlicht wird, daß „nur" 17,18 v.H. der Erstemissionen ein negatives Underpricing aufweisen, während ca. 40 v.H. der Erstemissionen ein Underpricing aufweisen, welches größer ist, als 25 v.H.. Von besonderer Bedeutung ist daher die nähere Betrachtung dieser Werte, denn bei der Suche nach der Antwort auf die Frage, worauf Underpricing insbesondere in Deutschland zurüchzuführen sein könnte, ist es u.U. hilfreich, nicht nur die empirische Verteilung der Daten zu kennen, sondern auch zu hinterfragen, worauf die Differenzen bei der Höhe des Underpricing beruhen könnten.

Aus diesem Grunde werden, im Gegensatz zu anderen empirischen Untersuchungen, die empirischen Daten dieser Analyse nun auf die jeweiligen Marktsegmente bezogen, denen die Erstemissionen primär zugeordnet sind.[332] Diese Aufspaltung der Ergebnisse ergibt ein Bild, welches zunächst ebenfalls als empirische Verteilungsfunktion graphisch dargestellt werden soll.

---

[332] Eine marktspezifische Betrachtung unterbleibt z.B. bei Uhlir (1989), Döhrmann (1989) und Kaserer/Kempf (1995), während Ljungqvist (1997) und Wasserfallen/Wittleder (1994) zwar eine Spezifikation ansprechen, diese aber gedanklich nicht weiter verfolgen.

Graphik 8: Empirische Verteilung der Emissionsrenditen nach Marktsegmenten

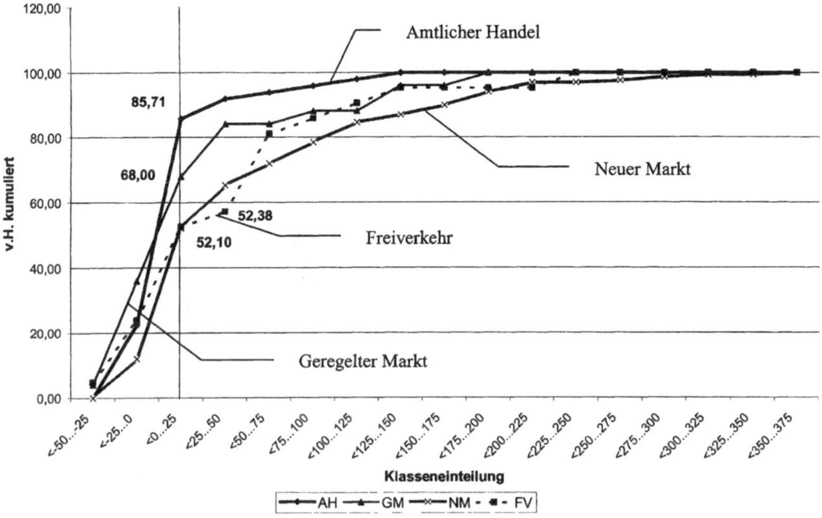

Quelle: Eigene Berechnungen

Wie aus der Graphik hervorgeht, ist die Verteilung der Emissionsrenditen in den einzelnen Marktsegmenten keineswegs gleichförmig und weist zum Teil gravierende Differenzen auf. So verläuft die Funktion für den amtlichen Handel in den ersten Klassenbereichen wesentlich steiler, als die Funktion für den Neuen Markt oder den Freiverkehr. Dieses führt dazu, daß im amtlichen Handel gut 85 v.H. aller Emissionen ein Underpricing in Höhe von bis zu 25 v.H. aufweisen, während der Wert für den Neuen Markt oder den Freiverkehr bei gut 50 v.H. liegt. Mit anderen Worten formuliert, weisen im amtlichen Handel „nur" ca. 15 v.H. aller Erstemissionen ein Underpricing von mehr als 25 v.H. auf, im geregelten Markt weisen ca. 30 v.H. ein Underpricing von mehr als 25 v.H. auf und im Neuen Markt und im Freiverkehr weisen ca. 50 v.H. aller Erstemissionen ein Underpricing von mehr als 25 v.H. auf.

Diese Auffälligkeiten lassen es notwendig erscheinen, die Verteilung der Erstemissionen auf die jeweiligen Marktsegmente näher zu betrachten. Von den 262 Erstemissionen der Untersuchung wurden 49 Emissionen in den amtlichen Handel eingeführt, 25 in den geregelten Markt, 21 in den Freiverkehr und 167 in den Neuen Markt. Die folgende **Tabelle 14** zeigt weitere marktspezifische Einzelheiten der Erstemissionen.

Tabelle 14: Spezifikationen der IPO's nach Marktsegmenten

	Amtlicher Handel	**Geregelter Markt**	**Frei-verkehr**	**Neuer Markt**
Anzahl	49	25	21	167
Grundkapital (in Mio. EUR)	2.002,20	164,62	58,04	1.572,72
Ø-Grundkapital (in Mio. EUR)	40,86	6,58	2,76	9,42
Nom. Emissionsvol. (in Mio. EUR)	8.847,15	529,76	142,25	8.286,08
Ø-nom. Emissionsvol. (in Mio. EUR)	180,55	21,19	6,77	49,62
Effektives Emissionsvol. (in Mio. EUR)	9.415,01	733,64	214,20	12.514,47
Ø-eff. Emissionsvol. (in Mio. EUR)	192,14	29,35	10,20	74,94
Emissionsintensität (Nom. Emissions-vol./Grundkap.)	4,42	3,27	2,45	5,27

Quelle: Eigene Berechnungen

Wie aus der **Tabelle 14** zu ersehen ist, weisen die jeweiligen Marktsegmente auch deutliche Unterschiede hinsichtlich der Unternehmen auf, die in den jeweiligen Segmenten notiert sind. So ist das durchschnittliche Grundkapital von erstnotierten Unternehmen im amtlichen Handel mit ca. 40 Mio. EUR mehr als viermal so groß, wie bei Unternehmen, die im Neuen Markt notiert sind, und ca. sechsmal so groß, wie bei Unternehmen, die in den geregelten Markt gehen. Im Freiverkehr notieren mit einem durchschnittlichen Grundkapitel in Höhe von 2,8 Mio. EUR eher die kleineren Unternehmen. Dieses kommt auch bei der Betrachtung der nominalen Emissionsvolumina zum Ausdruck, die im Freiverkehr mit durchschnittlichen 6,8 Mio. EUR wesentlich geringer sind, als im geregelten Markt oder im Neuen Markt, in denen die durchschnittlichen Emissionsvolumina 21,2 bzw. 49,6 Mio. EUR betragen. Mit 180 Mio. EUR sind die durchschnittlichen Emissionsvolumina im amtlichen Handel am größten.

Die nachstehende **Graphik 9** verdeutlicht zur besseren Anschauung diese Marktaufteilung.

Graphik 9: Initial Public Offerings nach Marktsegmenten

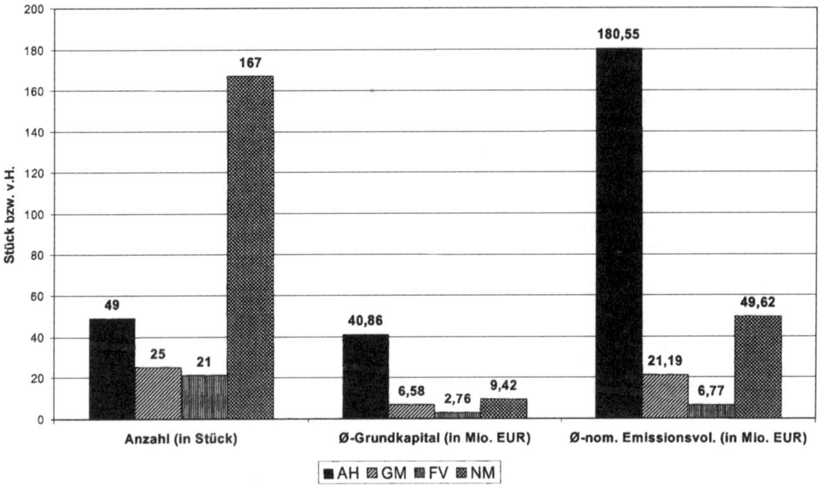

Quelle: Eigene Berechnungen

Auffällig ist jedoch auch ein Blick auf die Emissionsintensität in den Marktsegmenten, die als Relation des nominalen Emissionsvolumens zum Grundkapital Auskunft darüber gibt, wie hoch das aufgenommene Emissionsvolumen pro Million Grundkapital ist. Mit einer Emissionsintensität in Höhe von 5,27 Mio. EUR wird im Neuen Markt nicht nur mehr als doppelt so viel Kapital aufgenommen, wie im Freiverkehr (2,45 Mio. EUR), sondern auch fast eine Million EUR mehr als im amtlichen Handel, wo die Emissionsintensität bei 4,42 Mio. EUR liegt. Die vorstehende **Graphik 9** veranschaulicht die Bedeutung der einzelnen Marktsegmente für Erstemissionen. Während in das Segment des Neuen Marktes mit 167 Unternehmen mit Abstand die meisten Initial Public Offerings erfolgten, sind jedoch im amtlichen Handel mit einem durchschnittlichen Grundkapital in Höhe von 40,86 Mio. EUR die „größten" Unternehmen notiert. Dieses zeichnet sich auch bei der Betrachtung des durchschnittlichen nominalen Emissionsvolumen ab, welches mit 180 Mio. EUR im amtlichen Handel am höchsten ist. Der Freiverkehr scheint sowohl dem Grundkapital als auch dem Emissionsvolumen nach nur von den kleineren Unternehmen beachtet zu werden. Diese Zahlen bestätigen u.U. bereits die Ausführungen des Kapitels 1.2.4., wonach die Ausgestaltung der Marktsegmente einen Einfluß auf das Emissionsverhalten der Unternehmen haben. Welchen Einfluß dieses wiederum auf die Höhe des Underpricing hat bzw. haben kann, soll in der nachfolgenden Tabelle aufgezeigt werden. **Tabelle 15** faßt die empirischen Daten zum Underpricing der jeweiligen Marktsegmente zusammen.

Tabelle 15: Lageparameter segmentspezifischer Emissionsrenditen

	Amtlicher Handel	**Geregelter Markt**	**Frei verkehr**	**Neuer Markt**
Ø-Underpricing (in v.H.)	12,05	26,60	42,80	55,66
Median (in v.H.)	2,45	4,45	17,93	23,82
Standardabweichung	27,96	54,38	61,03	73,69
Minimum (in v.H.)	-10,20	-48,38	-34,33	-15,33
Maximum (in v.H.)	135,90	176,00	236,90	358,57

Quelle: Eigene Berechnungen

Wie aus der **Tabelle 15** ersichtlich ist, differiert die Höhe des Underpricing über die jeweiligen Marktsegmente, wobei in allen Fällen eine linkssteile Verteilung der Emissionsrenditen vorliegt, welches insbesondere durch den Median zum Ausdruck kommt, welcher einen absolut niedrigeren Wert aufweist, als das mittlere Underpricing.

Auffällig ist aber insbesondere, daß mit 12,05 v.H. das mittlere gleichgewichtete Underpricing im amtlichen Handel am niedrigsten ist, während es im geregelten Markt mit 26,60 v.H. ca. doppelt so hoch ist, wie im amtlichen Handel, und im Neuen Markt mit 55,66 v.H. wiederum ca. doppelt so hoch ist, wie im geregelten Markt. Hinzu kommt die differierende Standardabweichung, die mit 27,96 im amtlichen Handel ebenfalls am niedrigsten ist, während sie mit 73,69 im Neuen Markt am höchsten ist. Diese Zahlen werfen nicht nur die Frage auf, worauf Underpricing grundsätzlich zurückzuführen ist, sondern auch, warum Underpricing in den jeweiligen Marktsegmenten so unterschiedlich hoch ist.

Die nachfolgende **Graphik 10** verdeutlicht die ökonometrischen Unterschiede der Marktsegmente.

Graphik 10: Underpricing nach Marktsegmenten

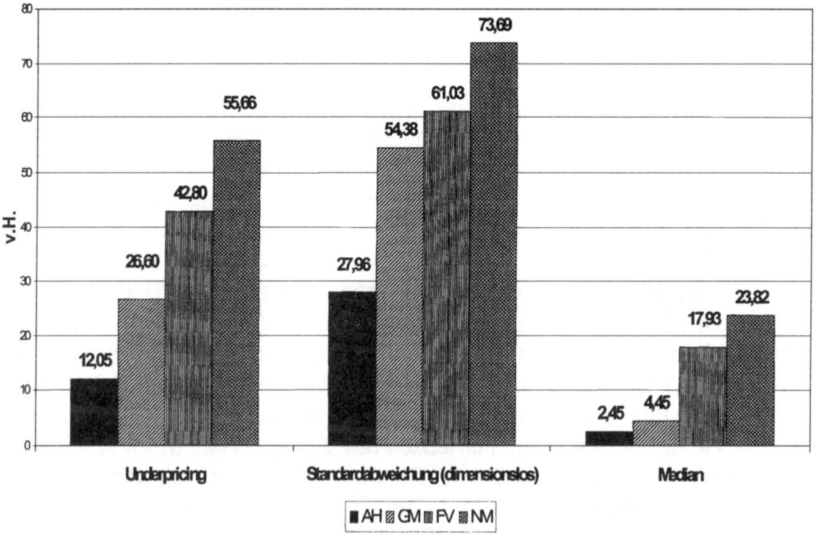

Quelle: Eigene Berechnungen

Die Ergebnisse dieser Untersuchung weichen damit erheblich von anderen Untersuchungen über den deutschen Primärmarkt ab. Nicht nur, daß die mittlere Höhe des Underpricing von 1997 bis 1999 mit 43,70 v.H. ca. doppelt so hoch ist, wie in früheren Analysen, sondern auch was die Bedeutung der vertikalen Marktsegmentierung angeht. Wie bereits angedeutet, verneinen *Wasserfallen/Wittleder* einen Einfluß der vertikalen Segmentierung auf die Höhe des Underpricing[333] während *Uhlir* und *Kaserer/Kempf* dieses gar nicht betrachten.[334]

Einzig *Ljungqvist* und *Ehrhardt* differenzieren nach Segmenten, aber *Ljungqvist* geht nicht weiter auf die Differenzierung ein und vernachlässigt später die Ergebnisse des damaligen „Ungeregelten Freiverkehrs"[335] und *Ehrhardt* eliminiert die Unterschiede, da er das relativ hohe Underpricing der unteren Marktseg-

[333] Wasserfallen/Wittleder (1994), Seite 1506; Wessels (1989) verneint ebenfalls einen Einfluß der vertikalen Segmentierung (Seite 345), wenngleich seine Untersuchung für den niederländischen Markt von 1982-1987 ergab, daß die Höhe des Underpricing im „Official Market" 0,97 v.H. und im „Parallel Market" 7,28 v.H. betrug. Untersucht werden allerdings nur 46 IPOs in 5 ½ Jahren.

[334] Uhlir (1989), Kaserer/Kempf (1995)

[335] Ljungqvist (1997), Seite 1312 ff.

mente auf die Reputation eines einzigen Emissionshauses zurückführt.[336] Den Ausführungen der vorgenannten Autoren mögen aber zwei Aspekte zu Gute gehalten werden. Auf der einen Seite war die Anzahl der jährlichen Erstemissionen im Vergleich zu den letzten drei Jahren wesentlich niedriger, wie die **Graphik 3** (auf Seite 127) zeigte. Durch die damals geringe Anzahl vorliegender Daten über alle Marktsegmente wurde eine segmentspezifische Aussage entsprechend erschwert. Zum anderen war insbesondere in den Jahren vor 1986 der Börsenhandel dominiert durch den amtlichen Handel, wie die Ausführungen in Kapitel 1.2.1. zeigten, so daß eine börsenrechtliche Segmentierung quasi erst mit Begründung des geregelten Marktes im Jahre 1986 einsetzte. Alle vorgenannten Untersuchungen betrachten aber Perioden vor oder um das Jahr 1986 herum, wodurch ebenfalls eine Aussage über segmentspezifisches Underpricing erschwert wird. Erst die klare und eindeutige zeitliche Abgrenzung dieser Analyse in Verbindung mit einer steigenden Zahl von Erstemissionen lassen daher eine qualifizierte Aussage über eine mögliche Verbindung zwischen der Höhe des Underpricing und einer vertikalen Marktsegmentierung zu. Insofern kann aus der Analyse des Underpricing der letzten drei Jahre das empirisch manifestierte Ergebnis gezogen werden, daß es in Deutschland ein marktspezifisches Underpricing gibt, die durchschnittliche Höhe des Underpricing im Zeitablauf zugenommen hat, und das Underpricing im amtlichen Handel am niedrigsten ist, im geregelten Markt der Höhe nach zwischen dem Freiverkehr und dem amtlichen Handel liegt, und im Neuen Markt am höchsten ist. Wird an dieser Stelle eine gedankliche Überleitung zu den Ausführungen des Kapitels 1.2. getroffen, so liegt der Gedanke nahe, daß die formalrechtliche Ausgestaltung der Marktsegmente einen Einfluß auf die Höhe des Underpricing ausübt. Welcher Natur bzw. Gesetzmäßigkeit dieser Einfluß sein kann, bzw. ob die differenzierte Höhe des Underpricing mit bestehenden Erklärungsmustern begründet werden kann, ist Gegenstand des vierten Kapitels. Zuvor soll aber noch ein Blick auf die Besonderheiten des Neuen Marktes im Zusammenhang mit der Höhe des Underpricing gelegt werden, da der Neue Markt das einzige Marktsegment ist, welches nur indirekt unter die Vorschriften des Börsengesetzes fällt.

3.2.2. Die Besonderheiten des Neuen Marktes

Der Neue Markt als eigenständiges Marktsegment der Deutschen Börse AG weist in bezug auf das Underpricing einige Besonderheiten auf, die im folgenden näher dargestellt werden sollen.

---

336 Ehrhardt (1997), Seite 78 ff., der damit indirekt die Reputationsthese für Emissionshäuser bestätigt.

Die gesonderte Betrachtung des Neuen Marktes ist aus mindestens zwei Gründen von besonderer Bedeutung. Zum einen ist, wie die Ausführungen des letzten Kapitels gezeigt haben, das mittlere Underpricing im Neuen Markt im Vergleich zu den übrigen Marktsegmenten am höchsten, zum anderen ist der Neue Markt kein rechtlich selbständiges Börsensegment, sondern börsenrechtlich durch den geregelten Markt legitimiert. Wie aus Kapitel 1.2.1. bekannt ist, wird von einem potentiellen Erstemittenten bei einer beantragten Zulassung zum Neuen Markt, ein Antrag auf Zulassung zum geregelten Markt mit Notierungsaufnahme im Neuen Markt bei gleichzeitigem Verzicht auf die Notierung im geregelten Markt gestellt. Wird von daher auf die faktische Ausgestaltung der Marktsegmente nach der Differenzierung des Börsengesetzes abgestellt, so gehört der Neue Markt zum Marktsegment des geregelten Marktes.[337]

Werden aber beide Marktsegmente gegenübergestellt, so ergeben sich auch hier bedeutende Unterschiede bei der Höhe des Underpricing. Nicht nur, daß die mittlere Höhe des Underpricing mit 26,60 v.H. im geregelten Markt nur ca. halb so hoch ist, wie mit 55,66 v.H. im Neuen Markt, auch die Verteilung der Emissionsrenditen weist erhebliche Unterschiede auf. Bevor hierauf aber näher eingegangen wird, soll nochmals ein vergleichender Überblick über die wichtigsten Parameter der empirischen Untersuchung in bezug auf das Underpricing und den Neuen Markt gegeben werden. Die nachfolgende **Tabelle 16** stellt diese Ergebnisse dar.

Tabelle 16: Underpricing im geregelten Markt / Neuen Markt

	Geregelter Markt	**Neuer Markt**	**Alle Märkte**
Anzahl	25	167	262
Ø-Grundkapital (in Mio. EUR)	6,58	9,42	14,49
Ø- nom. Emissionsvol. (in Mio. EUR)	21,19	49,62	67,96
Ø- eff. Emissionsvol. (in Mio. EUR)	29,35	74,94	87,32
Underpricing (in v.H.)	26,60	55,66	43,70
Median (in v.H.)	4,45	23,82	13,29
Standardabweichung	54,38	73,69	66,80

Quelle: Eigene Berechnungen

---

337 Formalrechtlich ist der Neue Markt aber dem Freiverkehr zuzurechnen, da er privatrechtlich organisiert ist; vgl. Hopt/Baum (1997)

Mit 167 Emissionen absorbiert der Neue Markt ca. 64 v.H. aller Erstemission der Jahre 1997 bis 1999, während der geregelte Markt nur ca. 10 v.H. der Emissionen aufnimmt. Das durchschnittliche Grundkapital der im Neuen Markt notierenden Unternehmen liegt mit 9,4 Mio. EUR ca. 50 v.H. über dem durchschnittlichen Grundkapital derjenigen Unternehmen, die in den geregelten Markt eintreten (Wert: 6,6 Mio. EUR).

Eine ebenso große Diskrepanz ergibt sich bei dem mittleren nominalen Emissionsvolumen, welches mit 49,6 Mio. EUR Neuen Markt mehr als doppelt so groß ist, wie jenes im geregelten Markt, in dem im Mittel ca. 21,2 Mio. EUR emittiert werden.

Dem Grundkapital und dem Emissionsvolumen nach zu urteilen, scheinen im Vergleich der beiden Segmente eher die größeren Unternehmen den Neuen Markt als Börsensegment aufzusuchen. Und auf die Anzahl der Neuemissionen bezogen, scheint der Neue Markt das attraktivste Börsensegment zu sein. Die Frage aber, die sich hier stellt, ist, welche Zusammenhänge es hierbei zu der durchschnittlichen Höhe des Underpricing gibt, denn diese ist mit 55,66 v.H. im Neuen Markt ca. doppelt so hoch, wie mit 26,60 v.H. im geregelten Markt. Unter Einbeziehung des Medians, der im geregelten Markt deutlich geringer ist als im Neuen Markt, und der Standardabweichung, die im Neuen Markt mit 73,7 eine wesentlich größeren Wert aufweist, als mit 54,4 im geregelten Markt, ergibt sich für den Neuen Markt eine flacher anlaufende kumulierte empirische Verteilung der Emissionsrenditen, als im geregelten Markt.

Dieses wird besonders deutlich, wenn ein Blick auf die empirische Verteilungsfunktion der Emissionsrenditen beider Märkte gelegt wird. Die auf der nächsten Seite folgende **Graphik 11** zeigt die unterschiedlichen Kurvenverläufe der jeweiligen empirischen Verteilungsfunktion.

Graphik 11: Empirische Verteilung der Emissionsrenditen im geregelten Markt / Neuen Markt

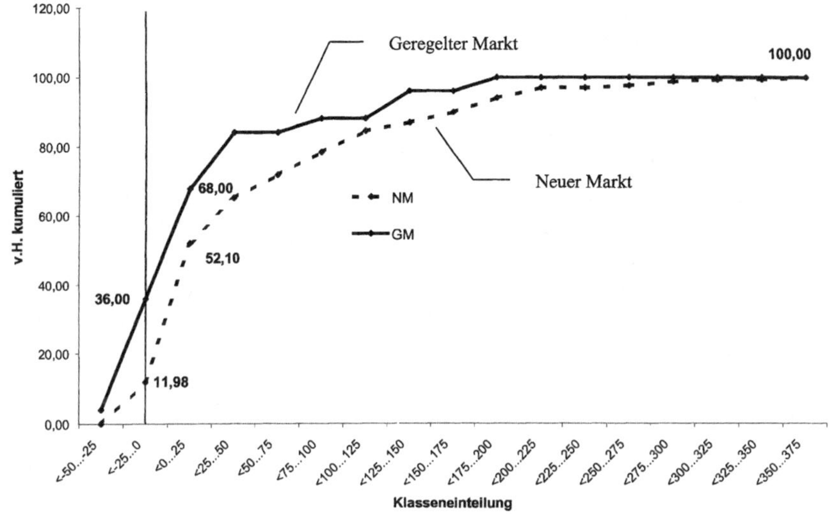

Quelle: Eigene Berechnungen

Aus dieser Graphik wird deutlich, daß die Anzahl negativer Emissionsrenditen im Neuen Markt mit ca. 12 v.H. nur ein drittel der negativen Emissionsrenditen des geregelten Marktes beträgt. Auffällig ist auch die Anzahl positiver Emissionsrenditen, die über 25 v.H. liegen. So weisen fast 50 v.H. aller Erstemissionen im Neuen Markt ein Underpricing von mehr als 25 v.H. auf, während im geregelten Markt „nur" 32 v.H. der Erstemissionen ein Underpricing von mehr als 25 v.H. vorweisen.

Fraglich ist daher, warum die Verteilung der Emissionsrenditen im Neuen Markt so sehr von der Verteilung der Emissionsrenditen im geregelten Markt abweicht, wenn doch der Neue Markt faktisch betrachtet dem geregelten Markt gleichsteht. Welche Rolle spielt dabei die Unternehmensgröße bzw. das Emissionsvolumen, worin sich die beiden Marktsegmente ja sehr unterscheiden? Wenn aber diese Größen eine Rolle spielen, reicht dieser Zusammenhang aus, um ihn auch auf die anderen beiden Börsensegmente amtlicher Handel und Freiverkehr zu übertragen, bzw. um eine allgemeingültige These hieraus abzuleiten? Es stellt sich daher die Frage, welche Zusammenhänge die unterschiedlichen Emissionsrenditen der betrachteten Marktsegmente erklären können, und ob diese Zusammenhänge, sofern sie bestehen, ausreichen, um eine allgemeingültige These für das Underpricing abzuleiten. Ob die bislang erörterten „konventionellen" Erklärungsansätze für das Underpricing, so wie sie in Kapitel 2 vorgestellt wurden, die marktspezifischen Differenzen erklären können, bleibt fraglich, denn es wurden bereits Gedanken diskutiert, daß die bisherigen Ansätze eine Marktdifferenzierung gerade nicht betrachten, bzw. keine Argumente für unterschiedliche Höhen des Underpricing liefern. Daher bleibt zu diskutieren, ob eventuell die formal unterschiedliche Ausgestaltung der Handelssegmente in bezug auf die Zulassungs- und Verkaufsvoraussetzungen für Erstemissionen ein Aspekt sein könnte, der eine mitbestimmende Rolle bei der Höhe des Underpricing spielt. Bevor diese Frage näher erörtert wird, soll aber zuvor eine Überprüfung vorgenommen werden, inwieweit die in Kapitel 2 vorgestellten Erklärungsansätze für das Underpricing mit den empirischen Ergebnissen deutscher Erstemissionen der Jahre 1997 bis 1999 konform gehen. Diese Überprüfung ist Gegenstand des folgenden vierten Kapitels.

4. Ursachen für Underpricing in Deutschland aus konventioneller und rechtsökonomischer Sicht

Die bisherigen Ausführungen haben ergeben, daß der Primärmarkt in Deutschland stark reguliert ist (Kapitel 1.2.1.). Es liegt eine gesetzlich bedingte vertikale Segmentierung sowohl des Primärmarktes als auch des Sekundärmarktes vor, die in ähnlicher Struktur in anderen bedeutenden Kapitalmärkten auf der Welt nicht vorkommt (Kapitel 1.2.2.). Ferner existieren verschiedene Plazierungsverfahren für neu zu emittierende Aktien, die es einem Emittenten prinzipiell ermöglichen, neue Aktien zu einem Emissionspreis in der Nähe des Fair Value zu emittieren (Kapitel 1.2.3.). Hinzu kommt, daß es für rational handelnde Emittenten ohnehin optimal zu sein scheint, Aktien zum Fair Value zu emittieren (Kapitel 1.2.4.). Dennoch kommt Underpricing als ubiquitäres Phänomen auch in Deutschland vor (Kapitel 3) und liegt nicht nur mit durchschnittlichen 43,70 v.H. im internationalen Vergleich relativ hoch,[338] sondern differiert auch sehr stark zwischen den vertikalen Börsensegmenten. Die theoretische Auseinandersetzung mit dem Underpricing-Phänomen ist vielfältig, so daß es eine Vielzahl von Erklärungsansätzen gibt, worauf Underpricing zurückzuführen sein könnte (Kapitel 2). Von diesen Erklärungsansätzen konnte sich aber bislang noch keiner uneingeschränkt durchsetzen, so daß die Frage offen bleibt, worauf Underpricing speziell am deutschen Kapitalmarkt zurückgeführt werden kann, da dieser institutionelle Besonderheiten im Vergleich zu anderen bedeutenden Kapitalmärkten aufweist. Dieser Frage wird insbesondere in diesem vierten Teil der Studie nachgegangen, in dem überprüft wird, ob die aus dem zweiten Kapitel bekannten Erklärungsansätze geeignet sind, die empirischen Ergebnisse des dritten Kapitels zum Underpricing in Deutschland zu erklären. Zuvor wird aber noch ein Blick auf die Vorgehensweise der Überprüfung geworfen, bevor die Relevanz der konventionellen Erklärungsansätze inspiziert wird. Im letzten Teil werden die bis dahin gewonnenen Ergebnisse kritisch betrachtet, die Besonderheiten des Neuen Marktes herausgearbeitet und alternative Erklärungen im Kontext rechtsökonomischer Überlegungen dargestellt.

---

[338] Vgl. Tabelle 3, Seite 47

4.1. Ökonometrische Vorgehensweise der Untersuchung

Bevor die Relevanz der einzelnen Erklärungsansätze für den deutschen Kapitalmarkt überprüft wird, soll erläutert werden, wie dabei vorgegangen wird, wobei sich die Vorgehensweise im wesentlichen an den analytischen Methoden orientiert, die bereits in den Kapiteln 1.1.5. und 3.1.2. dargestellt wurden. Im Vordergrund stehen dabei Lageparameter und weitere Charakteristika der Verteilungen, wobei ein Schwerpunkt der Analyse auf der Überprüfung des segmentspezifischen Underpricing liegt. Es soll insbesondere geprüft werden, ob die vorliegenden theoretischen Erklärungen geeignet sind, das unterschiedliche Underpricing in vertikalen Börsensegmenten zu erklären.

Die nähere Vorgehensweise orientiert sich dabei an dem Aufbau der Arbeit. So wird jeder in dem zweiten Kapitel vorgestellte Erklärungsansatz einzeln anhand der empirischen Daten des dritten Kapitels überprüft, da es sich bei den dargestellten Erklärungsansätzen um jeweils eigenständige und unabhängig voneinander entwickelte Thesen handelt.[339] Auch ist diese Vorgehensweise analog zu älteren Untersuchungen von z.B. *Uhlir, R.H. Schmidt* und teilweise auch *Kaserer/Kempf* für den deutschen Kapitalmarkt.[340] An dieser Stelle kann eingewendet werden, daß mittels einer multivariaten Regressionsanalyse ebenso eine Möglichkeit besteht, den Erklärungsgehalt verschiedener Thesen ökonometrisch zu überprüfen, indem Schätzwerte für verschiedene Regressionskoeffizienten ermittelt werden. Eine solche Vorgehensweise ist z.B. bei *Ljungqvist, Wasserfallen/Wittleder* oder teilweise auch bei *Kaserer/Kempf* zu finden. Dennoch wird für die vorliegende Untersuchung eine Regressionsanalyse verworfen, da in den vorgenannten Studien die durch die Regression erklärte Streuung, wiedergegeben durch das Bestimmtheitsmaß R^2, mit Werten von 0.16, 0.21 und 0.35 relativ gering ist,[341] wodurch die Güte der Regressionsansätze stark geschmälert wird. Ein weiterer Aspekt, der gegen die Verwendung einer Regressionsanalyse spricht, ist die Tatsache, daß nicht alle Erklärungsparameter *unumstritten* in einen (metrischen) Regressionskoeffizienten transformiert werden können, wie z.B. die Überlegungen zur Prospekthaftung, einer Informationsasymmetrie oder kursstützende Maßnahmen der Emissionshäuser.

339 So z.B. die Thesen von Carter/Manaster (1990), Rock (1986), Tinic (1988), Ruud (1993) u.a.

340 Uhlir (1989), R.H. Schmidt (1988), Kaserer/Kempf (1995)

341 Ljungqvist (1997), Wasserfallen/Wittleder (1994), Kaserer/Kempf (1995)

Aus vorgenannten Gründen wird eine Überprüfung der konventionellen Erklärungsansätze nicht anhand einer Regressionsanalyse vorgenommen, sondern in einer unilateralen Plausibilitätsprüfung. Dabei werden Lagemaße, Streuung und Verteilungsparameter der Emissionsrenditen in den jeweiligen Erklärungskontext gestellt. Mögliche Zusammenhänge zwischen der Höhe des Underpricing und erklärenden Parametern werden anhand von Punktwolken und Korrelationen dargestellt und entsprechend skizziert, Aspekte der Wettbewerbsintensität mit Hilfe geeigneter Konzentrationsmaße und der Lorenzkurve beschrieben.

Ein kurzes Résumé beendet die systematische Überprüfung der empirischen Relevanz konventioneller Erklärungsansätze.

4.2. Die Relevanz der konventionellen Erklärungsansätze

Analog der Reihenfolge, mit der die bisherigen Erklärungsansätze für Underpricing in dem zweiten Kapitel beschrieben wurden, erfolgt nun die Überprüfung, inwieweit diese Ansätze geeignet sind, das Underpricing auf dem deutschen Kapitalmarkt zu erklären. Eine Wiederholung der Kernthese eines jeden Ansatzes leitet jedes Kapitel ein.

4.2.1. Das Gleichgewichtsmodell von *Rock*

Die Kernthese des Gleichgewichtsmodells von *Rock* kann wie folgt skizziert werden. Underpricing ist notwendig, um informierte Investoren im Markt zu halten, da ohne diese auf Dauer der Emissionsmarkt zusammenbrechen würde, wenn uninformierte Investoren nur negative Emissionsrenditen erzielten.

Eine direkte empirische Überprüfung dieser These kann daher nicht vorgenommen werden, da keine Daten über die Informationsverteilung bei den Investoren, deren Zeichnungsvolumina, und die jeweiligen Zuteilungsquoten vorliegen.[342] Dieses mag auch der Grund sein, weshalb eine direkte Überprüfung der *Rock'schen* These in der Literatur nicht vorgenommen wird. Indirekt kann jedoch eine Plausibilitätsprüfung stattfinden, wenn zudem die Annahmen des Modells kritisch betrachtet werden.

---

342 Vgl. auch Uhlir (1989), Seite 14

In einem ersten Aspekt soll eingegangen werden auf die Annahme, daß die informierten Investoren durch ein bewußtes Underpricing im Markt gehalten werden sollen.[343] Die Frage stellt sich hierbei nach der Höhe des Underpricing, welches ausreicht, um den informierten Investoren zu signalisieren, daß eine Emission unterbewertet sei. Aus den Modellannahmen und der Diskussion kann gefolgert werden, daß nach Abzug eventueller Transaktionskosten die Zeichnung einer Erstemission im Vergleich zu einer alternativen Anlage gerade einen marginalen Renditevorteil erbringt. *Uhlir* spricht in diesem Zusammenhang auch von einer periodenbezogenen Normalverzinsung des eingesetzten Kapitals.[344] In einem ersten Schritt sollen zunächst die Transaktionskosten vernachlässigt werden. Diese Vorgehensweise ist insofern vertretbar, als daß ein möglicher Research-Aufwand der informierten Investoren auch für alternative Anlagen genutzt werden kann und eine monetär bewertbare Abgrenzung der Kosten somit kaum möglich ist. Später werden allerdings auch die Transaktionskosten berücksichtigt.

Diesen Überlegungen zufolge reichte ein Underpricing aus, welches den informierten Investoren gerade einen marginalen Renditevorteil gegenüber einer alternativen Anlage bringt. In Anlehnung an die Methode zur Messung der marktbereinigten Emissionsrenditen sollte eine alternative Anlage eine Investition in das Vergleichsportefeuille sein, welches hier durch den DAX-100-Index der Deutschen Börse AG wiedergegeben ist. Und da von einer periodengerechten Normalverzinsung ausgegangen werden soll, ist zu berücksichtigen, daß die durchschnittliche Periode zwischen dem Ende einer Zeichnungsfrist und dem ersten Handelstag bei 3,59 Tagen liegt.[345] Die Höhe des Underpricing wäre demnach ausreichend, um informierte Investoren im Markt zu halten, wenn es marginal über der durschnittlichen 4-tägigen „Verzinsung“[346] des DAX-100 Index läge. Wie aus der nachfolgenden **Graphik 12** ersichtlich, liegt die mittlere Veränderung des DAX-100 Index in der Zeit von April 1997 bis Dezember 1999 bei ca. 5 v.H.; nur an wenigen 4-Tages-Perioden ergab sich eine höhere/niedrigere Verzinsung.

---

343 Wie bereits in Kapitel 2.1.1. dargelegt ist fraglich, wie ein bewußtes Underpricing vorgenommen werden kann, wenn sowohl Emittent als auch Emissionshaus zu den uninformierten gehören – die informierten haben ja kein Grund ein Signal zu setzen, wodurch ihre Position geschwächt würde. Vgl. auch Argumentation bei Döhrmann (1989).

344 Uhlir (1989), Seite 6

345 Dieser Wert ergibt sich aus den 262 betrachteten Emissionen der Jahre 1997-1997; aufgerundet kann daher von einer Zeitdifferenz von 4 Tagen ausgegangen werden.

346 Der Begriff „Verzinsung“ für einen Index ist natürlich nicht ganz richtig gewählt, da keine Zinsen im herkömmlichen Sinne gezahlt werden; jedoch kann die Wertentwicklung des Index ja auch als eine Art „Verzinsung“ aufgefaßt werden.

Graphik 12: Volatilität des DAX-100 Index
(gegenüber dem Wert vor 4 Tagen)

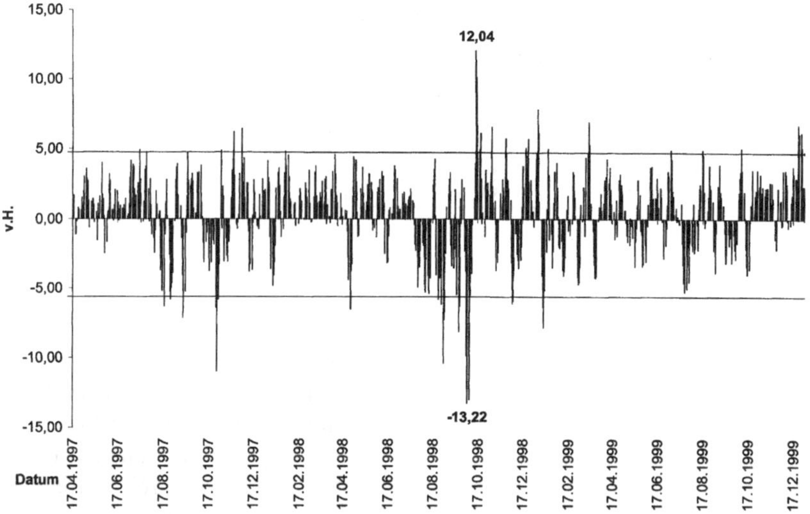

Quelle: Dresdner Bank AG; Eigene Berechnungen

Ein Renditevorteil für die informierten Investoren wäre demnach bereits bei einem Underpricing in Höhe von *marginal* über 5 v.H. gegeben, da dann die Zeichnung der Erstemission einen Vorteil der alternativen Anlage gegenüber böte. Ein Blick auf das tatsächliche Underpricing in Deutschland in den vergangenen drei Jahren zeigt aber, daß das mittlere Underpricing bei 43,70 v.H. lag. Damit bleibt fraglich, warum das Underpricing höher als nach der These von *Rock* notwendig ausgefallen ist, bzw. vorgenommen wurde.

Eine Antwort auf diese Frage wäre natürlich, daß die Differenz die höheren Transaktionskosten und den Research-Aufwand der informierten Investoren deckt bzw. decken muß, und daher das Underpricing absolut höher ausfällt. Diese Überlegung kann jedoch relativiert werden, wenn das unterschiedliche tatsächliche Underpricing der jeweiligen Marktsegmente betrachtet wird.

Die Werte sind nochmals in der nachfolgenden **Tabelle 17** zusammengefaßt.

Tabelle 17: Mittelwert und Median des Underpricing

Underpricing in Deutschland 1997-1999		
	Mittelwert (in v.H.)	**Median**
Amtlicher Handel	**12,05**	**2,45**
Geregelter Markt	**26,60**	**4,45**
Freiverkehr	**42,80**	**17,93**
Neuer Markt	**55,66**	**23,82**

Quelle: Eigene Berechnungen

Die Überlegung, daß die Differenz zwischen „notwendigem" und „tatsächlichem" Underpricing die Berücksichtigung der Transaktionskosten der informierten darstellt, würde durch die Betrachtung des segmentspezifischen Underpricing bedeuten, daß die Transaktionskosten im Neuen Markt und im Freiverkehr bedeutend höher sind, als im geregelten Markt und im amtlichen Handel. Auch wenn an Stelle des arithmetischen Mittels, welches durch Extremwerte leicht verzerrt werden kann, der Median als Meßgröße herangezogen wird, stellt sich das gleiche Bild ein. Zwar scheint dann die Höhe des Underpricing im amtlichen Handel und im geregelten Markt „moderat" und „vertretbar" zu sein, doch bleibt die Frage offen, warum das Underpricing im Freiverkehr und im Neuen Markt deutlich von den Werten der anderen Segmente abweicht.

Eine Möglichkeit wäre eine Betrachtung, die sich ebenfalls aus dem Gleichgewichtsmodell von *Rock* ableitet und von *Uhlir, Jenkinson/Ljungqvist* oder auch *R.H. Schmidt* aufgegriffen wird. Je größer die ex-ante Unsicherheit hinsichtlich des späteren Marktpreises eines Unternehmens, desto größer ist auch das intendierte Underpricing.[347] *Uhlir* testet die ex-ante Unsicherheit bezüglich der zukünftigen Marktpreise anhand der Standardabweichungen der Tagesrenditen innerhalb der ersten 20 Börsentage. Per definitionem bewegen sich die Aktien aber bereits im Sekundärmarkthandel, so daß dieses Verfahren ungeeignet erscheint, die ex-ante Unsicherheit einer Neuemission zu bestimmen.[348] *R.H. Schmidt* stellt das Underpricing des Freiverkehrs dem Underpricing im amtlichen Handel gegenüber und stellt fest, daß die ex-ante Unsicherheit im Freiverkehr größer ist, als im amtlichen Handel, da im ersten Segment das Underpricing mit 25 v.H. angegeben wird, im zweiten Segment mit 17,6 v.H..[349]

---

347 Siehe Uhlir (1989), vgl. aber auch Jenkinson/Ljungqvist (1996) oder R.H. Schmidt (1988).

348 Döhrmann (1989) geht z.B. auch sehr deutlich auf diese Schwachstelle bei Uhlir ein.

349 R.H. Schmidt (1988), Seite 1197, 1201

Die hier vorliegende Untersuchung könnte zu dem gleichen Schluß kommen, denn auch in den Jahre 1997 bis 1999 lag das Underpricing im Freiverkehr höher als im amtlichen Handel. Dieser Schluß würde aber auch bedeuten, daß die ex-ante Unsicherheit von Neuemissionen am größten ist, wenn diese im Neuen Markt notiert werden. Hieran schließt sich unmittelbar die Frage, worauf eine solche Unsicherheit zurückgeführt werden könnte, bzw. womit diese scheinbar segmentspezifische Unsicherheit zusammenhängen könnte. Weder bei *Uhlir*, noch bei *Jenkinson/Ljungqvist* oder *R.H. Schmidt* finden sich Ansätze, die sich mit diesem Thema befassen.

Doch es liegt auf der Hand, zu hinterfragen, worauf eine segmentspezifische Unsicherheit zurückgeführt werden könnte, wenn sie denn existierte. Die Ausführungen des Kapitels 1.2. haben gezeigt, daß durchaus quantitative und qualitative Unterschiede bei den Zulassungs- und Verkaufsvoraussetzungen zwischen den jeweiligen Segmenten bestehen. Dieses könnte frühere Ergebnisse im Rahmen der *Rock'schen* These bestätigen, daß die ex-ante Unsicherheit bezüglich des künftigen Marktpreises bei Unternehmen, die im Freiverkehr notiert werden und mithin deren Underpricing größer ist, als bei Unternehmen, die im amtlichen Handel notiert werden. Dieser Argumentation folgt *R.H. Schmidt*, der sich auf einen differenzierten Anlegerschutz und der Funktionsfähigkeit der Märkte bezieht.[350] Jedoch ist zu beachten, daß sich die Untersuchung von *R.H. Schmidt* auf die Jahre 1984/1985 bezieht – eine Zeit, in der es lediglich einen gesetzlich geregelten (amtlichen) Börsenhandel und einen (geduldeten) Freiverkehr gab, der sich in den geregelten Freiverkehr, ungeregelten Freiverkehr und Telefonverkehr gliedern ließ.[351] Die faktische Ausgestaltung der Segmente, die *R.H. Schmidt* zugrundelegt, kann somit nicht mit der vertikalen Segmentierung des heutigen Börsenhandels verglichen werden.[352] Wird die heutige faktische Ausgestaltung der vertikalen Segmentierung zugrundegelegt und mit den empirischen Ergebnissen zum Underpricing verglichen, so läßt sich *Rock's* These nicht mehr halten.

Denn die Markteintrittsbarrieren in den Neuen Markt sind bedeutend höher als im Freiverkehr und übersteigen auch diejenigen des amtlichen Handels – mithin müßte die ex-ante Unsicherheit im Neuen Markt geringer sein, als im Freiverkehr und ergo auch das Underpricing. Die empirischen Ergebnisse bestätigen dieses aber eindeutig nicht, auch wenn an Stelle des arithmetischen Mittelwertes der teilweise aussagekräftigere Median betrachtet wird.

---

350 Ebenda, Seite 1196

351 Kümpel (1985), Mues (1997)

352 Vgl. hierzu insbesondere die Ausführungen in Kapitel 1.2.1.

Ein weiterer Aspekt, der gegen den Erklärungsansatz von *Rock* spricht, ist die empirische Untermauerung der Annahme, daß weder die informierten noch die uninformierten Investoren über ausreichend Kapital verfügen, um eine gesamte Emission aufnehmen zu können. **Graphik 13** veranschaulicht die Verteilung der Emissionsvolumina auf die Anzahl der Emissionen.

Graphik 13: Verteilung der Emissionsvolumina
(kumuliertes nominales Brutto-Emissionsvolumen)

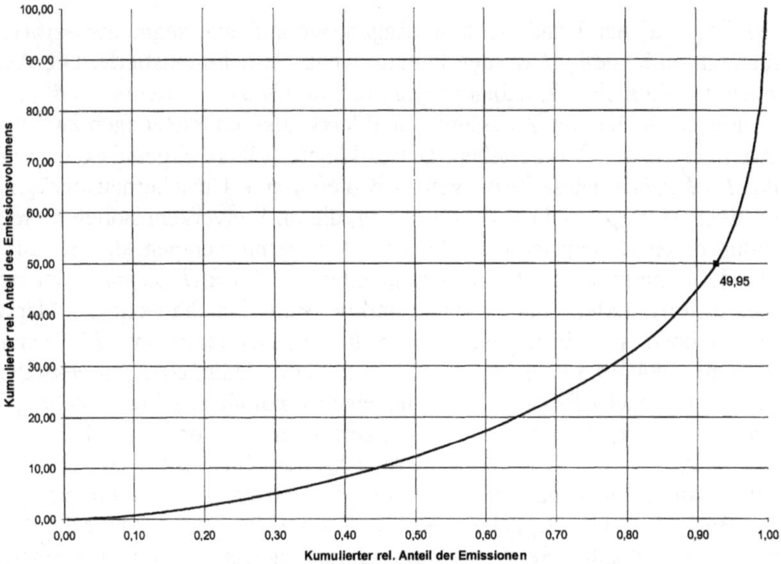

Aus der Graphik wird besonders deutlich, daß relativ niedrigere Emissionsvolumina überwiegen. So wird z.B. die Hälfte des Emissionsvolumen von ca. 93 v.H. der Emittenten plaziert.

Die absoluten Zahlen zu den Emissionsvolumina sind der nachfolgenden **Tabelle 18** zu entnehmen.

Tabelle 18: Emissionsvolumina

	Emissionsvolumina[1] deutscher Erstemissionen 1997-1999		
	Emissionsvolumen (in Mio. EUR)		**Ø-Emissionsvolumen** (in Mio.EUR)
Minimum	1,71	**Amtlicher Handel**	180,55
Maximum	1.694,00	**Neuer Markt**	49,62
Mittelwert	67,96	**Geregelter Markt**	21,19
Median	30,14	**Freiverkehr**	6,77
[1] Nominales Brutto-Emissionsvolumen			

Quelle: Eigene Berechnungen

Die Interpretation dieser Zahlen läßt nicht erkennen, warum die eine oder die andere Gruppe für sich alleine nicht über ausreichend Kapitel verfügt, daß sie eine Emission alleine aufnehmen könnte. Wenn 50 v.H. aller Emissionen ein Emissionsvolumen von unter 30 Mio. Euro aufweisen (Median 30,14), und von 93 v.H. aller Emissionen „nur" die Hälfte des gesamten plazierten Emissionsvolumens emittiert wurde (siehe **Graphik 13**), dann ist die Annahme von *Rock* nur dann haltbar, wenn sich mit jeder Neuemission die Marktteilnehmer neu formierten. Wäre dieses aber der Fall, dann würden nicht die uninformierten jede Emission zeichnen können. Zeichnen dennoch die uninformierten jede Emission, dann hätte die Gruppe der informierten Investoren aber ausreichend Kapital, um 99 v.H. aller Emissionen aufnehmen zu können. Auch diese Überlegungen, die weniger theoretischer, sondern vielmehr plausibler Natur sind, spricht gegen die Akzeptanz der *Rock'schen* These als Erklärung für Underpricing in Deutschland, bzw. gegen die Annahmen der These.

Abschließend läßt sich festhalten, daß das Gleichgewichtsmodell von *Rock* als Erklärungsansatz für den deutschen Kapitalmarkt nicht überzeugen kann, da zu viele Fragen offenbleiben. Zwar kann das Modell nicht gänzlich abgelehnt werden, solange die Kernaussagen nicht direkt getestet werden können,[353] doch gibt das Modell keine Antwort auf die Frage, nach der Höhe des Underpricing und den absoluten Differenzen zwischen dem Underpricing der jeweiligen Marktsegmente.

---

[353] Hierzu wären allerdings Daten notwendig über den Informationsstand der Marktteilnehmer, deren Zeichnungsaufträge und die Zuteilungsquoten der Emissionshäuser.

4.2.2. Signalling-Thesen

Die Kernaussage der Signalling-Thesen lautete, daß bei Initial Public Offerings ein bewußtes Underpricing vorgenommen wird, um Folgeemissionen (Seasonal Equity Offerings) zu einem höheren Preis plazieren zu können, der den Erlösverzicht der Emittenten aus dem IPO überkompensiert. Unterschieden werden kann dabei zwischen verschiedenen *Signalen*, in Form von Dividendenankündigungen, Imitationskosten oder der verbleibende Aktienanteil der Altaktionäre.

Eine empirische Überprüfung dieser Thesen anhand der empirischen Ergebnisse dieser Untersuchung ist aber aufgrund der Aktualität des Datenmaterials nicht möglich. Die vorliegende Untersuchung bezieht sich auf die Zeit von März 1997 bis Dezember 1999, so daß bis dato keine Folgeemissionen von Unternehmen vorliegen, die in dem Betrachtungszeitraum an die Börse gegangen sind.

Dennoch soll ein Zusammenhang zwischen den empirischen Ergebnissen und einer Signalling-These überprüft werden, die auf *Grinblatt/Hwang* zurückgeht. Die These lautete, daß der verbleibende Anteil der Altaktionäre nach dem Börsengang das Signal ist, welches den Investoren signalisiert, ob es sich um ein „gutes“ oder „schlechtes“ Unternehmen handelt.[354] Das Underpricing sei um so höher, je geringer der Anteil der Aktien ist, die in Streubesitz an die Börse gebracht werden.

Eine Überprüfung dieser These erfolgt in Anlehnung an *Kaserer/Kempf*, die aufgrund einer Korrelation zwischen dem Underpricing und dem emittierten Kapitalanteil zu dem Ergebnis kommen, daß für die 171 Emissionen der Jahre 1983 bis 1992 eine Signalling-These zumindest nicht abgelehnt werden kann.[355] Gestützt wird diese Feststellung dadurch, daß die Höhe des Underpricing bei einem Free-Float von unter 25 v.H. mit 16,78 v.H. höher liegt, als das Underpricing mit 8,3 v.H. bei einem Free-Float von über 25 v.H.. Wird zur besseren Vergleichbarkeit der Ergebnisse die gleiche Klasseneinteilung gewählt, so sind die Werte, die sich aus der vorliegenden Untersuchung auf die Jahre 1997 bis 1999 beziehen, nicht so eindeutig, wie die Ergebnisse von *Kaserer/Kempf*.

Die folgende **Tabelle 19** gibt einen vergleichbaren Überblick, wobei sich die Werte der vorliegenden Untersuchung lediglich auf die Daten des Neuen Marktes beziehen, da Angaben über den Streubesitzanteil bei Emissionen in den übrigen Segmenten nicht lückenlos vorlagen.

---

[354] Vgl. hierzu die detaillierten Ausführungen in Kapitel 2.1.2.

[355] Kaserer/Kempf (1995); der Korrelationskoeffizient wird mit –0,2 angegeben.

Tabelle 19: Free-Float und Underpricing am Neuen Markt

	1983-1992[1]	1997-1999[2]
Free Float (x)	**Underpricing in v.H.**	**Underpricing in v.H.**
$0 < x \leq 1/4$	16,78	53,62
$1/4 < x \leq 1/3$	14,83	52,41
$1/3 < x \leq 1/2$	12,09	60,20
$1/2 < x \leq 1$	8,30	61,10

[1] Kaserer/Kempf (1995)

[2] Eigene Untersuchung; nur Emissionen im Neuer Markt

Die vorgenannten Angaben lassen nicht unbedingt die These stützen, daß ein eindeutiger Zusammenhang zwischen dem Streubesitzanteil einer Erstemission und der Höhe des Underpricing besteht. Eher scheint es der Fall, daß die Höhe des Underpricing mit steigendem Streubesitzanteil zunimmt. Jedoch sind die Unterschiede des Underpricing zwischen der ersten und der zweiten Klasse mit 53,62 und 52,41 v.H. ähnlich gering, wie die Unterschiede zwischen der dritten und der vierten Klasse mit 60,20 und 61,10 v.H..

Die mangelnde Aussagekraft dieser Ergebnisse, kann aber auch auf eine unglückliche Klasseneinteilung zurückzuführen sein, weshalb in der auf der nächsten Seite folgende **Graphik 14** für den Neuen Markt ein Zusammenhang zwischen dem Free-Float und der Höhe des Underpricing graphisch durch eine Punktwolke dargestellt wird. Der empirische Korrelationskoeffizient (r) nach Bravais-Pearson für die betrachteten 167 Emissionen des Neuen Marktes für einen Zusammenhang zwischen dem Free-Float-Anteil und der Höhe des Underpricing beträgt r = 0,03. Dieses Ergebnis läßt sich, wie auch die graphische Anschauung der Punktwolke, dahingehend interpretieren, daß statistisch signifikant nicht darauf geschlossen werden kann, daß ein eindeutiger linearer Zusammenhang zwischen dem verbleibenden Besitzanteil der Altaktionäre und der Höhe des Underpricing besteht.

Aus diesem Grund ist es auch nicht notwendig, die These in den Kontext eines segmentspezifischen Underpricing zu stellen, da ein segmentspezifisches Underpricing mit der These im Einklang stände, wenn der mittlere Streubesitzanteil in den Segmenten derart unterschiedlich wäre, daß er im Neuen Markt geringer wäre, als im amtlichen Handel. Aufgrund des mangelnden statistischen Zusammenhanges braucht jedoch auf diesen Aspekt nicht weiter eingegangen werden.

Graphik 14: Punktwolke zum Free-Float am Neuen Markt

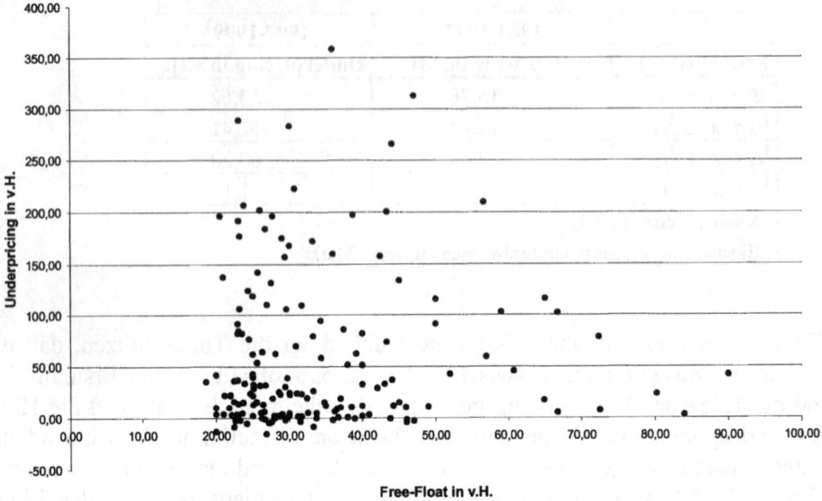

Auch wenn aufgrund mangelnder Folgeemissionen die Relevanz der Signalling-Thesen für den deutschen Kapitamarkt für die Zeit von 1997 bis 1999 empirisch nicht überprüft werden kann, lassen zumindest die Überlegungen von *Grinblatt/Hwang* Zweifel aufkommen, daß das beschriebenen Signal die Ursache für Underpricing ist, da ein eindeutiger Zusammenhang nicht bestätigt werden kann.

4.2.3. Reputation der Emissionshäuser

Im Rahmen der gleichgewichtsgeleiteten Erklärungsansätze für Underpricing lautet eine weitere These, daß das Underpricing um so geringer ist, je höher die Reputation eines Emissionshauses ist.

Bei der empirischen Überprüfung, ob ein Zusammenhang zwischen der Höhe des Underpricing und der Reputation eines Emissionshauses besteht, ergeben sich allerdings zahlreiche Probleme. Zum einen existiert derzeit (noch) kein absolutes Maß, wie die Reputation eines Emissionshauses gemessen werden kann,[356] zum anderen werden die meisten der Neuemissionen nicht nur von einem Institut an die Börse begleitet, sondern in der Regel von einem Emissions-

[356] Vgl. auch Kaserer/Kempf (1995) für diesen Einwand.

konsortium.[357] So wurden auch von den 262 Erstemissionen der Jahre 1997-1999 lediglich 17 Emissionen durch nur ein Institut an den Markt begleitet, so daß 94 v.H. aller Initial Public Offerings durch ein Emissionskonsortium an die Börse gebracht wurden. Die Implementierung eines Reputationsmaßes orientiert sich daher an der Vorgehensweise von *Carter/Manaster*, da auf sie die These zurückgeführt wird.[358]

Den an einer Emission beteiligten Emissionsinstituten werden in abnehmender Reihenfolge (Reputations-)Punkte zugeordnet, die in Abhängigkeit des Stellenwertes stehen, den ein Emissionsinstitut gemäß Emissionsprospekt vertritt. Dieses Verfahren geht auf die Praxis zurück, daß in den Emissionsprospekten der Konsortialführer als erstes genannt wird, gefolgt von den sogenannten Co-Leaders und weiteren an der Emission beteiligten Instituten. Diese Praxis ist zwar in den USA durch eine rigide Hierarchie in der Investment Banking-Industrie, die ihren Niederschlag auch in den sogenannten *„tombstone announcements“* hat,[359] verbreiteter als in Deutschland, doch kann die Grundidee auch auf den hiesigen Kapitalmarkt übertragen werden. Den genannten Instituten werden nun in absteigender Reihenfolge Punkte zugeordnet, wobei das erstgenannte Institut 10 Punkte erhält, das zweitgenannte 9 Punkte usw.. Problematisch wird die Punktzuordnung, wenn Emissionsinstitute in alphabetischer Reihenfolge genannt werden oder als gleichberechtigte Partner nebeneinander stehen. Von diesen Problemen soll aber hier abgesehen werden, da ein besseres Reputationsmaß derzeit (noch) nicht bekannt ist. Die Summe der zugeordneten Punkte ergibt dann einen stellvertretenden Wert für die Reputation eines Hauses, wobei durch diese Methode ebenfalls berücksichtigt wird, daß ein Emissionshaus auch dann eine hohe Reputation besitzen kann, wenn es nie eine Konsortialführerschaft übernommen hat.

Nach diesem Verfahren ergibt sich für die 262 betrachteten Emissionen folgende Rangliste:

---

357 Vgl. auch z.B. Neus (1996)

358 Carter/Manaster (1990)

359 Carter/Manaster (1990), Seite 1054 f.; unter den „tombstone announcements“ sind die öffentlichen Zeichnungsangebote zu verstehen.

Graphik 15: Reputationsrangliste

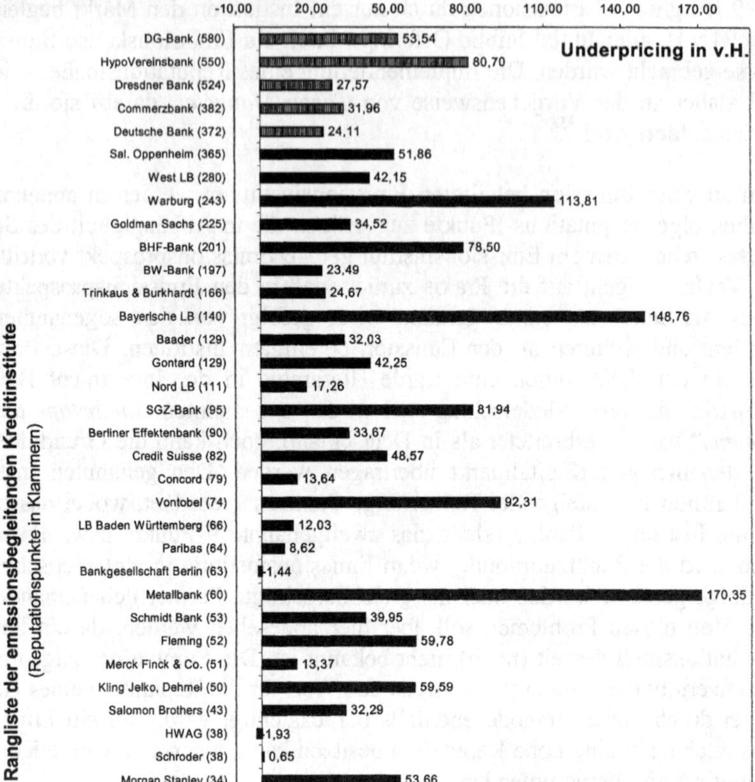

Quelle: Eigene Berechnungen

Die höchste Reputation genießen nach dieser Darstellung die DG-Bank, die HypoVereinsbank AG, die Dresdner Bank AG, die Commerzbank AG und die

Deutsche Bank AG.[360] Die niedrigste Reputation haben Gebhard & Schuster, German Brokers, das Bankhaus HSBC, ICE Securitas und die Raiffeisen Zentralkasse.

Bei der Zuordnung des Underpricing ergibt sich bei dieser Methode allerdings das Problem, daß die Reputation auch dadurch bestimmt ist, wie häufig ein Haus an einer Emission beteiligt ist, ohne Konsortialführer zu sein. Es ist daher fraglich, welches Underpricing den jeweiligen Häusern zugeordnet werden kann, wobei es pragmatisch erscheint, nur das Underpricing dem jeweiligen Haus zuzuordnen, bei dem das Institut auch Konsortialführer war.[361] Für das mittlere Underpricing der fünf Emissionsinstitute mit der höchsten Reputation ergeben sich Werte in Höhe von 53,54 v.H., 80,70 v.H., 27,57 v.H., 31,96 v.H. und 24,11 v.H.. Die entsprechenden Werte für die Häuser mit der niedrigsten Reputation liegen die Werte zwischen – 8,30 v.H. und +14,45 v.H..

Diese Werte sind kein Indiz dafür, daß die Höhe des Underpricing um so niedriger ist, je höher die Reputation des Emissionshauses. Bei der Betrachtung nur der oben genannten fünf „Extremwerte“ kommt sogar eher die Vermutung auf, daß zwischen der Reputation und dem Underpricing ein inverser Zusammenhang besteht. Jedoch ist anzumerken, daß die genannten fünf Häuser mit der niedrigsten ermittelten Reputation jeweils nur eine Emission an den Markt begleitet haben und in der betrachteten Periode nicht teil eines Konsortiums waren. Dementsprechend scheint es vielversprechender, ein Blick auf das „obere Mittelfeld“ zu werfen, und nur diejenigen Emissionshäuser zu betrachten, die konsortialführend *und* konsortialbegleitend tätig waren.[362] Hierdurch reduziert sich

---

[360] Ein weiteres Problem stellen im Zeitablauf fusionierte Gesellschaften dar. So wurden Emissionen, die im Jahre 1997 von der damaligen Bayerischen Vereinsbank betreut wurden, der heutigen HypoVereinsbank AG zugerechnet; auch rechtlich selbständige Institute, aber 100%-ige Tochtergesellschaften von Kreditinstituten wurden den Kreditinstituten zugeordnet. So wurden z.B. Emissionen der Dresdner Kleinworth Benson der Dresdner Bank AG zugeordnet und Emissionen der Deutschen Morgan Grenfell der Deutschen Bank AG usw..

[361] Diese Vorgehensweise ist natürlich willkürlich, da nicht bekannt ist, welchen Einfluß sowohl der Konsortialführer als auch die sonstigen beteiligten Institute auf die Emissionspreisfindung haben. Dennoch scheint die hier praktizierte Lösung die beste zu sein.

[362] Die Elimination der Emissionshäuser, die nur einen Emittenten an die Börse gebracht haben, erscheint sinnvoll, da hier wohl ausschließlich Hausbankverbindungen eine Rolle bei der Plazierung der Aktien gespielt haben. Von einer Reputation des Emissionsinstituts im Emissionsmarkt kann daher keine Rede sein, so daß es sogar notwendig erscheint, diese Emissionshäuser aus einer Betrachtung auszugrenzen, in der ein Zusammenhang zwischen der Reputation und der Höhe des Underpricing gesucht wird. Ein solcher Zusammenhang erfordert ja gerade zumindest eine positive Reputation, da durch eine nicht vorhandene Reputation das Ergebnis verzerrt würde. Ehrhardt (1997) betrachtet in einer vergleichbaren Untersuchung sogar nur Emissionshäuser mit mehr als fünf Emissionen.

allerdings die Anzahl der betrachteten Emissionsinstitute auf „nur“ noch 40, wodurch die Aussagekraft einer ökonometrischen Regressionsanalyse stark geschmälert wird.

Wird dennoch im Rahmen einer linearen OLS-Regression ein statistischer Zusammenhang untersucht, so wird durch ein Bestimmtheitsmaß (R^2) von 0,035 die Vermutung bestätigt, daß die Datenmasse kaum ausreicht, um eine statistisch signifikante Aussage zu treffen. Die nachfolgende **Graphik 16** veranschaulicht einen Zusammenhang zwischen der Höhe des Underpricings und den Reputationspunkten von Emissionshäusern, die von 1997-1999 konsortialführend *und* konsortialbegleitend tätig waren.

Graphik 16: Reputationspunkte versus Underpricing

(Konsortialführende und –begleitende Emissionshäuser 1997-1999)

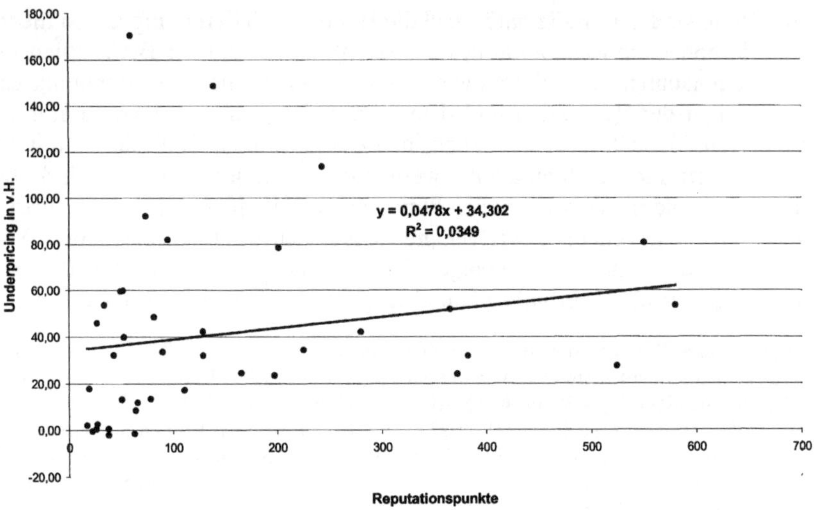

Quelle: Eigene Berechnungen

Als empirischer Korrelationskoeffizient nach Bravais-Pearson ergibt sich r = 0,187, wodurch eine sehr schwache positive Korrelation zum Ausdruckt käme. Es bleibt jedoch festzuhalten, daß die vorgenannten Ergebnisse nicht die Aussage zulassen, daß ein positiver Zusammenhang zwischen der Reputation und dem Underpricing besteht, wodurch die Reputationsthese widerlegt würde; vielmehr kann davon gesprochen werden, daß kein signifikanter Zusammenhang zwischen den genannten Ausprägungen besteht.

Dieses kann allerdings nicht nur an der geringen Datenmasse liegen, sondern auch daran, daß die verwendete Methode nach *Carter/Manaster* nicht geeignet ist, um eine Aussage herzuleiten. Einen alternativen Weg gehen daher *Kaserer/Kempf*, die sich bei der Bestimmung der Reputation an der Größe der Emissionshäuser, beispielhaft gemessen durch das Bilanzvolumen, orientieren.[363] Durch diese Vorgehensweise haben aber Universalbanken gegenüber Investmentbanken per definitionem einen Reputationsvorteil, ohne daß dieser berücksichtigt wird. Vielversprechender scheint dagegen der Ansatz von *Ehrhardt*, der die Anzahl der Emissionen, die ein Institut als Konsortialführer betreut, als Reputationsmaßstab nimmt.[364]

Graphik 17: Underpricing versus quantitative Konsortialführerschaft

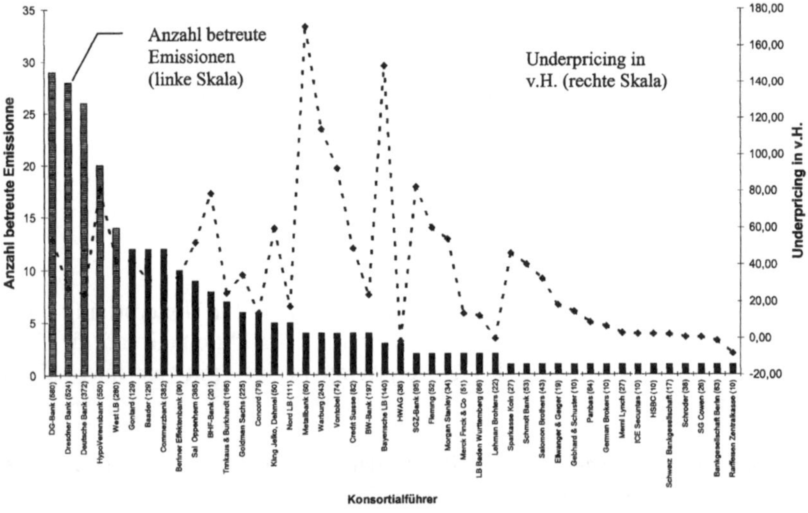

Quelle: Eigene Berechnungen

Wie die Übersicht in **Graphik 17** allerdings zeigt, ändert sich relativ wenig in der Reihenfolge der Emissionshäuser im Vergleich zu der Vorgehenweise nach *Carter/Manaster*. Mit Ausnahme der Commerzbank AG liegen die gleichen Kreditinstitute an der Spitze, unabhängig, ob sie nach der Anzahl betreuter Emissionen oder den Reputationspunkten bewertet werden. Lediglich im „Mit-

---

363 *Kaserer/Kempf* gehen nicht auf die Vorgehensweise von *Carter/Manaster* ein, sondern schreiben schlicht, daß „man sich bei der Messung der Reputation eines Emissionshauses an seiner Größe" orientieren kann, (Kaserer/Kempf, 1995, Seite 56).

364 Ehrhardt (1997), Seite 99

telfeld" ändert sich erwartungsgemäß die Reihenfolge, da die Vorgehensweise von *Carter/Manaster* in der Reputation auch eine Emissionsbegleitung berücksichtigt, wenn keine Konsortialführerschaft vorgenommen wurde. Ein Zusammenhang zu der Höhe des Underpricings ist aber auch aus dieser Darstellung nicht ersichtlich, wie aus der vorstehenden **Graphik 17** ebenfalls hervorgeht. Zumindest gibt es kein Indiz dafür, daß die Höhe des Underpricing systematisch höher oder niedriger ist, wenn ein Emissionsinstitut aufgrund der als Konsortialführer betreuten Neuemissionen viele oder wenige Emittenten an die Börsen begleitet und dieses als Indiz für die Reputation eines Institutes betrachtet wird.

Die empirischen Ergebnisse ergeben daher, daß die Reputationsthese für den deutschen Kapitalmarkt nicht bestätigt werden kann und stützen somit die Ergebnisse von *Kaserer/Kempf*. Es liegt kein Indiz dafür vor, daß die Reputation eines Emissionshauses, wie auch immer diese bestimmt werden kann, mit der Höhe des Underpricing eindeutig korreliert ist. Ein Zusammenhang zwischen der Reputation eines Emissionshauses und der Höhe des Underpricing scheint es zumindest im deutschen Kapitalmarkt daher nicht zu geben.[365]

4.2.4. Monopolstellung der Banken

Die Monopolstellung der Banken als Erklärungsansatz für Underpricing besagt, daß ein mangelnder Wettbewerb auf dem Emissionsmarkt ein Grund für Underpricing ist, wobei die Höhe des Underpricing negativ mit der Intensität des Wettbewerbs korreliert.

Zur Überprüfung dieser These stellt sich daher als erstes die Frage, was Wettbewerb ist, und vor allem, was ein ausreichender Wettbewerb ist, der zu einem „Null-Underpricing" führte. Aus diesem Grund sollen zunächst einige Fakten dargestellt werden, welche die These empirisch relativieren.

Bei den betrachteten 262 Neuemissionen der Jahre 1997 bis 1999 waren insgesamt 101 Emissionsinstitute beteiligt, wobei 44 von ihnen als Konsortialführer tätig waren. Bereits diese Zahlen lösen die Frage aus, warum bei 101 verschiedenen Instituten „nur" 44 konsortialführend tätig waren. Die Emittenten hätten

---

365 Zu beachten ist aber auch, daß u.U. nicht nur die Datenmasse zu gering sein könnte, sondern auch, daß aufgrund eines eher langfristig angelegten Reputationsaufbaus der Emissionshäuser die betrachtete Periode für eine abschließende Beurteilung zu kurz sein könnte. *Kaserer/Kempf* bringen diesen Einwand in bezug auf die Untersuchung von R.H. Schmidt für die Jahre 1984/1985 ein. (Kaserer/Kempf, 1995, Seite 55/56 und Fußnote 39)

zumindest eine größere Auswahl an Konsortialführeren gehabt, so daß bereits an dieser Stelle ein mangelnder Wettbewerb angezweifelt werden kann.

Diese Tatsache soll im folgenden weiter vertieft werden, da in bisherigen Untersuchungen dieser Aspekt nicht angesprochen wurde. In diesem Zusammenhang sind die Zulassungsvoraussetzungen von Bedeutung, die ein Emittent bei der Zulassung seiner Wertpapiere zum Börsenhandel erfüllen muß. So ist die Zulassung von Wertpapieren vom Emittenten zusammen mit einem Kreditinstitut zu beantragen. Dieses gilt für die Zulassung von Wertpapieren zum amtlichen Handel (§36 Abs. 2 BörsG), zum geregelten Markt (§ 71 Abs. 2 BörsG i.V.m. § 36 Abs. 2 BörsG) und zum Neuen Markt (Ziffer 2.2 Abs. 1 Regelwerk) gleichermaßen. Das Kreditinstitut[366] „muß an einer inländischen Wertpapierbörse mit dem Recht zur Teilnahme am Handel zugelassen sein und ein haftendes Eigenkapital im Gegenwert von mindestens 730.000,-- ECU nachweisen".[367] Bezogen auf die Frankfurter Wertpapierbörse, an der immerhin ca. 92 v.H. der betrachteten Neuemissionen (242 von 262) plaziert wurden, sind derzeit 421 Marktteilnehmer zugelassen.[368] Damit standen den Emittenten mit 421 potentiellen Konsortialführern ungefähr zehnmal so viele Institute zur Verfügung, als genutzt wurden. Die Zahl der potentiellen Konsortialführer dürfte dabei noch etwas höher liegen, wenn auch noch regionale Kreditinstitute einbezogen werden, die nur an Regionalbörsen als Marktteilnehmer zugelassen sind. Diese Zahlen lassen es fragwürdig erscheinen, ob auf dem Emissionsmarkt überhaupt von einer Monopolstellung der Banken gesprochen werden kann, da die Anzahl potentieller emissionsbegleitender Institute größer ist als die Anzahl der tatsächlichen Emittenten. Warum aber von 421 potentiellen Instituten „nur" 44 als Konsortialführer ausgewählt wurden, spielt für die Frage des ausreichenden Wettbewerbs keine Rolle; die Zahlen sprechen jedoch gegen eine Monopolstellung von Kreditinstituten auf dem Emissionmarkt.

Diese Plausibilität läßt es entbehrlich erscheinen, näher auf eine Konzentration des Wettbewerbs in Zusammenhang mit der Höhe des Underpricing einzugehen, dennoch soll in analoger Vorgehensweise zu den Untersuchungen von *Kaserer/Kempf* und *Uhlir* eine „Wettbewerbskonzentration" auf dem Emissionsmarkt

---

[366] Der Begriff Kreditinstitut stellt hier stellvertretend für die Nomenklatur des § 36 Abs. 2 BörsG, wonach nicht nur Kreditinstitute, sondern auch Finanzdienstleistungsinstitute und Zweigstellen ausländischer Kreditinstitute gemeint sind.

[367] § 36 Abs. 2 Satz 2 BörsG; wobei das haftende Eigenkapital gemäß Ziffer 6 der EG-Verordnung des Rates über bestimmte Vorschriften im Zusammenhang mit der Einführung des Euro heute 730.000,-- Euro beträgt.

[368] Deutsche Börse AG; Marktteilnehmer der Frankfurter Wertpapierbörse, Stand 20.04.2000; siehe website unter www.exchange.de

untersucht werden, um einen Vergleich zu den älteren Studien ziehen zu können.

Wie bereits angedeutet, stellen sowohl *Uhlir* als auch *Kaserer/Kempf* in ihren Untersuchungen zu der Monopolstellungs-These nicht ab auf die Wettbewerbssituation am Emissionsmarkt an sich, sondern betrachten lediglich die an den Emissionen beteiligten Emissionshäusern.[369] Beide kommen zu dem Ergebnis, daß eine starke Konzentration auf dem Emissionsmarkt ein wichtiger Bestimmungsfaktor für die Höhe des Underpricing ist. *Uhlir* bezieht sich dabei lediglich auf die Verteilung der Emissionen auf die Anzahl der Emissionshäuser, während *Kaserer/Kempf* anmerken, daß der Marktanteil sowohl nach der Anzahl der betreuten Emissionen als auch nach dem Volumen der betreuten Emissionen ermittelt werden kann. Von daher ist es zweckmäßig, beide Varianten empirisch zu verfolgen, wobei die Wettbewerbskonzentration als Lorenzkurve dargestellt wird.

Graphik 18: Lorenzkurve zum Emissionswettbewerb

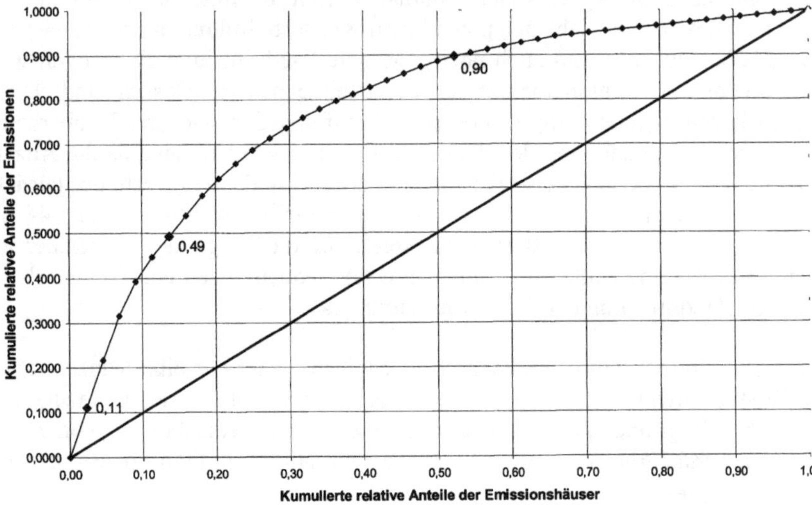

Quelle: Eigene Berechnungen

369 Uhlir (1989), Kaserer/Kempf (1995)

Die vorstehende **Graphik 18** zeigt die Verteilung der Emissionen auf die an einer Emission beteiligten Konsortialführer.[370] Wie aus dieser Lorenzkurve ersichtlich ist, werden ≈ 11 v.H. der Emissionen von nur einem Institut an den Markt begleitet, die Hälfte der Emissionen von nur ≈ 14 v.H. (≙ 6 Instituten) und bereits 90 v.H. aller Emissionen werden von nur ≈ 50 v.H. (≙ 22 Instituten) an die Börse gebracht. Der sich aus diesen Daten ergebende Gini-Koeffizient (G_A) als relatives Konzentrationsmaß zeigt bei einem Wertebereich von $G_A \in [-0{,}98; 0]$ mit $G_A = -0{,}57$ eine mittlere relative Konzentration der Institute auf dem Emissionsmarkt.[371]

Eine leicht stärkere Konzentration ergibt sich, wenn anstelle der Anzahl der begleiteten Emissionen nun das relative Volumen der von den Instituten begleiteten Emissionen betrachtet wird. Die nachfolgende **Graphik 19** verdeutlicht diesen Sachverhalt, wobei auch hier wieder zur besseren Fokussierung auf die Emissionshäuser mit dem größten relativen Anteil die Urliste der Daten in absteigender Reihenfolge wiedergeben ist.

Graphik 19: Lorenzkurve zum Emissionsvolumen (nom. Bruttovolumen)

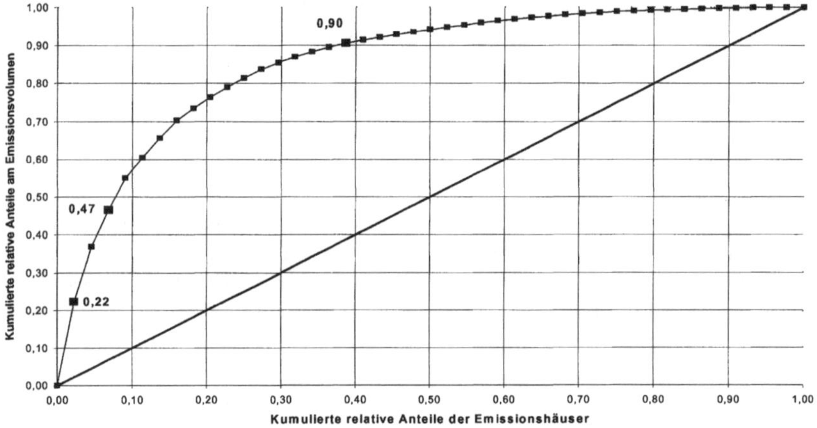

Quelle: Eigene Berechnungen

370 Die Daten der Urliste sind bewußt in absteigender Reihenfolge sortiert, wodurch sich eine Lorenzkurve oberhalb der Diagonale der Nullkonzentration ergibt, um eine stärkere visuelle Fokussierung auf diejenigen Emissionshäuser vornehmen zu können, die maßgeblich an den Emissionen beteiligt sind.

371 Der negative Gini-Koeffizient innerhalb des negativen Wertebereiches ergibt sich lediglich aus der Darstellung der Urdaten in absteigender Reihenfolge. Eine absteigend geordnete Urliste, wie allgemein üblich, würde aber nichts an den Werten ändern, sondern lediglich die Vorzeichen umkehren.

Auch aus dieser Darstellung kommt eine relativ starke Konzentration der Neuemissionen auf wenige Emissionshäuser zum Ausdruck. Bereits ein Institut konnte ≈ 22 v.H. des gesamten Emissionsvolumens am Markt plazieren. Ca. 47 v.H. des gesamten Emissionsvolumens wurde von ≈ 7 v.H. der Emissionsinstitute (≙ 3 Instituten) an den Markt gebracht, und 90 v.H. des gesamten Emissionsvolumens wurde von ≈ 36 v.H. der Institute (≙ 16 Häuser) plaziert. Die leicht stärkere Konzentration des Emissionsmarktes bei Betrachtung des Emissionsvolumina (im Vergleich zu der Betrachtung der Anzahl der begleiteten Emissionen) ergibt sich auch durch den Gini-Koeffizient (G_V), der bei gleichem Wertebereich von $G_V \in [-0{,}98; 0]$ mit $G_V = 0{,}71$ eine mittlere bis starke relative Konzentration anzeigt.

Diese Daten stehen im Einklang mit den Ergebnissen von *Uhlir* und *Kaserer/Kempf* und lassen die Vermutung entstehen, daß der Emissionsmarkt tatsächlich durch eine relativ starke Konzentration geprägt ist, wodurch das Entstehen von Underpricing grundsätzlich begünstigt wird. Diese Aussage ist aber aus zwei Gründen für sich genommen nicht plausibel. Zum einen betrachtet, wie bereits einleitend festgestellt, diese Argumentation nur die tatsächlich an einer Emission beteiligten Institute, und nicht alle Potentiellen. Zum anderen kann die These der Monopolstellung nur in einer komparativ-statischen Analyse bewertet werden, nicht aber anhand *einer Momentaufnahme*. Letztere Vorgehensweise wird allerdings von *Uhlir* praktiziert, der zwischen 1977 und 1987 17 Emissionshäuser zählt und feststellt, daß der Emissionsmarkt sehr eng ist, von wenigen Emissionshäusern dominiert wird und die vorliegende Wettbewerbsstruktur möglicherweise ein angemessenes Underpricing-Niveau verhindert.[372] Eine solche Aussage ist eigentlich nur möglich, wenn die Wettbewerbsentwicklung und die jeweilige Höhe des Underpricing im Zeitablauf betrachtet werden. Diesen Weg schlagen *Kaserer/Kempf* ein und kommen zu dem Ergebnis, daß sich bei Betrachtung der Perioden 1983 – 1987 und 1988 – 1992 von einer Veränderung einer fast monopolistischen Marktstruktur hin zu einer eher oligopolistischen spreche ließe. Da die Höhe des Underpricing in den beiden betrachteten Perioden mit 21,77 v.H. bzw. 6,82 v.H. ermittelt wird, sehen sie eine Bestätigung der These, daß die Wettbewerbsintensität negativ korreliert ist mit der Höhe des Underpricing. Allerdings beziehen *Kaserer/Kempf* ihre Ergebnisse lediglich auf eine Veränderung der volumenmäßigen Marktanteile, so daß fraglich ist, ob diese Aussage stichhaltig ist, da von 1983-1987 16 Emissionshäuser an den Emissionen beteiligt waren, während es von 1988-1992 nur noch 11 Institute waren.[373]

---

[372] Uhlir (1989), Seite 6,7 und 14.

[373] Kaserer/Kempf (1995), Seite 57/58

Die Konzentration der Aussage zur Wettbewerbsintensität auf die beteiligten Kreditinstitute ist somit stark zu bezweifeln, unabhängig davon, ob der Marktanteil nach der Anzahl der begleiteten Emissionen oder nach dem Volumen der begleiteten Emissionen ermittelt wird. Gäbe es nämlich einen Zusammenhang, dann würde dieses bedeuten, daß die jeweiligen Marktführer in einem engen Markt ein besonders hohes Underpricing aufweisen müßten. Dann ließe sich aber eine Verbindung zur Reputationsthese der Emissionshäuser herstellen. Sowohl die empirischen Ergebnisse dieser Untersuchung, als auch *Kaserer/Kempf* selbst, lehnen aber die Reputationsthese ab.[374]

Insofern kann, zumindest unter den vorliegenden Marktstrukturen zum Emissionswettbewerb bezweifelt werden, daß ein Zusammenhang zwischen dem Underpricing und der Wettbewerbsintensität herrscht.

Hinzu kommt, daß in der Zeit von 1997-1999 insgesamt 44 Emissionsinstitute am Markt konsortialführend tätig waren, wodurch ebenfalls von einer Intensivierung des Emissionswettbewerbes gesprochen werden kann. Das ermittelte Underpricing mit 43,70 v.H. spricht aber auch im Vergleich zu den Ergebnissen von *Uhlir* und *Kaserer/Kempf* gegen die Monopolstellungs-These, da mit dem Wettbewerb auch die Höhe des Underpricing zugenommen hat.

In diesem Zusammenhang sei auch noch auf folgende Besonderheit hingewiesen. Gelte die These, daß die Wettbewerbsintensität negativ korreliert ist mit der Höhe des Underpricing, so stünde diese These im Widerspruch zu den empirischen Ergebnissen des segmentspezifischen Underpricings. Wie die Ergebnisse aus Kapitel 3 gezeigt haben, beträgt das Underpricing im Neuen Markt 55,66 v.H., im Freiverkehr 42,80 v.H., im geregelten Markt 26,60 v.H. und im amtlichen Handel 12,05 v.H.. Diese Werte implizieren bei Gültigkeit der Monopolstellungs-These, daß der Emissionswettbewerb im Neuen Markt niedriger ist, als im amtlichen Handel oder dem geregelten Markt. In allen drei Segmenten ist aber eine Zulassung zum Börsenhandel gemeinsam mit einem an einer Börse zugelassenen Kreditinstitut zu beantragen, während dieses im Freiverkehr nicht erforderlich ist. Demzufolge wäre zu erwarten, daß der Emissionswettbewerb im Freiverkehr größer ist, als in den übrigen Segmenten und mithin das Underpricing kleiner. Dieses ist aber nicht der Fall. Auch ist nicht plausibel, warum der Emissionswettbewerb im amtlichen Handel am intensivsten sein soll, wo gerade im amtlichen Handel das durchschnittliche Emissionsvolumen mit 180,55 Mio. EUR am größten ist und aufgrund dieses Plazierungsvolumens der Wettbewerb zwischen den in Frage kommenden Emissionshäusern eher gering sein dürfte, da kleinere Häuser nicht über die Erfahrung und die Plazierungskraft

---

[374] Vgl. Kapitel 4.2.3. bzw. Kaserer/Kempf (1995), Seite 57

verfügen dürften. Das segmentspezifische Underpricing läßt sich daher nicht mit der Monopolstellungs-These der Banken vereinen.

Die vorgenannten Aspekte legen den Schluß nahe, daß die Monopolstellung der Banken als Erklärungsansatz für Underpricing in Deutschland aufgrund der vorliegenden Marktstruktur nicht bestätigt werden kann.

4.2.5. Versicherung gegen Prospekthaftung

Nach der Prospekthaftungs-These führt eine Verschärfung der Prospekthaftung zu einem höheren Underpricing. Diese auf *Tinic* zurückgehende These gründet sich auf seine Erkenntnisse eines unterschiedlichen Underpricings in den USA für die Perioden vor und nach Inkrafttreten des *Securities Act von 1933*.

In analoger Vorgehensweise zu der Untersuchung von *Tinic* müßte für den deutschen Kapitalmarkt die Höhe des Underpricing untersucht werden für eine Periode *vor* Inkrafttreten des Börsengesetzes und *nach* Inkrafttreten des Börsengesetzes, da mit dem Börsengesetz erstmalig der Börsenhandel unter die Aufsicht des Gesetzgebers gestellt und Haftungsfragen bei Neuemissionen geregelt wurden. Da aber das deutsche Börsengesetz bereits zum 01. Januar 1897 in Kraft getreten ist, liegen bedauerlicherweise keine historischen Daten über Neuemissionen des 19. Jahrhunderts vor. Dennoch bietet die Verankerung der Prospekthaftung selbst in dem Börsengesetz ausreichend Substanz, um eine Überprüfung der oben genannten These vornehmen zu können. Daher wird zunächst ein Blick auf die Geschichte und Ausgestaltung der Prospekthaftung geworfen.

Mit Inkrafttreten des Börsengesetzes zum 01. Januar 1897 wurde erstmalig die Prospekthaftung gesetzlich verankert. So hieß es in dem damaligen § 43 BörsG, daß diejenigen, die den Prospekt erlassen haben, sowie diejenigen, die den Erlaß des Prospektes veranlaßt haben, für fehlende, falsche oder unrichtige Angaben als Gesamtschuldner dem Besitzer eines solchen Wertpapiers für den Schaden haften, wobei ein Anspruch nach fünf Jahren verjährt.[375]

Aufgrund der Struktur der damaligen Börsenlandschaft bezog sich dieser Wortlaut nur auf den (gesamten = amtlichen) Börsenhandel und hatte bis in die neunziger Jahre des 20. Jahrhunderts Bestand. Durch geringfügige Modifikationen änderte sich jedoch die Nummerierung des Paragraphen im Laufe der Zeit auf

---

375 §§ 43 ff. Börsengesetz vom 22. Juni 1896 lt. Reichs-Gesetzblatt № 15; abgedruckt in: Welfen, Wechsler, Wertpapiere, Hannover, 1996

den heutigen § 45 BörsG. Mit Änderung des Börsengesetzes aufgrund der Einführung des geregelten Marktes und der erstmaligen Sanktionierung des Freiverkehrs im Jahre 1986, galt die Prospekthaftung gemäß § 45 BörsG immernoch, bezog sich nun aber direkt ausschließlich auf den amtlichen Handel. Jedoch wurde für Emissionen im geregelten Markt durch den § 77 indirekt auf den § 45 ff. bezug genommen. Für den Freiverkehr, der seit 1986 als eigenständiges Börsensegment geduldet wurde, galt keine (gesetzlich verankerte) Prospekthaftung. Eine weitere Modifizierung trat zum 01. Januar 1991 durch das Inkrafttreten der Verkaufsprospekt-Verordnung durch das Verkaufsprospekt-Gesetz ein. Diese Modifzierung ist Basis für die aktuelle Rechtslage und bildet die Verankerung der Prospekthaftung wie folgt ab.

Für den amtlichen Handel ist die Prospekthaftung verankert in den §§ 45-49 BörsG. Der Wortlaut des § 45 BörsG bildet in leicht verändertem Wortlaut die Prospekthaftung im Kern wie in der Urfassung des Börsengesetzes ab, die Verjährung ist jedoch auf 6 Monate verkürzt. Für den geregelten Markt gelten gemäß § 77 BörsG ebenfalls die Vorschriften der §§ 45-49 BörsG. Für den Freiverkehr ergibt sich aus § 13 Abs. 1 VerkProspG ebenfalls die Anwendung der §§ 45-48 BörsG[376]. Die Vorschriften für den Neuen Markt sind aufgrund der zu beantragenden Zulassung zum geregelten Markt ebenfalls dem § 77 BörsG zu entnehmen, wodurch sich die Prospekthaftung im Neuen Markt ebenfalls durch die §§ 45-49 BörsG bestimmt.

Die gesetzlich verankerte Prospekthaftung ist, mit Ausnahme des zuständigen Landgerichts, in allen Börsensegmenten geregelt durch die §§ 45-49 BörsG und somit für alle Börsensegmente identisch. Festzuhalten ist allerdings, daß die gesetzliche Verankerung der Prospekthaftung für den Freiverkehr erst seit 1991 existiert.

Um nun zu einer Überprüfung der These von *Tinic* zu kommen, müßten Neuemissionen in der Zeit *vor* 1991 im Freiverkehr den Neuemissionen in der Zeit nach 1991 im Freiverkehr gegenübergestellt werden. Wie aber bereits an verschiedenen Stellen erwähnt, liegen keine Untersuchungen vor, die ein segmentspezifisches Underpricing untersuchen, so daß wiederum mangelnde Daten eine fundierte Überprüfung der These verhindern. Lediglich die Untersuchung von *R.H. Schmidt* aus dem Jahre 1988 könnte herangezogen werden. *R.H. Schmidt* untersucht 32 Neuemissionen der Jahre 1984/1985 und stellt lediglich in einem

[376] § 49 BörsG findet für den Freiverkehr keine Anwendung. § 49 BörsG schreibt die Zuständigkeit für Anspruchsfragen dem Landgericht ausschließlich zu, in dessen Bezirk die Börse ihren Sitz hat. Gem. § 13 VerkProspG liegt die Zuständigkeit für Anspruchsfragen bei Emissionen im Freiverkehr bei dem Landgericht, in dessen Bezirk das Bundesaufsichtsamt seinen Sitz hat.

Satz fest, daß „im amtlichen Handel .. die ersten Notierungen im Durchschnitt nur um 17,6% und im Freiverkehr um 25% über den Emissionskursen“[377] liegen.

Wird dieser Wert verglichen mit den 42,80 v.H. Underpricing im Freiverkehr der hier vorgenommen Untersuchung der Jahre 1997-1999, dann könnten diese Ergebnisse die These von *Tinic* stützen. Allerdings ist zu berücksichtigen, daß für diese Aussage die Perioden zu weit auseinanderliegen, so daß auch andere Faktoren für die Differenz ausschlaggebend sein können.[378] So hatte z.B. der Freiverkehr in den Jahren 1984/1985 eine andere Bedeutung als der Freiverkehr heute, da unklar ist, ob *R.H. Schmidt* den geregelten oder den ungeregelten Freiverkehr betrachtet hat und ob die von ihm ermittelte Zahl überhaupt aussagekräftig genug ist, da insgesamt nur 32 Emissionen betrachtet werden, aber keine Angabe darüber erfolgt, wie viele Emissionen im „Freiverkehr“ betrachtet werden. Aus diesen Gründen ist die oben getroffenen Aussage nicht werthaltig genug und kann daher nicht für eine Unterstützung der Prospekthaftungsthese für den deutschen Kapitalmarkt herangezogen werden.

Dennoch können anhand der empirischen Ergebnisse Überlegungen zu der Relevanz der These angestellt werden. Wie die empirischen Ergebnisse gezeigt haben, beträgt das Underpricing im Neuen Markt 55,66 v.H., im Freiverkehr 42,80 v.H., im geregelten Markt 26,60 v.H. und im amtlichen Handel 12,05 v.H.. Diese Ergebnisse stünden dann im Einklang mit der Prospekthaftungs-These, wenn die gesetzliche Prospekthaftung im Neuen Markt und im Freiverkehr schärfer ist, als im geregelten Markt oder im amtlichen Handel. Die vorhergehenden Ausführungen haben aber gezeigt, daß zwischen den Segmenten in bezug auf die Prospekthaftung keine Unterschiede gemacht werden. Die Prospekthaftung ist in allen börsenrechtlich geregelten Segmenten gleich, wodurch sich bei Gültigkeit der These von *Tinic* kein unterschiedliches Underpricing in den einzelnen Segmenten ergeben dürfte. Die empirischen Ergebnisse stehen somit eindeutig im Widerspruch zu der These, daß ein höheres Underpricing einher geht mit einer schärferen Prospekthaftung.

Underpricing als Versicherung gegen mögliche Haftungsansprüche aus der Prospekthaftung kann daher weder aufgrund der empirischen Ergebnisse, noch aufgrund plausibler Überlegungen als Erklärungsansatz für Underpricing in Deutschland bestätigt werden.

---

377 R.H. Schmidt (1988), Seite 1201; weitere Fakten zu der Untersuchung werden allerdings nicht geliefert.

378 Kunz/Aggarwal werfen diesen Einwand gegen die Untersuchung von Tinic ins Feld; Kunz/Aggarwal (1994), Seite 720.

4.2.6. Speculative-Bubble

Wie bereits bei der Darstellung der einzelnen Erklärungsansätze in Kapitel 2.2.3. dargelegt, ist die *speculative bubble* kein eigenständiger Ansatz zur Erklärung von Underpricing, da mit der *bubble* die Kursentwicklung am Sekundärmarkt in den ersten Handelstagen gemeint ist. Damit ist allerdings unklar, was der Auslöser für die *bubble* ist und wann er einsetzt. Wird der Auslöser am Primärmarkt vermutet, so ist, zumindest für die Zeit bis zum ersten Sekundärmarkthandel, die Frage nach dem Auslöser identisch mit der Frage nach Underpricing. Denkbar ist jedoch auch, daß es sich bei der Kursentwicklung vom Emissionspreis bis hin zum Sekundärmarktkurs x Tage nach Handelsaufnahme um mehrere Blasen handelt. Dann wäre für die Betrachtung des Underpricing-Phänomens nur der Auslöser von Bedeutung, der sich für die Blase verantwortlich zeigt, die sich zwischen dem Emissionspreis und dem ersten Sekundärmarktkurs aufbläst. Die *speculative-bubble* These liefert aber keine Auslöser für die Blase, sondern stellt lediglich fest, daß eine spekulative Blase zu Kursveränderugen führt.

Eine empirische Überprüfung der *speculative-bubble* These ist daher nicht möglich und wurde auch bislang noch nicht vorgenommen. Es kann jedoch hinterfragt werden, warum die spekulative Blase im Neuen Markt und im Freiverkehr größer ist, als im geregelten Markt und im amtlichen Handel. Die Beantwortung dieser Frage ist jedoch identisch mit der Suche nach einer Erklärung für Underpricing.

4.2.7. Kurspflege durch Emissionshäuser

Die Kernthese des auf *Ruud* zurückgehenden Ansatzes besagt, daß die Emissionshäuser kursstützend in die Preisbildung der IPO's am Sekundärmarkt eingreifen, um negative Emissionsrenditen aus Reputationsgründen zu vermeiden, wodurch Underpricing erst entsteht. *Ruud* stützt ihre These auf eine empirische Untersuchung der Emissionsrenditen innerhalb der ersten vier Wochen nach einem Initial Public Offering und bezieht sich auf 463 Emissionen in den USA der Jahre 1982/1983.

Wie aus dieser skizzierten Kernthese deutlich wird, ist auch dieser Ansatz eigentlich kein eigenständiger Ansatz zur Erklärung von Underpricing im theoretischen Sinne, da vielmehr die Kursbildung von Neuemissionen am Sekundärmarkt analysiert wird, aber nicht die Kursbildung am Primärmarkt. Die Kurspflege-These kann daher nur eingeschränkt als Erklärungsansatz für Underpricing betrachtet werden, wenn Underpricing als Differenz zwischen den ersten Sekundärmarktpreis und dem Emissionspreis definiert wird. Da in einigen Untersuchungen zum Underpricing aber nicht immer der erste Sekundärmarktpreis eines Initial Public Offerings herangezogen wird,[379] soll die These von *Ruud* dennoch einer Würdigung, bezogen auf den deutschen Kapitalmarkt, unterzogen werden.

Für eine eindeutige Überprüfung der These ist es aber notwendig, einen Blick in die jeweiligen Orderbücher der Kursmakler zu werfen, um detaillierte Angaben über die Volumina *und* die Auftraggeber der Orders zu erhalten, um festzustellen, ob tatsächlich das emittierende Institut in den Markt über die Erteilung kursbeeinflussender Orders eingegriffen hat. Da diese Daten aber nur den Börsen vorliegen und nicht veröffentlicht werden, ist eine fundierte Überprüfung der These nicht möglich.

Aus diesem Grunde werden zur Überprüfung der Kurspflege-These die empirischen Daten der vorliegenden Untersuchung im Hinblick auf die Aussage der *Ruud'schen* These interpretiert.

In einer ersten Überlegung wird abgestellt auf die Kernaussage, daß eine Kursstützung vorgenommen wird, um negative Emissionsrenditen zu verringern, bzw. zu vermeiden.

Demzufolge müßte die Intensität der Kursstützung dort am höchsten sein, wo die geringsten negativen Emissionsrenditen zu verzeichnen sind. Die nachfolgende **Tabelle 20** gibt einen Überblick über die Anzahl und die Verteilung negativer Emissionrenditen der Initial Public Offerings in Deutschland der Jahre 1997 bis 1999.

Tabelle 20: Negative Emissionsrenditen und Underpricing

	Anzahl			Underpricing
	gesamt	davon negativ	in v.H.[1]	in v.H.
Amtlicher Handel	49	11	22	12,05
Neuer Markt	167	20	12	55,66
Geregelter Markt	25	9	36	26,60
Freiverkehr	21	5	24	42,80
Gesamt	262	45	17	43,70

[1] Gerundet

Quelle: Eigene Berechnungen

---

379 Carter/Manaster (1990) berechnen ihr Underpricing z.B. als Differenz zwischen dem Emissionspreis und dem letzten Geldkurs zwei Wochen nach Handelsaufnahme.

Mit 9 von 25 Emissionen weisen 36 v.H. der Neuemissionen im geregelten Markt eine negative Emissionsrendite auf, während im Neuen Markt „nur" 12 v.H. der Erstemissionen eine negative Emissionsrendite verzeichnen. Nach der These von *Ruud* müßten sich diese Zahlen dahingehend interpretieren lassen, daß im Neuen Markt eine intensivere Kursstützung vorgenommen wird, als z.B. im geregelten Markt. Diese Interpretation wirft nicht nur die Frage auf, ob die Emissionshäuser eine unterschiedlich intensive Kursstützung ihrer Neuemissionen betreiben, sondern auch, warum in den Börsensegmenten unterschiedlich stark in die Kursbildung eingegriffen wird, wenn diese These die oben genannte Interpretation zuläßt. Ist dieses der Fall, so ist es mehr als fraglich, daß die Emissionshäuser bei ihren Kursstützungsaktivitäten nach Handelssegmenten unterscheiden und nicht grundsätzlich Kursstützung betreiben, da nach der Argumentation von *Ruud* die Kursstützung aus Reputationsgründen erfolgt.

Diese Überlegung führt zu der Frage, welche Möglichkeiten sich den Emissionshäusern bieten, auf die Kursbildung Einfluß zu nehmen, wobei an dieser Stelle auf die enge Definition von Underpricing zurückgegriffen werden soll, daß Underpricing die Differenz zwischen dem ersten Sekundärmarktkurs und dem Emissionspreis ist. Da zu dem Zeitpunkt nach der Festlegung des Emissionspreises, aber vor Aufnahme des Sekundärmarkthandels kein Börsenhandel möglich ist, besteht für die Emissionshäuser zu dieser Zeit lediglich die Möglichkeit, über den sogenannten *Graumarkt* Einfluß auf die Kursbildung zu nehmen.[380] Als Informationsmedien dienen dann Kursmakler, die vorab Geld- und Briefkurse als Preistaxen für Neuemissionen stellen. Als bekanntester Börsenmakler diesbezüglich kann als Beispiel die Fa. Börsenmakler Schnigge AG angeführt werden, die fortlaufend Taxen für Neuemissionen nicht nur Händlern bekanntgibt, sondern diese auch veröffentlicht. So steht es jedem offen, über die website unter www.schnigge.de, oder unter dem Reuters-Kürzel „SCHNIGGE01" Preistaxen für Neuemissionen zu erhalten.

Die nachfolgende **Tabelle 21** veranschaulicht die Informationen des Börsenmaklers Schnigge für Neuemissionen am Beispiel der website.

Wie aus der Übersicht von dem Börsenmakler Schnigge ersichtlich ist, werden für Neuemissionen Preistaxen in Form von Geld-Brief-Spannen angegeben und beziehen sich auf Aktien, die noch nicht im Sekundärmarkt gehandelt werden. Die Informationen werden ohne Angabe des späteren Handelssegmentes veröffentlicht. Die Emissionshäuser habe durch diese Angaben Anhaltspunkte für einen möglichen späteren Sekundärmarktpreis.

[380] Vgl. z.B. auch Serfling/Pape/Kressin (1999), Seite 297 zu diesem Thema

Tabelle 21: Preistaxen am Graumarkt

Titel WKN	**Zeichnungs-frist**	**Börsen-einführung**	**Book-building**	**Handel per Erscheinen**
Antwerpes AG 547100	11.04. – 13.04.	17.04.	18,00 – 21,00	28,00 – 31,00
CDV Software Entertain AG 548812	11.04. – 13.04.	17.04.	40,00 – 45,00	60,00 – 65,00
Cycos AG 770020	11.04. – 13.04.	18.04.	18,00 – 19,00	22,50 – 24,50
ISRA Vision Systems AG 548810	13.04. – 18.04.	20.04.	25,00 – 29,00	38,00 – 39,50
QS Communications AG 513700	05.04. – 17.04.	19.04.	18,50 – 21,50	25,00 – 28,50
T-Online International AG 555770	03.04. – 12.04.	17.04.	26,00 – 32,00	34,00 – 35,00

Quelle: www.schnigge.de; 12. April 2000, eigene Darstellung

Wenn also Emissionshäuser tatsächlich kursstützend in die Kursbildung von Initial Public Offerings eingreifen, dann stellt sich nach wie vor die Frage, warum es überhaupt negatives wie auch positives Underpricing gibt, da die Emissionshäuser durch den Graumarkt Informationen über die spätere Kursentwicklung bekommen und entsprechend Möglichkeiten haben, *vor* Aufnahme des Sekundärmarkthandels zu (re)agieren.

Sofern die Preistaxe kleiner sein sollte, als der Emissionspreis, so könnten die Emissionshäuser die Nachfrage durch geeignete Maßnahmen erhöhen. Hier käme u.a. die Erhöhung der eigenen Nachfrage in Betracht. Liegt dagegen, wie seinerzeit in den meisten Fällen, die Preistaxe über dem Emissionspreis, was auf ein positives Underpricing hindeutet, dann haben auch in diesen Fällen die Emissionshäuser ausreichend Gelegenheit, das Angebot zu erhöhen, bzw. die Nachfrage zu reduzieren. Dieses könnte z.B. durch eine Erhöhung des Greenshoe oder eine Erhöhung des Emissionspreises erfolgen, sofern die Möglichkeiten mit dem Emittenten abgesprochen und der Gebrauch geeigneter Möglichkeiten zur Anpassung der Nachfrage an das Angebot in den Emissionsprospekten bekanntgegeben wurde.

Das von diesen Möglichkeiten kein Gebrauch gemacht wird, soll an zwei Beispielen verdeutlicht werden:

Die Bookbuilding-Spanne der Firma CDV Software Entertainment AG betrug 40,00 – 45,00 EUR, wobei die Zeichnungsfrist vom 11.04. bis 13.04.2000 lief. Wie aus der obigen **Graphik 21** ersichtlich ist, wurde bereits am 12.04.2000 eine Preistaxe in Höhe von 60,00 – 65,00 EUR bekanntgegeben. Der erste Kurs der Aktien, die am 17.04.2000 erstmals gehandelt wurde betrug 58,00 EUR, woraus sich ein Initial Return in Höhe von 28,89 v.H. ergibt. Konsortialführer für die Fa. CDV AG war das Bankhaus M.M. Warburg & Co. KGaA, ein Insititut, welches nach der Reputationsrangliste aus Kapitel 4.2.2. an achter Stelle steht.

Noch gravierender ist das Beispiel der Firma ISRA Vision Systems AG, die vom 13.04. – 18.04.2000 Aktien in einer Preisspanne von 25,00 – 29,00 EUR angeboten hat. Börsenmakler Schnigge veröffentlichte am 12.04. eine Preistaxe von 38,00 – 39,50 EUR. Die Aktie, die am 20.04.2000 erstmals gehandelt wurde, erreichte einen ersten Kurs in Höhe von 50,00 EUR, woraus sich ein Initial Return in Höhe von 72,41 v.H. errechnet. Als Konsortialführer war die Baden-Württembergische Bank AG tätig, die nach der Reputationsrangliste aus Kapitel 4.2.2. an 11 Stelle steht.

Beide Beispiele belegen, daß die Emissionshäuser die Möglichkeiten zur Kursbeeinflussung nicht nutzen, um (positives oder negatives) Underpricing zu vermeiden. Die These, daß Emissionsinstitute daher kursbeeinflussend in den Markt eingreifen, um negative Emissionsrenditen zu vermeiden erscheint daher nicht stichhaltig genug. Da die Emissionshäuser lt. These die Kursstützung aus Reputationsgründen vornehmen, kann ein Institut weder an negativen Emissionsrenditen noch an exzessivem Underpricing Interesse haben, da beides die Reputation beeinflußt. Negative Emissionsrenditen könnten die Anleger mit nachlassendem Zeichnungsinteresse bei künftigen Emissionen dieses Instituts quittieren; exzessives Underpricing könnten künftige, potentielle Börsenkandidaten damit quittieren, daß sie einem anderen Emissionsinstitut das Mandat für die Börsenbegleitung geben. Ein Emissionsinstitut kann daher aus Reputationsgründen nur an einem fair value von Neuemissionen interessiert sein. Ferner hat die Analyse in Kapitel 4.2.2. gezeigt, daß ein Zusammenhang zwischen der Reputation eines Emissionshauses und der Höhe des Underpricing nicht besteht. Folglich kann auch für die These von *Ruud*, daß die Emissionsinstitute aus Reputationsgründen kursstützend in den Kursbildung von Neuemissionen eingreifen, keine Bestätigung erfolgen. Hinzu kommt, daß durch die Veröffentlichung von zahlreichen Informationen am Graumarkt den Instituten ausreichend Gelegenheit gegeben wird, auf ein Auseinanderlaufen der Preise vor Aufnahme des Sekundärmarkthandels zu reagieren.

Die These, daß erst die Kursstützung der Emissionshäuser zur Vermeidung negativer Emissionsrenditen aus Reputationsgründen Underpricing verursacht, kann daher für den deutschen Kapitalmarkt nicht bestätigt werden. Umfassende Informationen am Graumarkt über spätere Sekundärmarktpreise geben den Instituten ausreichend Möglichkeit, auf die Kurse Einfluß zu nehmen, dennoch weisen rund 17 v.H. aller Neuemissionen negative Emissionrenditen auf. Ferner wird auch die unterschiedliche Höhe des Underpricing in den einzelnen Handelssegmenten durch die Kursstützungs-These nicht erklärt und es bleibt unklar, warum ein Emissionsinstitut nur negative Emissionsrenditen vermeiden würde wollen, aber keine positiven Renditen, wenn doch die Reputation eines Hauses nicht nur von den Investoren geprägt wird, sondern im Investment Banking gerade für die künftigen Kunden von Bedeutung ist, die ein Interesse an einem niedrigen Underpricing haben.[381]

4.2.8. Fazit aus den konventionellen Erklärungsmodellen

Die vorangegangene Untersuchung über die Relevanz der konventionellen Erklärungsansätze hat gezeigt, daß kaum einer der genannten Ansätze geeignet ist, das Underpricing-Phänomen in Deutschland befriedigend zu erklären.

So läßt das Gleichgewichtsmodell von *Rock* anhand der empirischen Ergebnisse und den überprüfbaren Annahmen zu viele Fragen offen. Insbesondere die Höhe des Underpricing, die im Mittel bedeutend über eine durchschnittlichen Marktveränderung liegt, kann durch das Modell nicht erklärt werden, und die große Spannweite der emittierten Volumina steht ebenfalls nicht im Einklang mit den Annahmen des Modelles. Sofern aber die Höhe des ex-post Underpricing Pate steht für die ex-ante Unsicherheit hinsichtlich der Bewertung der emittierten Aktien, liefert das Modell keine Hinweise darauf, woran diese Bewertungsunsicherheit geknüpft werden könnte, so daß die Frage offen bleibt, warum das mittlere Underpricing insbesondere im Neuen Markt höher ist, als im Freiverkehr oder im geregelten Markt/amtlichen Handel.

Die Signalling-These läßt sich, auch wenn aufgrund mangelnder Folgeemissionen keine abschließenden Daten vorliegen, nicht auf den deutschen Primärmarkt übertragen, da ein Zusammenhang zwischen dem Streubesitzanteil und der Höhe des Underpricing empirisch nicht gegeben ist. Auch steht die These nicht im Einklang mit den empirsichen Ergebnissen eines unterschiedlichen Underpricing in den einzelnen Handelssegmenten, da nach der Signalling-These ein hoher Streubesitzanteil einhergeht mit einem hohen Underpricing. Dieses aber würde bedeuten, daß der Streubesitzanteil im Neuen Markt und im Freiverkehr höher ist, als im geregelten Markt oder im amtlichen Handel. Dieses läßt sich aber empirisch nicht bestätigen, zumal sowohl im amtlichen Handel als auch im Neuen

381 Vergleich hierzu auch die Diskussion in Kapitel 1.4.2.

Markt eine Mindestgröße für den Streubesitzanteil in Höhe von 25 v.H. vorgegeben ist. Folglich könnte der Streubesitzanteil im Freiverkehr und im geregelten Markt geringer sein, als in den übrigen Segmenten, woraus ein höheres Underpricing resultieren müßte, wenn die These Bestand haben sollte. Die empirischen Ergebnisse sprechen aber gegen diese Vermutung, da das Underpricing z.B. im geregelten Markt geringer ist, als im Neuen Markt.

Auch die Reputation der Emissionshäuser als Erklärungsansatz für Underpricing kann für den deutschen Kapitalmarkt aufgrund der empirischen Ergebnisse nicht bestätigt werden. Ein Zusammenhang zwischen der Höhe des Underpricing und einer Reputation eines Emissionshauses ist nicht nachweisbar, zumal fraglich ist, wie die Reputation eines Hauses bestimmt werden kann. Hinzu kommt, daß auch diese These nicht im Einklang mit den empirischen Ergebnissen eines unterschiedlichen Underpricing in den Handelssegmenten steht, da nicht nachgewiesen werden kann, daß bestimmte Emissionshäuser nur in bestimmten Segmenten emissionsbegleitend tätig werden.

Eine Monopolstellung der Banken ist ebenfalls als Erklärungsansatz für Underpricing in Deutschland nicht zu bestätigen. Zum einen kann nicht von einer monopolistischen Marktstruktur auf dem Emissionsmarkt die Rede sein, zum anderen ist empirisch und faktisch nicht nachweisbar, daß in dem Neuen Markt oder dem Freiverkehr ein geringerer Wettbewerb um die Emissionshäuser besteht, als im amtlichen Handel oder im geregelten Markt.

Auch die These, nach der die Prospekthaftung eine Determinante für die Höhe des Underpricing ist, kann für den deutschen Kapitalmarkt nicht bestätigt werden, da für alle Handelssegmente die gleichen gesetzlichen Anforderungen des Börsengesetzes gelten, die Höhe des Underpricing aber wesentlich voneinander abweicht. Eine grundsätzliche Frage, ob das Underpricing vor Inkrafttreten des Börsengesetzes niedriger gewesen ist als nach seinem Inkrafttreten, kann nicht beantwortet werden, würde aber auch durch zu viele sonstige Faktoren in seiner Aussagekraft geschmälert werden.

Die spekulative Blase kann nicht als Erklärungsansatz identifiziert werden, wodurch eine weitere Betrachtung als mögliche Ursache für Underpricing ausgeschlossen ist.

Eine Kursstützung zur Erzeugung positiver Emissionsrenditen scheint in Deutschland nicht praktiziert zu werden, auch wenn den Emissionshäusern vor Aufnahme des Sekundärmarkthandels ausreichende Informationen vom Graumarkt zur Verfügung stehen, die ein potentielles Eingreifen in die Interessenlage ermöglichen, da es dennoch eine relative hohe Anzahl negativer Emissionsrenditen gibt. Fraglich bleibt in diesem Zusammenhang, warum positive Emissionsrenditen mit einer hohen Reputation gleichgestellt werden, wenn doch die Emittenten an einer Erlösmaximierung interessiert sind und die Signalling-Thesen keine eindeutige Bestätigung erfahren. Auch die empirischen Ergebnisse eines unterschiedlichen Underpricing in den einzelnen Börsensegmenten kann durch die Kursstützungs-These nicht erklärt werden, da analog der Reputationsthese eine Zuordnung bestimmter Emissionshäuser zu den Segmenten nicht nachweisbar ist und es somit fraglich bleibt, warum eine Kursstützung segmentabhängig sein sollte, wenn sie aus Reputationsgründen erfolgt.

Diese Zusammenfassung über die Relevanz der dargestellten Erklärungsansätze zeigt, daß keine der Thesen geeignet ist, das Underpricing am deutschen Kapitalmarkt vollständig zu erklären. Aus diesem Grunde können diese Ansätze auch mit dem Attribut „konventionell“ versehen werden, da deutlich wird, daß nur neue, bislang ungeäußerte Überlegungen das Underpricing-Puzzle lösen können. Denn auffällig bei diesen konventionellen Erklärungsansätzen ist, daß keine dieser Thesen auf institutionelle Besonderheiten und Marktsegmentierungen eingeht, obwohl insbesondere institutionelle Aspekte nicht pauschal als Determinanten für Underpricing abgelehnt werden. So bestätigt z.B. *R.H. Schmidt*, daß „das Ausmaß des underpricing .. von institutionellen Faktoren im Bank- und Börsenwesen beeinflußt“[382] werden mag, und *Wasserfallen/Wittleder* vermuten, daß „Legal and institutional arrangements .. also influence the pricing process“[383]. Auch *Kunz/Aggarwal* vermuten „special instiutional settings“ als Erklärung für Underpricing in der Schweiz[384] und *Lee/Taylor/Walter* sind der Auffassung, daß „Institutional differences in IPO issuance ... appear to play an important role in the level of initial returns“.[385]

Es scheint daher notwendig, zur Erklärung des Underpricing eine stärkere Fokussierung auf institutionelle Gegebenheiten vorzunehmen, um insbesondere eine Antwort auf die Frage nach dem unterschiedlichen Underpricing in den einzelnen Börsensegmenten zu erhalten, die durch die konventionellen Erklärungsansätze nicht beantwortet werden kann.

---

382 R.H. Schmidt (1988), Seite 1202

383 Wasserfallen/Wittleder (1994), Seite 1512

384 Kunz/Aggarwal (1994), Seite 722

385 Lee/Taylor/Walter (1996), Seite 1191

Zu diesem Schluß kommen auch *Loderer/Sheehan/Kadlec*, die feststellen, daß bestehende Modelle oder Theorien nicht im Einklang mit den Differenzen zwischen den Börsen stehen.[386] Sie beziehen sich damit auf ihre Ergebnisse, daß die Höhe des Underpricing an ausgesuchten us-amerikanischen Börsen unterschiedlich hoch ist. Wie der Überblick in Kapitel 1.2. gezeigt hat, ist der Primärmarkt in den USA anders strukturiert, als der Markt in Deutschland, so daß die oben genannte Überlegung ohne weiteres auf die Börsensegmente des deutschen Kapitalmarktes übertragen werden kann, wenn unterschiedliche Börsensegmente wie unterschiedliche Börsen verstanden werden.

Aus diesem Grunde wird daher im folgenden Kapitel der Schwerpunkt auf institutionelle Aspekte des Underpricing gelegt, wobei insbesondere die Rolle der Marktsegmentierung aus der Perspektive des Underpricing und der Markteffizienz betrachtet wird. Diese Vorgehensweise steht auch in Einklang mit den Forderungen von *Uhlir* und *Kaserer/Kempf*, „institutionalistische Ansätze“[387] weiter zu verfolgen und Rahmenbedingungen zu verbessern.[388]

4.3. Rechtsökonomische Aspekte zur Begutachtung des Underpricing

Das folgende Kapitel zur Begutachtung des Underpricing steht unter dem Fokus rechtsökonomischer Aspekte, um stärker auf institutionelle Gegebenheiten der Märkte einzugehen. Analysiert wird insbesondere, welchen Einfluß die (rechtliche) Gestaltung des Effektenmarktes auf die Emissionspreisfindung bzw. die Effizienz des Primärmarktes hat.

Eine Auseinandersetzung mit „institutionellen Aspekten“ macht es zunächst notwendig, eine Definition vorzunehmen, was unter einer Institution verstanden wird, bevor anschließend eine Abgrenzung der untersuchten Fragestellung vorgenommen wird.

Eine mögliche Definition einer Institution wird von *Erlei/Leschke/Sauerland* gegeben, die unter einer Institution „eine Regel oder ein Regelsystem, einen Vertrag oder eine Vertragssystem (jeweils inklusive ihre Durchsetzungsmecha-

---

386 Loderer/Sheehan/Kadlec (1991), Seite 56: „The alternative is to conclude that our results cannot be explained very easily by theories of IPO underpricing. The differences across exchanges and by industry cannot be readily reconciled with extant models or theories of equity pricing.“

387 Kaserer/Kempf (1995), Seite 62

388 Uhlir (1989), Seite 14

nismen), durch den oder die das Verhalten von Individuen kanalisiert wird", verstehen.[389] In Verbindung mit der herrschenden Meinung, daß die Börse eine unselbständige Anstalt des öffentlichen Rechts ist,[390] kann zweifelsfrei angenommen werden, daß auch die Börse als eine Institution aufgefaßt werden kann. Demzufolge beziehen sich „institutionelle Aspekte" auf alle formellen wie informellen Regeln, welche die Institution Börse betreffen. Hinsichtlich der Ausgestaltung der Börse durch das Börsengesetz und die Börsenordnungen ergeben sich daher eine Vielzahl institutioneller Aspekte, wie z.B.[391]

- die Wahl der Rechtsform,
- die Verwaltungsorganisaton,
- die Überwachungsorganisation,
- die Betriebsorganisation,
- Modalitäten der Preisfeststellung und
- die Handelssegmentierung

Als institutionelle Aspekte der hier vorliegenden Studie sollen im wesentlichen die Regeln zur Handelssegmentierung herausgegriffen und im Hinblick auf ihre Bedeutung für Initial Public Offerings näher analysiert werden.

Damit soll keine qualitative Schmälerung sonstiger institutioneller Faktoren vorgenommen werden, sondern lediglich ein Schwerpunktthema gesetzt werden, um eine dezidierte Auseinandersetzung zu ermöglichen. Diese orientiert sich an der Fragestellung und dem Aufbau der Studie. Eine Betrachtung *aller* Aspekte würde nicht nur den Rahmen dieser Arbeit sprengen, sondern wäre gleichbedeutend mit einer Verlagerung des Themas weg von der Frage nach dem Underpricing und den Besonderheiten der vertikalen Segmentierung und hin zu der Vorteilhaftigkeit der derzeitigen Börsenorganisation. Da diese Verlagerung ein neues, mit Sicherheit ebenso interessantes Thema ergäbe, wird im folgenden der Schwerpunkt der Analyse auf die institutionellen Aspekte der Handelssegmentierung gelegt.

---

389 Erlei/Leschke/Sauerland (1999), Seite 24f.

390 Siehe z.B. Hopt/Baum (1997) oder Kümpel (1985), bei denen angegeben wird, daß die Auffassung, die Börse sei eine unselbständige Anstalt öffentlichen Rechts, herrschende Meinung sei. Diese Meinung wird hier ohne Überprüfung übernommen, ohne sich näher mit der Thematik auseinanderzusetzen, da die Diskussion um die Natur einer Börse eine eigenständige Arbeit darstellte. Für den Verlauf der hier vorzunehmenden Begriffsbestimmung ist die Frage nach der Natur der Börse aber auch nicht von Bedeutung, solange die Börse, unabhängig von ihrer Rechtsform, als Institution im weiteren Sinne verstanden werden kann.

391 Die Aufzählung orientiert sich an Hopt/Rudolpf/Baum (1997), erhebt aber keinen Anspruch auf Vollständigkeit. Es soll lediglich ein Bild über die Vielzahl möglicher institutioneller Aspekte gegeben werden.

Die Handelssegmentierung wird, wie in Kapitel 1.2. dargestellt, im wesentlichen durch das Börsengesetz vorgegeben und durch die Börsenordnungen erweitert bzw. konkretisiert. Daher kann auch von *rechtlichen* Aspekten der Handelssegmentierung gesprochen werden, die nachfolgend aus der ökonomischen Perspektive betrachtet werden. Als Basis für diese ökonomische Betrachtung der rechtlichen Aspekte der Börsensegmentierung dienen die Ergebnisse über das Underpricing des deutschen Primärmarktes, wie sie sich aus der empirischen Untersuchung ergeben haben. Hieraus ergibt sich folgende Vorgehensweise.

In einem ersten Schritt wird die Marktsegmentierung im Hinblick auf ihre Bedeutung für das Underpricing untersucht. Es wird insbesondere der Frage nachgegangen, welchen Einfluß die Segmentierung auf das Going Public im allgemeinen und auf das Underpricing im besonderen haben.

In einem zweiten Schritt werden die segmentierten Märkte aus der Perspektive sowohl der Marktbetreiber als auch der Emittenten betrachtet, bevor in einem dritten Schritt eine kritische Würdigung der rechtsökonomischen Aspekte vorgenommen wird.

4.3.1. Die Bedeutung der Marktsegmentierung für das Underpricing

Wie in Kapitel 1.2.4. dargestellt wurde, gibt es für neue Emittenten das „optimale Marktsegment" durch eine Gegenüberstellung der Kosten und Nutzen der Informationsbereitstellung. In den Kapiteln 2.1.1. (bzw. 4.2.1.) wurde vor dem Hintergrund des *Rock*'schen Gleichgewichtsmodell einer Informationsasymmetrie dargelegt, inwieweit die Informationsbereitstellung die ex-ante Unsicherheit hinsichtlich des erwarteten Unternehmenswertes reduziert und mithin für das Underpricing verantwortlich sein kann. In Kapitel 3.2. wurde empirisch nachgewiesen, das die Höhe des Underpricing in den jeweiligen Börsensegmenten unterschiedlich ist.

Diese Ergebnisse werden nun miteinander verknüpft, indem nochmals die These von *Rock* betrachtet wird und die Informationsbereitstellung in Relation zum Underpricing dargelegt wird. Das sich hieraus ergebende Resultat leitet dazu über, die Existenz eines optimalen Marktsegments zu hinterfragen und alternative Ursachen für das Underpricing anzuregen.

4.3.1.1. Das Paradoxon des Neuen Marktes

Grundlage für die folgenden Überlegungen bildet das Gleichgewichtsmodell von *Rock*, wobei insbesondere auf die bereits dargelegte Kernthese eingegangen wird, daß die ex-ante Unsicherheit hinsichtlich des erwarteten (zukünftigen) Unternehmenswertes aufgrund einer vorliegenden Informationsasymmetrie eine Determinante des Underpricing ist. Die Determinante wirkt sich derart aus, daß das Underpricing um so höher ist, je größer die ex-ante Unsicherheit ist.[392]

Die empirischen Ergebnisse für das Underpricing am deutschen Kapitalmarkt aus Kapitel 3.2. bekunden ein unterschiedliches Underpricing für die jeweiligen Börsensegmente derart, daß die Höhe des Underpricing im Neuen Markt am höchsten und im amtlichen Handel am niedrigsten ist, wobei das Underpricing im Freiverkehr höher ist als im geregelten Markt. Bei Gültigkeit der These von *Rock* müßte demzufolge der Umkehrschluß möglich sein, daß die Informationsasymmetrie und entsprechend die ex-ante Unsicherheit im Neuen Markt höher ist, als im Freiverkehr, dort höher ist, als im geregelten Markt und im amtlichen Handel am niedrigsten ist. Die Informationsasymmetrie und mithin die ex-ante Unsicherheit müßte somit im Neuen Markt bedeutend größer sein, als im amtlichen Handel, um den Umkehrschluß der besseren Lesbarkeit halber auf die zwei „Extremsegmente" zu reduzieren.

Die Frage, die sich bei der These von Rock damit stellt, ist, wie die ex-ante Unsicherheit reduziert werden kann, denn die ex-ante Unsicherheit ist ein Ausdruck für den Grad der Informationsasymmetrie, die (nach der These von *Rock*) für das Vorliegen von Underpricing verantwortlich zu sein scheint.

Zweifellos ist eine vorliegende Informationsasymmetrie grundsätzlich dadurch zu reduzieren, daß von den Informationsinhabern mehr und qualitativ hochwertigere Informationen veröffentlicht werden.[393] Wird, ähnlich wie in dem Modell von *Cho*, davon ausgegangen, daß hinsichtlich unternehmensspezifischer Informationen, die grundsätzlich eine exaktere Bewertung des Unternehmenswertes ermöglichen, der Emittent über den besten Informationsstand verfügt, dann ließe sich eine Informationsasymmetrie hinsichtlich der Unternehmensbewertung tendenziell durch die Veröffentlichung von mehr und qualitativ hochwertigeren In-

---

392 Eine Bestätigung dieser These findet sich explizit z.B. bei Uhlir (1989), Carter/Manaster (1990), Lee/Taylor/Walter (1996) oder Kunz/Aggarwal (1994); siehe aber auch Übersicht bei Jenkinson/Ljungqvist (1996), Seite 48 für viele andere Autoren.

393 Eine Zustimmung zu dieser Aussage treffen vor allem Blättchen/Jacquillat (1999), aber auch R.H. Schmidt (1988) und indirekt H. Schmidt (1988).

formationen vom Emittenten reduzieren. Je mehr bessere Informationen allgemein bekannt sind, desto geringer wäre eine Informationsasymmetrie.[394]

Wie in Kapitel 1.2. dargelegt, unterscheiden sich die einzelnen Börsensegmente durch unterschiedliche Zulassungsvoraussetzungen und Zulassungsfolgepflichten. Ohne im einzelnen erneut auf die jeweiligen Vorschriften einzugehen, sind die Anforderungen hinsichtlich der Veröffentlichung von Unternehmensinformationen für Emittenten im Neuen Markt höher als für Emittenten im amtlichen Handel. Noch geringere Anforderungen werden an Emittenten im geregelten Markt und im Freiverkehr gestellt. Dementsprechend müßte nach allgemeiner Auffassung die Informationsasymmetrie im Neuen Markt am geringsten sein, und im Freiverkehr am höchsten, so daß die Höhe des Underpricing dem Modell von *Rock* zufolge im Neuen Markt ebenfalls am niedrigsten und im Freiverkehr am höchsten ausfallen müßte.

Die empirischen Ergebnisse bestätigen diese Vermutung aber nicht, da gerade der Neue Markt die höchsten Werte für das Underpricing aufweist. Wenn aber dieser bei der näheren Betrachtung zunächst außen vor gelassen wird, dann scheint sich die Systematik der vorgenannten Überlegungen doch zu bestätigen, denn die Anforderungen hinsichtlich der Informationsveröffentlichung sind im amtlichen Handel höher, als im Freiverkehr, und die Höhe des Underpricing ist im amtlichen Handel am niedrigsten.

Wird aber der Neue Markt betrachtet, so werden weitaus mehr relevante Informationen den Investoren zur Verfügung gestellt, als im amtlichen Handel, das Underpricing ist aber sogar höher als im Freiverkehr – hierin scheint das Paradoxon des Neuen Marktes zu liegen.

Die Frage konzentriert sich daher auf die Einordnung des Neuen Marktes als eigenständiges Handelssegment, da der Gesetzgeber, auf den die Zulassungsvoraussetzungen und Informationspflichten zurückgehen, den Neuen Markt explizit nicht kennt. Zwei Möglichkeiten bieten sich hier an. Wird der Neue Markt faktisch dem geregelten Markt zugeordnet, da eine Zulassung zum Neuen Markt eine Zulassung zum geregelten Markt voraussetzt,[395] dann müßte die Höhe des Underpricing zwischen den Werten für den Freiverkehr und dem amtlichen Handel liegen. Dieses ist aber bekanntlich nicht der Fall. Wird dagegen der Neue Markt formal dem Freiverkehr zugeordnet, da er privatrechtlich organisiert ist,[396] so ist auch fraglich, warum die Höhe des Underpricing im Neuen Markt

394 Diese Annahme schließt die Gültigkeit der Markteffizienzhypothese ein, an der aufgrund der anhaltenden Diskussion nicht gezweifelt werden soll.

395 Ziffer 2.3. Abs. 1 Regelwerk

396 Hopt/Baum (1997) oder Potthoff/Stuhlfauth (1997)

mit 55,66 v.H. nicht unwesentlich[397] höher ist, als im Freiverkehr mit 42,80 v.H., obwohl den Investoren bedeutend mehr Informationen zur Bewertung der Aktien bekannt sind, als bei Emittenten, die im Freiverkehr emittieren.

Auf den ersten Blick liefern *Serfling/Pape/Kressin* eine vordergründige Erklärung mit der Behauptung, daß sich „der Bewertungsprozeß bei Wachstumsunternehmen weitaus schwieriger gestaltet als bei etablierten und in reifen Märkten tätigen Unternehmen" und daher „potentielle Investoren bei der Bestimmung des Emissionspreises vielfach einen Risikoabschlag" erwarten.[398] Dieses ist natürlich möglich, doch liefert diese Behauptung alleine noch keine Erklärung für ein hohes Underpricing, da das Kernproblem des Underpricing durch diese Formulierung geschickt umgangen wird. Denn wenn eine Bewertung von Wachstumsunternehmen schwieriger sei, als die Bewertung von etablierten Unternehmen, dann wäre im Mittel eine „richtige" Bewertung zu erwarten, da die Bewertung sowohl positiv als auch negativ vom Erwartungswert abweichen kann. Und wenn Investoren einen Risikoabschlag erwarten, so ist auch die Frage nach der Höhe dieses Risikoabschlages eine Kernfrage des Underpricing: ökonomisch betrachtet würde ein marginaler Risikoabschlag ausreichen, der gerade eine positive Rendite im Vergleich zu einer alternativen Anlageform ermöglichte.[399] Welche Gründe aber dafür sprechen, daß dieser Risikoabschlag im Mittel zu einem Underpricing in Höhe von 55,66 v.H. führen muß, lassen die Autoren offen.

Hinzu kommt, daß *Serfling/Pape/Kressin* pauschal von Wachstumsunternehmen sprechen und wohl darauf abzielen, daß der Neue Markt primär für junge, innovative Wachstumsunternehmen gegründet wurde, die neue Absatzmärkte erschließen.[400] Doch sind nicht alle Unternehmen am Neuen Markt wirklich neue Unternehmen, wie z.B. die Firma Sachsenring AG, die ein Nachfolgeunternehmen der historischen Motorenfirma August Horch & Cie. ist, die Fa. Technotrans AG, die auf eine 30-jährige Unternehmensgeschichte zurückblicken kann oder die Fa. Balda AG, die bereits 1908 gegründet wurde.[401] Für diese und weitere Unternehmen liegt somit hinreichend historisches Datenmaterial bereit,

---

397 Nicht nur das arithmetische Mittel weicht voneinander ab, sondern auch der Median und die Standardabweichung.

398 Serfling/Pape/Kressin (1999), Seite 289

399 So geht z.B. Titzrath (1995) davon aus, daß ein Abschlag in Höhe von 10 v.H. als Kaufanreiz und Risikoabschlag „durchaus angemessen" ist (Seite 142); vgl. auch die Diskussion in Kapitel 4.2.1. zu diesem Thema.

400 Ziffer 1 Regelwerk; Ideen suchen Kapital, Deutsche Börse AG (1997)

401 Handelsblatt, 26.04.2000

so daß eine gewisse Verläßlichkeit der Emissionsprospekte gegeben ist.[402] Dennoch wiesen auch diese Unternehmen ein Underpricing in Höhe von 15,48 v.H. (Sachsenring AG), 28,96 v.H. (Balda AG) oder sogar 209,85 v.H. (Technotrans AG) auf.

Die Ergebnisse sollen daher noch einmal wie folgt zusammengefaßt werden. Aufgrund der höheren Zulassungsvoraussetzungen und Emissionsfolgepflichten wäre zu erwarten, daß die Informationsasymmetrie im Neuen Markt am geringsten ist, gefolgt von dem amtlichen Handel und dem geregelten Markt, und im Freiverkehr am höchsten ist. Nach dem vielfach akzeptierten Modell von *Rock* wäre entsprechend zu erwarten, daß die Höhe des Underpricing im Neuen Markt geringer ist, als im amtlichen Handel und im Freiverkehr am höchsten ist. Die empirischen Ergebnisse sprechen aber eindeutig gegen diesen Zusammenhang.

Das bedeutet, daß pauschal durch eine quantitativ und qualitativ höhere Informationsbereitstellung **keine** Reduzierung der ex-ante Unsichheit hinsichtlich der Unternehmensbewertung erreicht wird und ein mehr an Informationsbereitstellung pauschal **nicht** mit einer Reduzierung des Underpricing einhergeht. Mit anderen Worten, eine Erhöhung der Zulassungsvoraussetzungen und Emissionsfolgepflichten führt nicht zu einer Reduzierung der ex-ante Unsicherheit und mithin nicht zu einem geringeren Underpricing, wie aus dem Beispiel des Neuen Marktes abgeleitet werden kann.

Dieser Zusammenhang ist noch aus einem anderen Grund von besonderem Interesse. Wird berücksichtigt, daß die Zulassungsvoraussetzungen und Emissionsfolgepflichten im Neuen Markt quantitativ und qualitativ höher sind, im geregelten Markt aber niedriger sind, als im amtlichen Handel, so scheint sich vor dem Hintergrund, daß 64 v.H. aller Neuemissionen der Jahre 1997-1999 im Neuen Markt notierten, während „nur" 10 v.H. in den geregelten Markt eingeführt wurden, ein weiteres Paradoxon zu ergeben.

Anfang der achtziger Jahre, als die deutsche Börsenlandschaft nur den (amtlichen) Börsenhandel und den geduldeten, börsenrechtlich aber nicht legitimierten Freiverkehr kannte, wurde eine intensive Diskussion über die Höhe der Zulas-

---

402 Es kann ebenfalls nicht darauf abgestellt werden, daß sich diese Unternehmen in „neuen Absatzmärkten" bewegen, da sich für jedes Unternehmen, unabhängig von seinem Alter, der Markt in dem sich ein Unternehmen bewegen will, konkret erst in der Zukunft gestaltet. So sind alle Angaben in einem Emissionsprospekt, egal in welchem Markt ein Unternehmen tätig ist und sein wird, auf die Zukunft gerichtet und somit grundsätzlich mit Unsicherheit behaftet.

sungsvoraussetzungen zum Börsenhandel geführt.[403] Einvernehmliche Forderung war eine deutliche Reduzierung der Markteintrittsbarrieren insbesondere für kleine und mittlere Unternehmen, um den Zugang zur Börse zu erleichtern, um eine volkswirtschaftlich gewünschte Erhöhung der Eigenkapitalquoten zu erreichen. Mit der Schaffung des geregelten Marktes im Jahre 1986 wurde diesen Forderungen Rechnung getragen, doch blieb der Erfolg des geregelten Marktes weitestgehend aus.[404] Die gleiche Diskussion wie Anfang der achtziger Jahre wurde in den neunziger Jahren mit den gleichen Forderungen und Argumenten erneut aufgegriffen[405] und mündete in dem 1997 gegründeten Neuen Markt, der allerdings, wie bekannt, über höhere Zulassungsvoraussetzungen verfügt, als der amtliche Handel.

Graphik 20: Aktienerstemissionen in Deutschland seit 1983

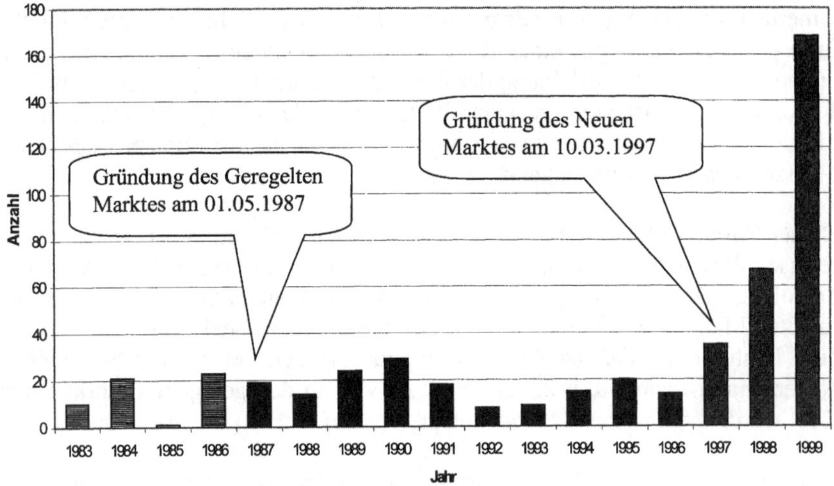

Quelle: Döhrmann (1989), Seite 2 und Deutsche Börse AG, Historical Statistics, 01/2000

Wie die Übersicht in **Graphik 20** zeigt, ist die Anzahl der Erstemissionen seit Gründung des Neuen Marktes bedeutend angestiegen, während sie mit Schaf-

403 Vgl. z.B. insbesondere Claussen (1984), aber auch historischen Rückblick bei Mues (1997).

404 Büschgen (1997)

405 Siehe insbesondere Neumann (1997), Ziffer 27 f. Seite 15, aber auch Büschgen (1997).

fung des geregelten Marktes stagnierte. Aufgrund der zeitlichen Divergenz muß hier natürlich kein kausaler Zusammenhang bestehen, dennoch ist an der Entwicklung auffällig, daß die Anzahl der Initial Public Offerings in Deutschland zugenommen haben, nachdem die Zulassungsvoraussetzungen im Vergleich zum amtlichen Handel erhöht wurden, während die Anzahl der IPOs konstant blieb, als die Zulassungsvoraussetzungen in Relation zum amtlichen Handel reduziert wurden.

Diese vermeintlich paradoxen Auswirkungen des Neuen Marktes werfen die Frage auf, worin diese Zusammenhänge begründet sein könnten und führen zu der Frage nach der Relevanz der Marktsegmente selbst. Welche Rolle spielt die Marktsegmentierung für die Wahl eines Marktsegmentes eines Initial Public Offerings, wenn eine Reduzierung der potentiellen Informationsasymmetrie nicht zwangsläufig zu einer Reduzierung der ex-ante Unsicherheit beiträgt, eine Erhöhung der Zulassungsvoraussetzungen aber anscheinend zu einem Anstieg der Initial Public Offerings führt? Diese Frage wird in den folgenden Abschnitten vertieft.

4.3.1.2. Die Wahl des optimalen Marktsegments

Ein Aspekt, der in Zusammenhang mit der Relevanz der Marktsegmente zu klären ist, ist die in Kapitel 1.2.4. begonnene Diskussion über das optimale Marktsegment für einen Emittenten.

In Anlehnung an *Ostrowski* ergibt sich für einen Emittenten das optimale Marktsegment durch das Kosten-Nutzen-Verhältnis eines jeden Segments. Die Argumentation lautete, daß aufgrund der unterschiedlichen Zulassungsvoraussetzungen und Emissionsfolgepflichten die Kosten eines Börsenganges nicht nur segmentabhängig sind, sondern auch positiv korrelieren mit den bereitzustellenden Informationen, auf der anderen Seite aber ein hoher Informationsbereitstellungsgrad von den Investoren mit einer höheren Liquidität im Handel „belohnt" wird, wodurch sich eine Marktwertsteigerung für den Emittenten ergibt, da die Kapitalkosten reduziert werden. Das optimale Marktsegment ergibt sich dann durch den Informationsbereitstellungsgrad, bei dem die erwartete Differenz zwischen Marktwerterhöhung und Barwert der Kosten maximiert wird.

Im Rahmen einer kritischen Diskussion unter Berücksichtigung der bislang gewonnenen Erkenntnisse muß aber dieser Ansatz von *Ostrowski* in einigen Punkten relativiert werden. So soll im folgenden berücksichtigt werden, daß

- die Höhe des Underpricing als Kostenkomponente mit einbezogen werden muß,
- Unternehmen nicht zwingend in einem „höheren" Segment notieren müssen, auch wenn sie die Voraussetzungen hierzu erfüllen könnten, da der Vorteil einer höheren Handelsliquidität in einem höheren Segment nicht garantiert oder gewünscht ist und
- die ex-ante Unsicherheit der Investoren nicht positiv korreliert ist mit der Höhe des Underpricing (≙ Kosten).

Aus diesen zu berücksichtigenden Aspekten ergeben sich diverse Anmerkungen und offene Fragen, die im folgenden diskutiert werden.

Werden bei der Inanspruchnahme des Kapitalmarktes lediglich die einmaligen und laufenden Kosten der Börsenzulassung betrachtet, so wie *Ostrowski* sich äußert,[406] dann existiert auch nur eine Kostenfunktion in Abhängigkeit von dem Informationsbereitstellungsgrad und zwar derart, daß die Kosten mit steigenden Publizitätspflichten zunehmen. Bei einer freiwilligen hohen Publizität fallen somit zwar hohe Kosten an, doch hat der Emittent die Wahl, in welchem Börsensegment er seine Aktien notieren möchte. Dieses Wahlrecht macht es notwendig, segmentspezifische Kosten zu berücksichtigen. Segmentspezifische Kosten können z.B. die indirekte Kosten des Underpricing sein, wenn die Annahme eines effizienten Sekundärmarktes getroffen wird.[407] Wie die empirischen Ergebnisse des Kapitels 3.2. gezeigt haben, ist die Höhe des Underpricing in den jeweiligen Segmenten unterschiedlich hoch, so daß bei einer relativ hohen Publizität in Abhängigkeit von dem jeweiligen Marktsegment unterschiedlich hohe Kosten für den Emittenten entstehen. Demzufolge existieren bei Berücksichtigung des Underpricing als Kostenkomponente vier verschiedene Kostenfunktionen, so daß es in Abhängigkeit von dem Informationsbereitstellungsgrad auch vier unterschiedliche Barwerte für die Kosten gibt. Wenn aber *Ostrowski* für die Wahl des optimalen Segments die Differenz zwischen (erwarteter) Marktwertsteigerung und Barwert der Kosten maximiert, dann gäbe es unter Berücksichtigung der segmentabhängigen (Underpricing-)Kosten vier verschiedene Optima.

Diesem Resultat folgend, ist es somit fraglich, woran sich die Emittenten bei der Wahl „ihres" Handelssegments orientieren, denn wenn es in bezug auf die Kosten-Nutzen-Relation der Informationsbereitstellung vier verschiedene Optima gibt, kann es nicht *das* optimale Handelssegment geben. Das bedeutet, daß ein Emittent, der zwar faktisch die Zulassungsvoraussetzungen und Emissionsfolge-

---

406 Ostrowski (1999), Seite 23

407 Underpricing als Kostenkomponente wird insbesondere gesehen bei Uhlir (1989), Kaserer/Kempf (1995), Welch (1989), Carter/Manaster (1990), Saunders/Lim (1990), Brennan/Franks (1997) oder Jenkinson/Ljungqvist (1996).

pflichten nach den höchsten Anforderungen erfüllen könnte, nicht zwangsläufig auch in diesem Markt seine Aktien emittieren muß. Mit anderen Worten kann ein Emittent, der im Prinzip in den Neuen Markt gehen könnte, genauso gut seine Wahl für den Freiverkehr oder den geregelten Markt treffen. Ein Blick auf den Kurszettel deutscher Börsen scheint diese Vermutung zu bestätigen, denn zahlreiche namhafte Großunternehmen, die aus eigenen Motiven eine umfangreiche Investor Relations-Politik betreiben, sind im Freiverkehr notiert – so z.B. Unternehmen wie die AXA Colonia Versicherungs AG, die Alte Leipziger Versicherungs AG, die Bayerische Handelsbank AG, die Leonberger Bausparkasse AG, die Dortmunder Actien Brauerei AG oder die Nestlé Deutschland AG, um nur einige Beispiele zu nennen.[408]

Selbstverständlich ist der Bekanntheitsgrad und die Größe eines Unternehmens kein stichhaltiges Indiz für die Erfüllung börsenrechtlicher Zugangsvoraussetzungen, so daß eine Überprüfung im einzelnen erforderlich wäre, doch entsprechen die Offenlegungsvorschriften für Jahresabschlüsse nach dem Handelsgesetzbuch (HGB) und dem Aktiengesetz (AktG) weitestgehend den Anforderungen an die Emissionsprospekte. Auf der anderen Seite stellen nach *Blättchen/Jacquillat* die Zugangsanforderungen an die Emittenten keine „echte" Zulassungshürde dar[409], was auch dadurch zum Ausdruck kommt, daß 64 v.H. aller betrachteten Neuemissionen der Jahre 1997-1999 in den Neuen Markt gegangen sind, und nur 11 von 262 Unternehmen dem Kurswert nach die Anforderungen an den Neuen Markt nicht erfüllen konnten.[410] Dieses wirft die Frage auf, woran sich die Wahl des Börsensegments für einen Emittenten orientiert.

Ein weiterer zu diskutierender Aspekt ist die Annahme von *Ostrowski*, daß durch eine höhere Informationspflicht der Emittenten das Vertrauen der Anleger steigt, wodurch sich eine höhere Handelsliquidität ergibt. Anders formuliert, ergibt sich durch eine höhere Informationspflicht der Emittenten eine geringere Informationsasymmetrie mit der Folge, daß ex-ante Unsicherheit hinsichtlich des Unternehmenswertes abgebaut wird und die Anleger dieses mit geringeren Renditeforderungen an die Anlage honorieren.[411] Die empirisch belegten Ausführungen des vorangegangenen Kapitels haben aber gezeigt, daß eine höhere Informationspflicht *nicht* einhergeht mit einer Reduzierung der ex-ante Unsicherheit und mithin zu einem geringeren Underpricing führt. Ergo kann ein Unternehmen nicht zwangsläufig darauf vertrauen, daß eine quantitativ wie qualitativ höhere Informationsbereitstellung die Handelsliquidität erhöht (woraus sich

---

408 Quelle: Börsenzeitung vom 02. Juni 1999

409 Blättchen/Jacquillat (1999), Seite 105

410 Nach Ziffer 3.7. Abs. 4 Regelwerk muß bei der Zulassung zum Neuen Markt der voraussichtliche Kurswert der zuzulassenden Aktien mindestens DM 10 Mio. betragen.

411 Ostrowski (1999), Seite 23

geringere Kapitalkosten für den Emittenten ergäben). *Schmidt* formuliert diesen Sachverhalt am Beispiel einer Zwischenberichtspublizität mit den Worten, daß bei kleinen Emissionen „niemand mit Bestimmtheit generell beurteilen kann, ob die Kosten des Emittenten für Zwischenpublizität durch den Vorteil kompensiert werden, der dem Emittenten daraus erwächst, daß die Anleger bei verläßlicher Publizität einen höheren Emissionskurs akzeptieren als ohne diese Publizität."[412] Wenn aber eine höhere Informationsbereitstellung die Handelsliquidität nicht zwangsläufig erhöht, so ergibt sich durch die Informationsbereitstellung für den Emittenten kein Hinweis auf sein „optimales" Marktsegment.

Zusammenfassend kann somit festgehalten werden, daß ein optimales Marktsegment für einen Emittenten nicht aufgrund einer Kosten-Nutzen-Analyse in bezug auf die Informationsbereitstellung ermittelt werden kann, da

- es unter Einbeziehung der indirekten Kosten vier verschiedene Kosten-Nutzen-Optima hinsichtlich der Segmentwahl gibt,
- durch eine höhere Informationsbereitstellung nicht zwangsläufig die Informationsasymmetrie mit der Folge abgebaut wird, daß die Investoren höhere Emissionskurse akzeptieren und
- eine Notierung hierdurch nicht zwangsläufig in dem Segment mit den höchsten Zulassungsvoraussetzungen erfolgen muß.

Ergo scheint es außer der Kosten-Nutzen-Relation aus der Informationsbereitstellung in Zusammenhang mit einer erwarteten höheren Handelsliqudität noch weitere Gründe zu geben, welche die Wahl des Emittenten hinsichtlich des Marktsegmentes beeinflussen.

Eine Antwort auf die Frage, welche Gründe dieses sein könnten, liefert u.a. *Theissen*, der Unternehmen nach ihren Motiven für die Wahl des Neuen Marktes befragt hat.[413] Das mit Abstand am häufigsten genannte Motiv war die bessere Publizitätswirkung des Neuen Marktes. Aber auch Erfahrungsberichte von börsennotierten Unternehmen geben Aufschluß über die Motive bei der Wahl des Marktsegmentes. So berichten *Kempkes/Haffa* von der EM.TV & Merchandising AG, daß sich ihr Unternehmen für den Neuen Markt entschlossen habe, da aufgrund ihres Umsatzvolumens in Höhe von 16,7 Mio. DM im Jahre 1996 keine Bank geraten hätte, die Aktien in den amtlichen Handel oder den geregelten Markt einzuführen, eine Listung im Freiverkehr eine Alternative gewesen wäre, aber das Konzept und die Vermarktung des Neuen Marktes überzeugte.[414] Und

---

412 H. Schmidt (1988), Seite 18

413 Theissen (1998), Seite 641 ff

414 Vgl. Kempkes/Haffa in: Volk (1998), Seite 186; die erste Notiz erfolgt am 30.10.1997 in Frankfurt.

Reutner/Plettendorf von der Friatec AG berichten, daß sich ihr Unternehmen für den geregelten Markt entschloß, damit ein späteres Aufsteigen in den amtlichen Handel nicht ausgeschlossen ist.[415]

Diese beispielhaften Erfahrungsberichten und die empirischen Ergebnissen von *Theissen* sind aus zwei Gründen von großer Bedeutung. Zum einen bestätigen sie die bereits geäußerte Einschätzung, daß die Segmentierung als qualitative Klassifizierung empfunden wird, wobei der amtliche Handel das höchste Qualitätsniveau zu haben scheint und der Freiverkehr das niedrigste.[416] Zum anderen scheint aber gerade in bezug auf den Neuen Markt die Publizitätswirkung und die Vermarktung eine entscheidende Rolle bei der Segmentwahl zu spielen.

Anhand dieser Ergebnisse kann geschlußfolgert werden, daß die Wahl eines Marktsegmentes von der Reputation des jeweiligen Segments *und* seiner Publizitätswirkung determiniert wird, wenn der Emittent die Zugangsvoraussetzungen für mindestens zwei Segmente erfüllt. Der amtliche Handel nimmt hierbei aufgrund seiner historischen Verankerung im Börsengesetz und seiner maßgeblichen Umsatzbedeutung die höchste Reputation ein. Der geregelte Markt folgt dem amtlichen Handel, der Freiverkehr hat die geringste Reputation, da an ihn faktisch die geringsten Zulassungsanforderungen geknüpft sind und sich erst eine relative spätere Einbeziehung in das Börsengesetz ergeben hat. Der Neue Markt hat dementsprechend ebenfalls nur eine geringe Reputation, da er als privatrechtlich gegründetes Segment keine direkte Unterstellung unter das Börsengesetz genießt und (noch) auf keine eigenen Geschichte zurückblicken kann, jedoch genießt der Neue Markt aufgrund der Vermarktung durch die Deutsche Börse AG eine sehr hohe Publizitätswirkung, die sich auf den Bekanntheitsgrad der dort notierten Unternehmen überträgt.

Die Reputation eines Marktsegmentes könnte sich ergeben aus der Historie des Segments, der Verankerung im Börsengesetz oder der Indices, durch die das Segment abgebildet wird. Die Publizitätswirkung eines Marktsegmentes könnte sich ergeben aus der Darstellung des Segments in der Öffentlichkeit durch die Börse selbst (Vermarktung, Marketingaktivitäten, Kreierung neuer Indices, usw.).

Erfüllt ein Emittent alle Zugangsvoraussetzungen, so daß er theoretisch in allen vier Segmenten notieren könnte, hängt seine Wahl davon ab, ob

415 Reutner/Plettendorf in: Volk (1988), Seite 227; die erste Notiz erfolgte am 13.07.1995 in Frankfurt.

416 Vgl. hierzu Büschgen (1997)

- er mehr Wert darauf legt, daß sich die hohe Reputation eines Segments auf das Ansehen seines Unternehmens überträgt (z.B. wegen angestrebter Auslandsnotierungen),
- er mehr Wert darauf legt, daß durch die Vermarktung des Segmentes auch der Bekanntheitsgrad seines Unternehmens steigt (z.B. als junges Unternehmen) oder
- die Reputation und die Publizitätswirkung nachrangig betrachtet werden, da ein Börsengang zu den geringsten Kosten erfolgen soll (z.B. bei nur regional bekannten Unternehmen, die bereits bekannt sind und keine außergewöhnlichen Expansionspläne haben)

Diese systematischen Aspekte der Segmentswahl von neuen Emittenten, die empirisch untermauert sind, führen somit zu der Frage, welche Rolle die Reputation und die Publizitätswirkung der Marktsegmente in bezug auf das Underpricing spielen, da konventionelle Erklärungsansätze bislang keine befriedigenden Argumente liefern konnten.

4.3.1.3. Underpricing als Folge der Marktsegmentierung?

Werden die bisherigen Ergebnisse dieser Arbeit zusammengefaßt, dann ergibt sich folgendes Bild:

- Underpricing existiert auch in Deutschland (Kapitel 3.2.),
- die Höhe des Underpricing ist in den einzelnen Börsensegmenten unterschiedlich hoch (Kapitel 3.2.),
- konventionelle Erklärungsansätze liefern keine befriedigende Erklärung für das (segmentspezifische) Underpricing (Kapitel 4.2.) und
- die Wahl des Börsensegmentes bei einer Neuemission wird maßgeblich durch die Reputation und die Publizitätswirkung eines Börsensegmentes bestimmt.

Diese Ergebnisse geben Anlaß, eine These zur Erklärung insbesondere des marktspezifischen Underpricing aufzustellen. Die Grundgedanken lautet wie folgt:

Die Emittenten und die Emissionshäuser betrachten maßgeblich die Reputation eines Marktsegments bei der Wahl für ihr Initial Public Offering, lassen sich aber auch durch die Publizitätswirkung und Kostenaspekte leiten. Die Reputation des Marktes ist aber ein Hauptentscheidungskriterium.

Dem amtlichen Handel wird die höchste Reputation beigemessen, da dieser die längste (börsenrechtlich verankerte) Geschichte vorweisen kann und am Umsatz betrachtet die größte Bedeutung im Markt hat. Der geregelten Markt genießt eine leicht geringere Reputation als der amtliche Handel, da in ihm geringe Zulassungsvoraussetzungen gelten, er aber dennoch vollständig durch das Börsengesetz geregelt ist. Der Freiverkehr genießt eine weitaus geringere Reputation als der geregelte Markt, da der Freiverkehr nach dem Börsengesetz über keinerlei Zugangsvoraussetzungen verfügt und weitestgehend privatrechtlich geregelt ist. Der Neue Markt verfügt im Vergleich zum Freiverkehr über eine noch geringere Reputation, auch wenn der Neue Markt aufgrund seiner Vermarktung die weitaus größte Publizitätswirkung hat. Doch dem Neuen Markt wird (noch) eine sehr große Skepsis entgegengebracht, da auch der Neue Markt formal dem Freiverkehr zuzuordnen ist,[417] dementsprechend nur privatrechtlich geregelt ist und als neues Segment keine eingenständige Historie vorweisen kann.

Der amtliche Handel wird quasi als Benchmark-Segment von den Emittenten und den Emissionshäusern betrachtet, da dieser die höchste Reputation genießt. Die Emittenten gehen ferner davon aus, daß auch die Investoren den Segmenten die gleiche Reputationseinschätzung beimessen und den amtlichen Handel als das Segment mit der höchsten Reputation betrachten.

Die Bestimmung des Emissionspreises erfolgt daher aus Sicht der Emittenten unter Berücksichtigung der Marktsegmentierung, wobei die Aktien im amtlichen Handel zum Fair Value emittiert werden, und nur bei einer Emission in ein anderes Segment den Investoren quasi ein *„Markt-Reputations-Abschlag“* gewährt wird. Dieser Reputations-Abschlag ist identisch mit dem empirisch ermittelten Underpricing. Eine Emission im amtlichen Handel ist daher nicht underpriced, sondern lediglich zum Fair Value (abzüglich Abschlag für das Absatzrisiko) plaziert, während eine Emission im geregelten Markt oder Freiverkehr nur mit einem höheren Abschlag plaziert werden kann, um den Investoren einen Ausgleich dafür zu geben, daß das Unternehmen in einem „minderwertigen“ Markt notiert, in welchem die Investoren Nachteile z.B. in Form einer geringeren Liquidität hinnehmen müssen. Emissionen im Neuen Markt müssen den höchsten Reputations-Abschlag hinnehmen, da der Neue Markt über die geringste Reputation verfügt und die Investoren das Risiko in Kauf nehmen, daß dieser neue Markt langfristig nicht akzeptiert wird, wodurch sich ebenfalls ein Liquiditätsrisiko für die Investoren ergibt. Die Markt-Reputations-Abschläge werden daher von den Emittenten auf den Fair Value vorgenommen, da die Emittenten die Reputation der jeweiligen Börsensegmente bewerten und den Investoren einen

---

[417] Hopt/Baum (1997), Seite 18

Ausgleich für die Reputationsnachteile zahlen, um ihre Aktien absetzen zu können.

Das Underpricing ergibt sich nun daraus, daß die Investoren selbst nicht an die unterschiedliche Reputation der Börsensegmente glauben, sondern den jeweiligen Fair Value einer Aktie betrachten und nur an Kurssteigerungen (oder hohen Dividenden) interessiert sind.

Während sich die Emittenten bei der Vorbereitung ihres Börsenganges mit den unterschiedlichen Zulassungsvoraussetzungen und Emissionsfolgepflichten einer Notierung auseinandersetzen müssen, und daher auch zu einer unterschiedlichen Reputation der einzelnen Börsensegmente gelangen, betrachten die Investoren die Börsensegmente nicht einzeln, sondern orientieren sich bei ihrer Maxime der Renditemaximierung lediglich an den fundamentalen Unternehmensfakten oder erwarteten Kursteigerungen – eine segmentmäßige Betrachtung von Einzelengagements wird aber nicht vorgenommen.[418] Dieses kommt auch dadurch zum Ausdruck, daß als Vergleichsmaßstab für Einzelanlagen oft Aktienindices herangezogen, wie z.B. der DAX-30, der EuroStoxx-50 oder der SMAX-Index; es existieren aber, mit Ausnahme des Nemax-All-Share-Index, keine Aktienindices, die jeweils ein komplettes Börsensegment abdecken.

Diesen Überlegungen zufolge, könnte die Reputation eines jeweiligen Börsensegmentes die Ursache für Underpricing sein. **Da aber die jeweilige Reputation der Börsensegmente auf die Marktsegmentierung des Gesetzgebers zurückzuführen ist, lautet die hier vertretene These, daß Underpricing eine Folge der rechtlich induzierten vertikalen Marktsegmentierung ist.**

Zur rekursiven Überprüfung dieser These soll der Umkehrschluß gezogen werden, daß es ohne eine vertikale Marktsegmentierung kein Underpricing gäbe. Mit anderen Worten ausgedrückt: gäbe es nur ein einziges Marktsegment, dann kann es keine Reputationsunterschiede und mithin kein Underpricing geben, sondern nur einen Abschlag für das Absatzrisiko, welches im Mittel geringer wäre, als das hier vorgestellte mittlere Underpricing über alle Segmente. Damit wäre aber nicht nur der Primärmarkt informationseffizienter gestellt, als ein vertikal segmentierter Primärmarkt, sondern es wäre auch eine höhere allokative Effizienz erreicht, da ohne das Vorhandensein von Underpricing die Emittenten

---

418 Aktienempfehlungen von Analysten und Banken beziehen sich in der Regel nur auf den Titel des Unternehmens ohne Angabe auf das Segment, in dem die Aktien gehandelt wird. Auch am Graumarkt werden Preistaxen ohne Angabe auf das Segment abgegeben (vgl. z.B. Tabelle 21, Seite 182). Das heißt, Investoren wissen vor einer Kaufentscheidung oft gar nicht, in welchem Segment eine Aktie notiert. Dieses stützt die These, daß Investoren bei ihren Kapitalanlagen nicht segmentspezifisch vorgehen.

einen höheren Emissionserlös verbuchen und mithin eine größere Anzahl von geplanten Investitionsprojekten durchführen könnten.

Dieser Argumentation folgend - die auf der These aufbaut, daß die Marktsegmentierung aufgrund der sich hieraus ergebenden Reputationsunterschiede zu einem Underpricing führt - ist aus Gründen der Informationseffizienz eine vertikale Marktsegmentierung des Börsenhandels nicht notwendig, bzw. sogar kontraproduktiv, so daß diese in Frage zu stellen ist, wenn nicht andere Gründe zwingend eine vertikale Segmentierung bedingen. Dieser Frage wird in dem nächsten Kapitel nachgegangen.

4.3.2. Die Effizienz segmentierter Märkte

Im vorangegangenen Kapitel wurde die Frage aufgegriffen, warum es eine vertikale Marktsegmentierung gibt, wenn diese sich aus Gründen der Informationseffizienz nachteilig auf den Primärmarkt auswirkt. Diese Frage nach der Notwendigkeit vertikal segmentierter Märkte wird in diesem Kapitel aufgegriffen, wobei der Schwerpunkt der Diskussion auf die Frage gelegt wird, worin die Effizienz vertikal segmentierter Märkte begründet ist und welche Bedeutung sie für Initial Public Offerings hat. Diesen zwei Ansatzpunkten entsprechend, wird zunächst die Perspektive der Marktbetreiber, also der Börsen selbst, aufgegriffen und anschließend die Sichtweise der Emittenten dargelegt. Ein Résumé aus allokativer Betrachtung bildet den Abschluß der Diskussion.

4.3.2.1. Die Perspektive der Marktbetreiber

Da die Frage nach der Effizienz der Marktsegmentierung einen Maßstab zur Beurteilung benötigt, ist es notwendig, zunächst eine Alternative darzustellen. In bezug auf das Untersuchungsthema soll ein vertikal segmentierter Markt einem nicht-segmentierten Markt gegenübergestellt werden, um die Vorteile des einen gegenüber dem anderen Markt herauszustellen. Diese Vorgehensweise ist identisch mit der grundsätzlichen Frage nach der Vorteilhaftigkeit eines vertikal segmentierten Marktes im Vergleich zu einem integrierten Markt, wie sie *Schmidt* in einem Standardwerk bereits aufgegriffen hat.[419] Aus diesem Grunde kann auf die umfangreiche Diskussion, die noch bei *Schmidt* zur Beantwortung der Frage notwendig war, verkürzt werden, so daß lediglich die hier relevanten

---

[419] Schmidt (1977)

Kernaussagen erneut aufgegriffen werden. Denn es soll nicht die grundlegende Vorgehensweise von *Schmidt* in Frage gestellt werden, sondern lediglich die Ergebnisse herangezogen werden, um die Effizienz segmentierter Märkte zu betrachten.
Schmidt analysiert die Vorteilhaftigkeit des einen Marktes dem anderen gegenüber anhand der Verfahrenseffizienz, die dann einem Markt den Vorzug gibt, wenn die Summe der Kosten der Marktteilnehmer minimiert wird.[420] Als Kostenkomponenten aller Marktteilnehmer müssen berücksichtigt werden

- die Emissionskosten,
- die Transaktionskosten,
- die Verwahrkosten,
- die Kosten des Wertpapierdienstes und
- die Kosten fortlaufender Information,

wobei die Summe dieser marktorganisationsbestimmenden Kosten minimiert werden soll und in drei Teilsummen aufgeteilt werden kann. Diese Teilsummen beziehen sich auf

1. den Informations- und Entscheidungsbereich,
2. den Ausführungsbereich und
3. den Erfüllungs- und Verwahrungsbereich.[421]

Um die Frage zu beantworten, wie die vertikale Segmentierung zu bewerten ist, ist zu klären, inwieweit eine Segmentierung die Verfahrenseffizienz im Ausführungsbereich erhöht oder nicht. *Schmidt* geht der Frage nach, in dem die folgenden Aspekte analysiert werden:[422]

1. Suche nach dem günstigsten Kontrahenten
2. Sicherung gegen Transaktionsrisiken
3. (transaktionsbedinte) Informationskosten
4. Kosten des sofortigen Abschlusses

Schmidt kommt bei der Analyse dieser Kriterien zu dem Ergebnis, daß eine vertikal segmentierte Börse einer integrierten Marktorganisation überlegen ist, und „daß eine vertikale Segmentierung die Effizienz der Zirkulationsmärkte verbes-

---

420 Schmidt (1977), Seite 13
421 Ebenda, Seite 27
422 Ebenda, Seite 294

sert und an den Umsatzmerkmalen der gehandelten Werte anknüpfen muß",[423] wobei sich die Argumentation zu diesem Ergebnis wie folgt gestaltet.[424]

Die Suche nach dem günstigsten Kontrahenten (1) zielt ab auf die Kursfeststellungsverfahren in Abhängigkeit von der Umsatzgröße. So sei bei umsatzschwachen Titeln aus Kostengründen die Errechnung eines Einheitskurses ausreichend, während für umsatzstarke Werte Gesamtkursverfahren notwendig seien, die auf dem Auktionsprinzip basieren, da sich Angebot und Nachfrage zu schnell ändern, um einen Einheitskurs berechnen zu können. Entsprechend sind in Abhängigkeit von der Umsatzgröße verschiedene Handelssegmente einzurichten, um das kostengünstigste Kursfeststellungsverfahren anwenden zu können.

Die Sicherung gegen Transaktionsrisiken (2) stellt ab auf das Realisationsrisiko, eine Order nicht ausgeführt zu bekommen, wenn keine gegenläufige Order vorliegt. Da dieses Risiko bei umsatzschwachen Werten relativ größer ist, sei es erforderlich, spezielle Segmente zu bilden, dessen Werte alleine über market-makers gehandelt werden, die entsprechende Kurse stellen, auch wenn kein Konkurrenz(an)gebot vorliegt.

Transaktionsbedingte Informationskosten (3) beziehen sich auf die Bereitstellung von Informationen über die aktuellen Gebote, die letzen Kurse und Umsätze der gehandelten Werte. *Schmidt* plädiert auch hier für eine an den Umsatzmerkmalen angepaßte Handels- und Informationstechnik, und bezieht sich auf ein Beispiel an der New York Stock Exchange (NYSE), an der Informationen mangels Möglichkeiten der Kursfeststellung aufgrund eines großen Ordervolumens nicht veröffentlicht werden konnten, und Anleger auf andere Börsen ausweichen mußten. Da Kursinformationen bei umsatzstarken Titeln durch die Masse für die Börse wichtiger sind, als bei umsatzschwachen Titeln, seien unterschiedliche Informationstechniken notwendig.

Der vierte Aspekt, die Kosten des sofortigen Abschlusses (4), stellt ab auf die Notwendigkeit des fortlaufenden Handels zu Einzelkursen, wenn die Mehrheit der Anleger einen sofortigen Abschluß präferieren.

Anhand dieser Aspekte kommt *Schmidt* zu dem Ergebnis, daß eine vertikal segmentierte Börse einer Zentralbörse vorzuziehen ist, wobei der Grad der Segmentierung abhängig ist von den Umsatzmerkmalen, den Handelsverfahren und dem Stand der Kommunikationstechnik, wobei dem Umsatzmerkmal das

---

423 Ebenda, Seite 304, Zitat Seite 364

424 Ebenda, Seiten 295 ff.

Hauptaugenmerk gilt,[425] und drei bis vier Segmente beispielhaft als effiziente Segmentierung darstellt.

Wird berücksichtigt, daß die Untersuchung von *Schmidt* aus dem Jahre 1977 stammt und sowohl die Börsenlandschaft als auch die technischen Möglichkeiten zu dieser Zeit mit der Gegenwart kaum vergleichbar sind, so muß die Argumentation und das Ergebnis relativiert werden, da der Fokus bei *Schmidt* auf den Umsatzmerkmalen und den Kosten der technischen Bereitstellung von Informationen liegt.

So macht *Schmidt* selbst für seine Analyse die einschränkende Annahme, daß eine Automatisierung des Handels nicht realisierbar sein soll, wenngleich eine elektronische Datenverarbeitung hinreichend entwickelt sei.[426] Damit wird deutlich, daß die technischen Möglichkeiten sowohl zur Informationsbereitstellung als auch zur Kursfeststellung damals ein ernsthaftes Problem darstellten, weshalb es sicherlich notwendig war, umsatzstarke und umsatzschwache Titel aus Kostengründen handels- und informationstechnisch zu trennen. So spricht *Schmidt* in einem Beispiel über die mangelnde Konkurrenz bei der Übernahme von Spitzen durch Händler davon, daß dieses nicht möglich sei, da die Kurse „für Hunderte von Anleihen und Aktien innerhalb etwa einer halben Stunde ermittelt werden“ [427] müssen, und stellt somit auf den zeitlichen Aspekt und damit auf die Kosten der Kursfeststellung ab. Heute dagegen können durch den vollautomatischen Handel die Kurse für beliebig viele Titel binnen weniger Sekunden ermittelt werden. So ist durch den vollautomatisierten Computerhandel und die EDV-technische Unterstützung zur Kursermittlung und Informationsweitergabe eine Unterscheidung nach Umsatzmerkmalen nicht mehr notwendig. Als Beispiel hierfür ist das vollelektronische Handelssystem Xetra der Deutschen Börse AG anzuführen, in dem alle an der Frankfurter Wertpapierbörse notierten Aktien in jeder Ordergröße sowohl fortlaufend, als auch in Auktionen gehandelt werden können. Ein Handel ist rund um die Uhr möglich, derzeit von 8.30 Uhr bis 20.00 Uhr (bzw. bis 17.00 Uhr bis zum 31.05.2000). Eine vollständige Informationsveröffentlichung ist dadurch gewährleistet, daß die Marktteilnehmer jederzeit einen Einblick in die volle Tiefe des Orderbuchs haben.[428] Eine vertikale Handelsdifferenzierung anhand von Umsatzmerkmalen aufgrund mangeln-

---

425 Schmidt (1977), Seite 365; genannt werden zudem noch Art und Umfang der Nachfrage verschiedener Anlegergruppen und Zahl und Struktur der Wirtschaftszentren eines Landes, da sich Schmidt in diesem Kapitel auf die Börsenmärkte innerhalb der Europäischen Gemeinschaft bezieht. Schmidt (1988), Seite 41 führt lediglich die unterschiedlichen Umsatzmerkmale als Grund für eine vertikale Segmentierung an.

426 Schmidt (1977), Seite 295 f.

427 Ebenda, Seite 107

428 Xetra – Release 3; Deutsche Börse AG (1999)

der Möglichkeiten der (manuellen) Kursfeststellung oder mangelnder Informationsbereitstellung wird durch den Xetra-Handel ad absurdum geführt. Dieses kommt insbesondere dadurch zum Ausdruck, daß derzeit ca. 2.300 Aktien in Xetra gehandelt werden, wobei es unerheblich ist, in welchem Marktsegment die Titel ursprünglich zugelassen sind. Wird zudem berücksichtigt, daß im Jahre 1999 ca. ¾ des gesamten inländischen Aktienumsatzes in Deutschland über den Xetra-Handel abgewickelt wurden,[429] dann wird deutlich, daß Xetra quasi als ein eigenständiges Handelssegment betrachtet werden kann, und die rechtlichen Börsensegmente (bis auf eines) überflüssig macht, wenn sich nach den Kriterien von *Schmidt* die Effizienz eines segmentierten Marktes aus der Verfahrenseffizienz im Ausführungsbereich ergibt.

Ein weiterer Aspekt, der bei der Argumentation von *Schmidt* in Frage gestellt werden kann, ist die Einteilung der Segmente, wenn sie denn notwendig wären. Da diese aus Effizienzgründen anhand von Umsatzmerkmalen stattfinden sollte, müßte laufend eine Neusegmentierung der Aktien erfolgen, da sich die Umsätze täglich, bzw. stündlich oder minütlich/sekündlich ändern. Ergo ändert sich auch die Verfahrenseffizienz entsprechend schnell, so daß eine einmal vorgenommenen Klassifizierung kurze Zeit später sehr ineffizient sein muß. Dann aber ist eine vertikal segmentierte Börse nicht mehr per se effizient, sondern nur zufällig, womit eine Segmentierung auch unterbleiben kann. *Schmidt* selbst geht auf diesen Schwachpunkt der Verfahrenseffizienz ein, und mutmaßt, daß die geringeren variablen Kosten einer segmentierten Börse (im Vergleich zu einer Zentralbörse) die durch die ständige Neusegmentierung höheren Fixkosten überkompensieren dürften.[430] Doch ist auch dieses Argument ohne Kenntnis der genauen Kosten in Frage zu stellen. Zumindest kann genauso gut bezweifelt werden, daß die variablen Kosten einer segmentierten Börse, die einmalig Segmente festgesetzt hat und somit aufgrund sich ändernder Umsatzmerkmale nur zufällig effizient arbeitet, mögliche höhere Fixkosten überkompensieren.

Zusammenfassend kann somit festgehalten werden, daß die Hauptkriterien der Verfahrenseffizienz im Ausführungsbereich, die noch vor 23 Jahren eine vertikale Segmentierung der Börsenmärkte bedingten, heute zeitlich überholt sind. Das vollelektronische Computer-Handelssystem Xetra hat gezeigt und bewiesen, daß die Suche nach dem günstigsten Kontrahenten, die transaktionsbedingten Informationskosten und auch die Kosten des sofortigen Abschlusses auch optimal dargestellt werden können, ohne daß eine Segmentierung der Börsenmärkte notwendig ist, da das Xetra-Handelssystem keine Unterschiede beim Handel zwischen Aktien des Freiverkehrs, des geregelten Marktes, des amtlichen Han-

---

429 Deutsche Börse AG, Fact Book 1999

430 Schmidt (1977), Seite 307

dels oder des Neuen Marktes macht. Die Sicherung gegen Transaktionsrisiken ist dagegen segmentunabhängig und kann durch entsprechende Sicherungsmöglichkeiten wie z.B. market-makers o.ä. minimiert werden. Ein isolierter Zusammenhang zu einer segmentierten oder integrierten Börse hinsichtlich eines höheren Transaktionsrisikos ist hingegen nicht herzustellen.

Daraus läßt sich folgern, daß insbesondere aufgrund der technischen Möglichkeiten die Verfahrenseffizienz heute anders beurteilt werden muß, als früher. Dementsprechend ist eine vertikale Segmentierung des Sekundärmarktes aus Gründen der Verfahrenseffizienz heute nicht mehr notwendig, so daß eine segmentierte Börse nicht zwangsläufig einer integrierten Zentralbörse vorzuziehen ist.

Da sich die Verfahrenseffizienz aber in erster Linie auf die Marktbetreiber bezieht, ist vor einer abschließenden Beurteilung noch zu prüfen, welche Gründe aus Sicht der Emittenten für oder gegen segmentierte Märkte sprechen.

4.3.2.2. Die Sichtweise der Emittenten

Eine weitere Anmerkung zu der Verfahrenseffizienz bezieht sich auf die Einordnung von Neuemissionen in die (scheinbar nach Umsatzmerkmalen festzulegenden) Segmente. Da bei Initial Public Offerings die künftige mittlere Ordergröße unbekannt ist, kann eigentlich auch noch keine Einordnung in umsatzspezifische Segmente vorgenommen werden. Zwar könnte anhand der Anzahl der emittierten Aktien auf eine mögliche Ordergröße spekuliert werden, doch ist eine Spekulation kein verläßliches Instrument für eine Börse, die gerade effizient arbeiten möchte. Die mangelnde Möglichkeit, Neuemissionen in künftige Umsatzklassen einzuordnen, läßt es somit unmöglich werden, Aktien bereits im Primärmarkt mit der beantragten Zulassung einem Segment zuzuordnen.[431] Die Zuordnung dürfte daher streng genommen erst mit dem ersten Ordervolumen am ersten Handelstag erfolgen. Dann aber müßte eine Segmentierung des Primär-

---

[431] Die Zuordnung von Neuemissionen steht auch im Gegensatz zu der Begründung von *Schmidt* für die umsatzmäßige Ausgestaltung der Segmente (Seite 284). *Schmidt* führt als produktionstechnisches Beispiel an, daß bei Massenfertigungen andere Produktionsvefahren anzuwenden sind, als bei einer gelegentlichen Produktion. Diese einleuchtende Beispiel verkennt aber, daß bei der Entscheidung für ein Produktionsverfahren der Parameter „Anzahl zu produzierende Stücke" durch endogene Umstände bereits bekannt ist, während bei der Zulassung von Neuemissionen der künftige Umsatz der Aktien exogen und unbekannt ist.

marktes, wie sie in Deutschland vorgezeichnet ist, unterbleiben, und die „Segmentierung" des Sekundärmarktes überdacht werden.[432]

Doch unabhängig von diesem theoretischen Einwand soll anhand von aktuellen Emissionen die Einschätzung von *Schmidt* überprüft, daß „die Börsen bei der Zuordnung von Titeln zu bestimmten Marktsegmenten auf die zu erwarteten Umsätze in einem Titel und/oder auf den Umfang der einzelnen Transaktionen abstellen."[433]

Zwar sind im Mittel, wie die empirischen Ergebnisse aus Kapitel 3.2. gezeigt haben, im amtlichen Handel die größeren Unternehmen und im Freiverkehr die kleineren Unternehmen notiert, wenn auf die Höhe des Grundkapitals abgestellt wird, doch wenn z.B. auf die Anzahl der emittierten Aktien abgestellt wird, ergeben sich auch Überraschungen.

So emittierte die Fa. Shuttlesoft am 09.07.99 im Freiverkehr 75.000 Aktien und die Fa. Igel Media am 15.07.1999 1.100.000 Stück. Dagegen ging die Fa. AFW AG am 10.08.1999 mit 200.000 Aktien an den geregelten Markt und auch die Merkur Bank ging am 23.09.1999 mit 1.400.000 Aktien an den geregelten Markt. 520.000 Aktien wurden am 21.04.1999 von der Fa. MWB emittiert, aber im amtlichen Handel, wo auch die Fa. Agfa am 01.06.1999 notierte, aber mit 77.000.000 Aktien. Die Spannweite von emittierten Aktien im Neuen Markt liegt zwischen 200.000 Stück (Hunzinger AG, 30.03.1998) und aktuell 106.300.000 Aktien der T-Online International AG.

Die **Tabelle 22** auf der nachfolgenden Seite faßt diese Werte nochmals zusammen:

---

[432] Um aber dennoch zwischen verschiedenen Unternehmen zu unterscheiden, könnten dann verstärkt verschiedene Indizes geschaffen werden, die mit bestimmten Auflagen an die Publizität oder die Marktkapitalisierung verbunden sind, so wie es heute bereits z.B. bei dem DAX oder dem SMAX der Fall ist. Unternehmen hätten dann ebenfalls einen Anreiz, entsprechende Pflichten zu erfüllen, wenn sie z.B. aus Reputationsgründen in den Index aufgenommen werden möchten. Ist dieser auf eine bestimmte Anzahl Unternehmen begrenzt, so setzt ein effektiverer Wettbewerb zwischen den Unternehmen um einen Platz in einem Index ein. Dieses gilt insbesondere dann, wenn ein Unternehmen erst eine bestimmte Zeit am Markt notiert sein muß, bevor eine Aufnahme in einen Index geprüft würde.

[433] Schmidt (1977), Seite 283

Tabelle 22: Beispiele für die Anzahl emittierter Aktien

Gesellschaft	Emissions-datum	Marktsegment			
		Amtlicher Handel	Geregelter Markt	Frei-verkehr	Neuer Markt
Shuttlesoft AG	09.07.1999			75.000	
Hunzinger AG	30.03.1998				200.000
AFW AG	10.08.1999		200.000		
MWB AG	21.04.1999	520.000			
Igel Media AG	15.07.1999			1.100.000	
Merkur Bank AG	23.03.1999		1.400.000		
Agfa AG	01.06.1999	77.000.000			
T-Online AG	17.04.2000				106.300.000

Quelle: Emissionsprospekte

Anhand dieser Überschneidungen der Anzahl emittierten Aktien in den jeweiligen Marktsegmenten kann in Frage gestellt werden, daß bei der Zuordnung von Titeln zu den Marktsegmenten auf die zu erwarteten Umsätze abgestellt wird, sofern unterstellt wird, daß der potentielle Umsatz der notierten Aktien positiv korreliert mit der Anzahl ausgegebener Stücke.

Aber u.U. ist diese Feststellung zu voreilig getroffen, weshalb nun ein Blick auf die Umsätze in den einzelnen Segmenten geworfen wird, um zu überprüfen, ob die Umsätze der Einzelwerte in den Segmenten ähnlich groß ist, da die Anzahl der emittierten Aktien nicht zwangsläufig positiv mit dem künftigen Umsatz korreliert sein muß.

Bedauerlicherweise liegen nicht für alle Börsensegmente Umsatzdaten vor, da nur auf die Orderbuchstatistik der Deutschen Börse AG zurückgegriffen werden kann. In dieser Orderbuchstatistik sind die Umsätze der Aktien-Einzelwerte angegeben, die in ausgewählten Aktienindices enthalten sind, so daß leider kein vollständiges Bild der Umsätze in den Segmenten gezeichnet werden kann, da nicht alle Segmente durch Indizes abgebildet werden.

Die nachfolgende **Tabelle 23** zeigt die Extrem- und Durchschnittswerte der Aktienumsätze vom 30.12.1999 der Aktien, die in dem DAX-30-Index, dem DAX-100-Index und in dem NEMAX-All-Share-Index vertreten sind.

Tabelle 23: Aktienumsätze per 30.12.1999 (in Stück)

	DAX-30-Werte	DAX-100-Werte	Neuer Markt[1]
Minimum	55.112	207	259
Maximum	2.223.919	2.223.919	254.107
Total	15.888.584	19.157.121	5.048.039
Mittelwert	529.619	191.571	25.367
Median	329.323	44.031	14.642
[1] Werte des Nemax-All-Share-Index			

Quelle: Deutsche Börse AG, Orderbuchstatistik per 30.12.99; eigene Berechnungen

Auf den ersten Blick bestätigen diese Zahlen die Einschätzung von *Schmidt*, da der Mittelwert der Umsätze bei den im DAX enthaltenen Aktien bedeutend größer ist, als der Mittelwert der Umsätze im Neuen Markt, doch täuschen diese Zahlen dadurch, daß mit dem DAX-30 bzw. DAX-100-Index nur die 30 bzw. 100 umsatzstärksten Titel abgebildet werden. Der Umsatz im amtlichen Handel konzentriert sich aber ganz massiv auf die DAX-30 Werte, was auch dadurch zum Ausdruck kommt, daß der Mittelwert des Aktienumsatzes im DAX-30 bei 529.619 Stück liegt und im DAX-100 nur noch bei 191.571 Stück.[434] Würden alle im amtlichen Handel notierten Aktien abgebildet werden können, würde der Mittelwert weiter fallen. Doch auch so sind die Ergebnisse schon recht aussagekräftig, denn durch den Median verdeutlicht sich, daß die 50 umsatzschwächsten Werte im DAX-100 Index einen Umsatz aufweisen, der weit unterhalb des Maximums des Neuen Marktes liegt. In relativen Zahlen ausgedrückt, die nur aus den Einzelwerten ersichtlich sind, ist bei 40 v.H. der DAX-30 Werte der Umsatz kleiner als der Maximum-Umsatz im Neuen Markt und bei 41 v.H. der DAX-100 Werte ist der Umsatz kleiner als der Mittelwert im Neuen Markt.

Vor dem Hintergrund, daß der Neuen Markt formal dem Freiverkehr zuzuordnen ist und von der Börse speziell für kleinere und mittlere Gesellschaften gegründet wurde,[435] verwundern diese Zahlen, denn es wäre nach der Darstellung von *Schmidt* zu erwarten gewesen, daß nicht nur die Umsätze im gesamten amtlichen Handel bedeutend höher ausfallen, als im Neuen Markt, sondern, daß auch im Neuen Markt nicht so große Unternehmen emittieren, wie z.B. die T-Online International AG mit 106,3 Mio. Aktien.

434 Die Reduzierung ergibt sich dadurch, daß der DAX-100 Index den die DAX-30 Werte einschließt, so daß im DAX 100 zwar 70 Werte hinzukommen, deren Gesamtumsatz aber nur 3.268.537 Stück beträgt, also nur ca. 20 v.H. der 30 umsatzstärksten Werte.

435 Ziffer 1 Regelwerk für den Neuen Markt.

Diese Beispiele belegen, daß eine Zuordnung von Neuemissionen nicht zwangsläufig auf die zu erwartenden Umsätze oder Transaktionen abstellt, wie es aus der theoretischen Sicht der siebziger Jahre notwendig wäre.

Die Diskussion der beiden vorangegangenen Kapitel hat gezeigt, daß eine hohe Verfahrenseffizienz im Sekundärmarkt auch dann gegeben wäre, wenn eine vertikale Segmentierung nicht vorgenommen wird. Hinzu kommt, daß bei Neuemissionen umsatz- und/oder transaktionsbedingte Segmentunterschiede von den Emittenten und den Börsen ohnehin nicht berücksichtigt werden, so daß die Effizienz segmentierter Märkte in Frage gestellt werden kann. Im Umkehrschluß ist im folgenden zu klären, welche Auswirkungen eine Aufhebung der vertikalen Segmentierung auf die Effizienz des Primär- und Sekundärmarkt hätte.

4.3.2.3. Die Notwendigkeit segmentierter Märkte

Die bisherigen Ausführungen und Ergebnisse in bezug auf die Effizienz segmentierter Märkte basieren auf der Analyse der Verfahrenseffizienz. Diese muß aber nicht das einzige Kriterium sein, um die Notwendigkeit segmentierter Märkte zu bestimmen, bzw. in Frage zu stellen, da die Verfahrenseffizienz in erster Linie auf die effektive Funktionalität einer Börse abstellt. Wird durch die Einhaltung der Verfahrenseffizienz ein optimaler Funktionenschutz der Institution Börse gewährleistet, so muß aber auch der Anlegerschutz als ein weiteres Kriterium betrachtet werden, da Funktionenschutz und Anlegerschutz einer Börse in einem funktionalen Zusammenhang zueinander stehen.[436] Auch *Schmidt* merkt an, daß außer der Verfahrenseffizienz noch weitere Aspekte für eine Gesamtbeurteilung herangezogen werden, um in der Summe zu der Allokationseffizienz eines Zirkulationsmarktes zusammengefaßt werden zu können. Nach *Schmidt* gliedert sich die Allokationseffizienz in die Bereiche Informationseffizienz, Verfahrenseffizienz und Steuereffizienz[437]. Zudem seien die Kriterien Wettbewerb, Anlegerschutz und Markttiefe wichtige Determinanten der Alloka-

---

436 Vgl. Hopt (1975)

437 Schmidt (1977) selbst nennt den hier genannten Teil Informationseffizienz „unabhängige, alerte und potente Anleger und qualifizierte Wertpapieranalysten" da aber Unabhängigkeit und Qualifikation eine Frage der Informationsverteilung ist, kann dieser Punkt hier als Informationseffizienz verstanden werden. Die Steuereffizienz ist ebenfalls eine selbstgewählte Nomenklatur, die bei Schmidt mit den Worten „steuerliche Gleichbehandlung der Emittenten, Steuerfreiheit der Abschluß- und Erfüllungsvorgänge" bezeichnet wird (Seite 34).

tionseffizienz, aber in weiten Teil der Diskussion um die Verfahrenseffizienz bereits enthalten.[438]

Eine abschließende Beurteilung über die Notwendigkeit segmentierter Märkte kann daher nur getroffen werden, wenn die Allokationseffizienz anhand aller der oben genannten Kriterien überprüft wird. Im folgenden wird daher im einzelnen auf die genannten Aspekte eingegangen, wobei der Schwerpunkt auf die Frage gelegt wird, wie sich die Bereiche Anlegerschutz, Informationseffizienz und Verfahrenseffizienz verändern, wenn an die Stelle der segmentierten Märkte ein integrierter Markt trete.

Zuvor soll aber kurz auf die Kriterien der steuerlichen Effizienz, des Wettbewerbs und der Markttiefe eingegangen werden. So findet die steuerliche Effizienz in der Diskussion keine weitere Beachtung, da eine steuerrechtliche Betrachtung der Börsenteilnehmer zu einem anderen Thema führte.[439] Auch das Kriterium des Wettbewerbs soll keiner dezidierten Behandlung unterzogen werden, da Wettbewerb im ökonomischen Sinne eine Voraussetzung für effizientes Handeln ist und an dieser Stelle nicht die Frage diskutiert werden braucht, ob ein ausreichender Wettbewerb in den betreffenden Märkte herrscht, sondern die derzeitige Marktstruktur bei gleichem Wettbewerbsverhalten in Frage gestellt wird. Die Markttiefe als Kriterium der Allokationseffizienz erfaßt die Liquidität des Marktes und ist in dem Kriterium der Verfahrenseffizienz enthalten, weshalb auf diesen Punkt ebenfalls nicht näher eingegangen werden braucht.[440]

Es bleibt daher die Frage, wie sich der Anlegerschutz, die Informationseffizienz und die Verfahrenseffizienz verändern, wenn segmentierte Märkte zu Gunsten eines Segments aufgegeben werden.

Zwar ist nach *Schmidt* auch der Anlegerschutz in dem Kriterium der Verfahrenseffizienz enthalten, da der betrachtete Aspekt der Sicherung gegen Transaktionsrisiken ein Teil der Verfahrenseffizienz ist, jedoch kann Anlegerschutz auch hinsichtlich der Publizitätspflichten der Emittenten aufgefaßt werden und würde dann nicht mehr durch die Betrachtung der Transaktionsrisiken abgedeckt werden können, weshalb das Kriterium Anlegerschutz separat angesprochen werden soll.[441] So geht z.B. *Claussen* auf die Notwendigkeit eines differenzier-

---

438 Schmidt (1977), Seite 34 ff.

439 So sei entweder die Annahme getroffen, es läge eine optimale steuerliche Effizienz aller Marktteilnehmer vor, oder die späteren Ausführungen zur Allokationseffizienz könnten hinsichtlich der steuerlichen Aspekte „ceteris paribus" betrachtet werden.

440 Schmidt (1977), Seite 37

441 Eine ausschöpfende Diskussion des Themas Anlegerschutz an der Börse würde an dieser Stelle zu weit führen, da im Vordergrund dieser Arbeit der volkswirtschaftliche Aspekt

ten Anlegerschutzes ein und vertritt somit auch implizit die Forderung nach segmentierten Märkten, da die „gesetzliche Fürsorge für die vielen Aktionäre der Veba AG eine andere sein sollte, als für die wenigen der Electronic AG, also ein Unterschied in den Zulassungsanforderungen bestehen sollte."[442] Doch auch wenn Kleinaktionäre schutzbedürftiger sein sollten, als Großaktionäre, wird durch die von *Claussen* vorgebrachte Forderung nicht deutlich, warum an die *Emittenten* unterschiedliche *Zulassungsanforderungen* gestellt werden sollen, wenn der *Anleger* geschützt werden soll. Sofern Klein- und Großaktionäre auf den gleichen Märkten tätig sind und sein können, richten sich unterschiedliche Marktzutrittsbarrieren für die Emittenten an den falschen Adressaten. Soll sich der Anlegerschutz auf die Höhe des Unternehmensanteile beziehen, können z.B. Schutzmaßnahmen hinsichtlich der Aktionärsrechte oder umsatzabhängige Informationspflichten diesem Ziel eher gerecht werden, als eine qualitative und/oder quantitative Segmentierung, da ein Kleinaktionär eines Großunternehmens u.U. mehr Kapital in das Unternehmen investiert hat, als ein Großaktionär eines Kleinunternehmens. Hinzu kommt, daß abgesehen von den Publizitätspflichten der Emittenten die Haftungsansprüche aus der Prospekthaftung derzeit in allen vier Handelssegmenten gleich sind. Eine Aufhebung der Segmentierung würde also nur dann zu einem minderen Anlegerschutz führen, wenn die Zulassungsvoraussetzungen und mithin die Informationspflichten für die Emittenten derart minimiert würden, daß sie auf ein Niveau unterhalb des Freiverkehrs angesiedelt sind. Würden hingegen die Zulassungsvoraussetzungen eines einzigen Segmentes auf das Niveau des amtlichen Handels oder des Neuen Marktes angehoben werden, so ergäbe sich hinsichtlich des Anlegerschutzes keine Benachteiligung für die Anleger.

Hinsichtlich der Informationseffizienz kann eine Unterscheidung vorgenommen werden, zwischen dem Primärmarkt und dem Sekundärmarkt, da eine Aufhebung der Segmentierung beide Märkte gleichermaßen betrifft. Es stellt sich aber zunächst die Frage, wann ein Markt überhaupt als informationseffizient betrachtet werden kann. Von *Döhrmann* kann übernommen werden, daß der Primärmarkt als effizient gelten soll, „wenn in den Emissionskurs alle öffentlich verfügbaren Informationen einfließen. Der Sekundärmarkt ist als effizient einzustufen, wenn die Kurse nach Aufnahme der Notiz jederzeit alle verfügbaren Informationen beinhalten".[443] Diese Betrachtung führt direkt zu der Diskussion, ob Underpricing ein Tatbestandsmerkmal eines ineffizienten Primär- oder Sekundärmarktes ist, denn auf effizienten Märkten lassen sich keine systematischen

---

der Marktsegmentierung steht, nicht aber der Anlegerschutz selbst, der insbesondere auch die Rechte der Aktionäre umfaßt. Zur Diskussion dieses Themas wird auf die umfassende spezielle Literatur verwiesen.

442 Claussen (1984), Seite 14

443 Dörhmann (1989), Seite 298

positiven oder negativen Überrenditen erzielen. Wenn aber Underpricing vorliegt, wie zahlreiche Untersuchungen ergeben haben, dann ist fraglich, ob dieses ein Indiz dafür ist, daß der Primärmarkt ineffizient ist, da sich alle verfügbaren Informationen ja in dem ersten Kurs niederschlagen und mithin der Sekundärmarkt effizient ist, oder ob der Primärmarkt effizient ist, und der Sekundärmarkt nicht alle verfügbaren Informationen verarbeitet und mithin die Erstemissionen zu hoch bewertet und informationsineffizient ist. Eine Antwort auf diese Frage ist vordergründig nicht zu geben, da zum einen beide Teilmärkte ineffizient sein können, zum anderen aber die Antwort abhängig ist von der Ursache des Underpricing.

So haben die Ausführungen der vorangegangenen Kapitel gezeigt, daß Underpricing möglicherweise auf die vertikale Segmentierung der Märkte selbst zurückgeführt werden könnte, wonach der Ursprung des Underpricing dem Primärmarkt zuzuordnen wäre. Dann wäre von einem ineffizienten Primärmarkt auszugehen. Aufgrund von falsch alloziierten Informationen liegt der Emissionspreis unterhalb des „wahren Wertes"/Fair Value, womit gleichzeitig zum Ausdruck gebracht werden soll, daß von einem effizienten Sekundärmarkt ausgegangen wird, was pragmatisch erschient, da z.B. *Kaserer/Kempf* keine Hinweise auf das Gegenteil finden. Es ist aber zu beachten, daß die Diskussion über die Effizienz des Sekundärmarktes in der Literatur noch nicht zu Ende geführt ist, so daß hier lediglich die Annahme getroffen werden kann und soll, daß der Sekundärmarkt effizient sei und der Primärmarkt aufgrund der möglichen Ursache für das Underpricing ineffizient ist.[444] Um zu der Ausgangsfrage zurückzukehren, stellt sich somit die Frage, welche Auswirkungen die Aufhebung der vertikalen Segmentierung auf die Effizienz des Sekundärmarktes und die ineffizienz des Primärmarktes hat. Beginnend mit dem Sekundärmarkt kann davon ausgegangen werden, daß die Effizienz durch eine Aufhebung der Segmentierung nicht beeinträchtigt werden dürfte, da die Segmentierung selbst keinen Einfluß auf die Informationsverarbeitung und die Kursbildung hat.

Wenn dem so wäre, könnte leicht der Nachweis eines ineffizienten Sekundärmarktes erbracht werden, denn dann müßten sich Informationen z.B. im geregelten Markt weniger schnell in den Kursen niederschlagen, als im amtlichen Handel. Da Informationen aber von allen Marktteilnehmern verbreitet werden, ist nicht einzusehen, warum Informationen schneller oder weniger schnell weitergegeben oder veröffentlicht werden, nur weil sie ein Unternehmen eines bestimmten Marktsegments betrifft. Es ist daher davon auszugehen, daß eine Auf-

---

444 Es ist ja auch möglich, daß beide Märkte ineffizient sind, wobei sich dann die Frage stellt, welcher der Teilmärkte effizienter ist. Auch in diesem Fall soll die Annahme getroffen werden, daß der Sekundärmarkt effizienter ist, als der Primärmarkt.

hebung der Marktsegmentierung die angenommene Effizienz des Sekundärmarktes nicht verändert.

Anders dagegen sieht es aus, wenn die Effizienz des Primärmarktes betrachtet wird. Da angenommen wird, daß die vertikale Segmentierung selbst die Ursache für das Underpricing ist, würde durch eine Aufhebung der vertikalen Segmentierung die Bewertung der Segmente in Relation zu dem sogenannten Benchmark-Segment wegfallen, da es nur noch ein einziges Handels- und Zulassungssegment gäbe, welches dann die Benchmark wäre. Damit gäbe es auch keine Reputationsunterschiede zwischen Segmenten mehr und somit nach der vorgestellten These auch kein Underpricing. Die Emittenten könnten hiervon profitieren, da sie bei einen Emission zum Fair Value auch mit einem „fairen Emissionserlös" rechnen können. Die Kosten eines Initial Public Offerings würden sich für die Emittenten hierdurch erheblich reduzieren und der Kapitalmarkt attraktiver, da ein einziges Segment zu einem effizienten Primärmarkt führte.

Hinsichtlich der Verfahrenseffizienz kann aufgrund der Ausführungen des letzten Kapitels der Standpunkt vertreten werden, daß eine Aufhebung der vertikalen Segmentierung keine negativen Veränderungen für die Handelsabwicklung zur Folge hätte. Wie die Diskussion gezeigt hat, ist heute schon durch den Xetra-Handel auf allen Handelsmärkten die gleiche Verfahrenseffizienz gegeben, unabhängig davon, welchem Segment die Wertpapiere ursprünglich zugeordnet sind.

Summa summarum ergibt sich aus der vorgenannten Zusammenfassung, daß eine Aufhebung der vertikalen Segmentierung keine negativen Einflüsse auf die Bereiche des Anlegerschutzes, der Verfahrenseffizienz und der Informationseffizienz hat, letztere aber davon profitieren würde, da sich nur durch die Einebnung der vertikalen Börsensegmente ein informationseffizienter Primärmarkt ergibt. Werden alle genannten Aspekte zur Allokationseffizienz zusammengeführt, dann ergibt sich durch die Aufhebung der vertikalen Segmentierung eine Erhöhung der Allokationseffizienz, da sich aus der Integration keine Nachteile, aber Vorteile ergeben. Die Aufhebung der vertikalen Segmentierung kann somit aufgrund der vorgeführten Diskussion als pareto-optimal angesehen werden, womit deutlich wird, daß eine Notwendigkeit für segmentierte Märkte nicht gegeben ist.

4.3.3. Kritische Würdigung

Abschließend werden die bisher erarbeiteten Fakten, Thesen und Ergebnisse zusammengefaßt und einer kritischen Würdigung unterzogen. Dabei wird in zwei Schritten vorgegangen, um zum einen eine kritische Betrachtung der aufgestellten These durch eine Gegenüberstellung des Für und Wider vorzunehmen, zum anderen aber auf den internationalen Kontext und den weiteren Ausblick einzugehen.

4.3.3.1. Pro und Kontra im Überblick

Underpricing ist nach einer Analyse der Jahre 1997-1999 auch in Deutschland vorhanden und beträgt im Mittel 43,70 v.H. des Emissionspreises. Diese Studie bestätigt Analysen früherer Autoren, so daß davon ausgegangen werden kann, daß Underpricing systematisch vorkommt. Eine Besonderheit, die sich aus dieser Studie ergibt, ist, daß die Höhe des Underpricing in den jeweiligen Marktsegmenten unterschiedlich hoch ist, sich aber kein grundsätzlicher Zusammenhang zwischen der Höhe des Underpricing und der segmentspezifischen Informationspflicht ableiten läßt, da die Höhe des Underpricing geraden im Neuen Markt am höchsten ist, in dem die höchsten Zulassungsvoraussetzungen, Publizitäts- und Emissionsfolgepflichten für die Emittenten gelten.

Diese Ergebnisse stehen nicht im Einklang mit konventionellen Erklärungsansätzen und werden auch nicht durch das Gleichgewichtsmodell von *Rock* abgedeckt. Aus diesen Fakten heraus wurde die These entworfen, daß die vertikale Marktsegmentierung selbst die Ursache für das Underpricing ist, da Neuemissionen in „qualitativ niedrigeren" Segmenten von den Emittenten nur mit einem Reputationsabschlag emittiert werden, um den Investoren eine Entschädigung für die „minderwertige" Notierung zu zahlen, die dennoch aus Gründen der Prioritätensetzung vorgenommen wird. Demzufolge könnte eine Aufhebung der vertikalen Segmentierung die Höhe des Underpricing auf ein unverzichtbares Minimum reduzieren, ohne sonstige Nachteile in Kauf zu nehmen, da weder die Verfahrenseffizienz noch der Anlegerschutz als weitere Kriterien einer optimalen Kapitalallokation negativ tangiert würden.

Diese mögliche Erklärung für die Ursache des Underpricing mündet in dem Vorschlag, die vertikale Segmentierung der Börsenmärkte zu unterbinden, womit diese Forderung implizit an den Gesetzgeber gerichtet ist, da dieser durch das Börsengesetz die vertikale Segmentierung bedingt. Bevor aber mit einer impliziten Empfehlung der Gesetzgeber gefordert wird, bedarf es einer objektiven Betrachtung der aufgestellten These.

So spricht z.B. gegen die Abschaffung der vertikalen Handelssegmentierung, daß es sich bei dieser sogenannten Markt-Reputationsthese nur um eine These handelt, der noch keine ausreichende empirische Manifestierung zugrunde liegt. Zwar sprechen die Ergebnisse der empirischen Untersuchung der Jahre 1997-1999 für die These, doch können diese Ergebnisse in dem relativ kurzen Untersuchungszeitraum auch zufällig entstanden sein. Für eine breite Bestätigung bedarf es daher u.U. noch weitergehender Analysen längerer Zeiträume und vergleichbar strukturierter Kapitalmärkte.

Die Empfehlung einer Abschaffung vertikal segmentierter Märkte für Aktien schießt aber u.U. auch über das Ziel hinaus, Underpricing möglicherweise zu reduzieren, da den Emittenten heute bereits Möglichkeiten offenstehen, die Höhe des Underpricing zu reduzieren, ohne daß ein gesetzgeberischer Eingriff gefordert ist. So könnten die Emittenten z.B. ihre Aktien im Rahmen eines Auktionsverfahrens plazieren, um so die Höhe des Underpricing zu minimieren, da sich bei Auktionsverfahren im Mittel eine geringere Zeichnungsrendite ergibt, als bei Festpreisverfahren.[445] So lag z.B. in Frankreich in der Zeit von 1983-1986 das mittlere Underpricing bei Tender- und auktionsähnlichen Verfahren bei 3,9 v.H. während es bei Verfahren mit einem fixierten Zeichnungspreis bei 17,4 v.H. lag.[446] Die Werte für den französischen Markt sind aber nur bedingt aussagekräftig, da in Frankreich bei den Plazierungsverfahren „*offre à prix ferme*“ und „*cotation directe*“ der erste Kurs maximal 10 v.H. über dem Ausgabepreis liegen darf, andernfalls der Handel ausgesetzt wird.[447] Doch auch wenn Auktionsverfahren grundsätzlich ein geringes Underpricing ermöglichen, stellen sie doch relativ hohe Anforderungen an den Kenntnisstand von Kleininvestoren bzw. weniger informierte Investoren, so daß sich diese Methode nicht für jeden Emittenten eignet. Auktionsverfahren bieten somit nicht nur Vorteile, sondern auch Nachteile, da ein Emittent u.U. Gefahr läuft, ein breites, potentielles Publikum nicht zu erreichen.[448]

Doch es gäbe noch eine weitere Möglichkeit für die Emittenten, die Höhe des Underpricing zu reduzieren, auch wenn das in Deutschland übliche Bookbuilding-Verfahren als Plazierungsmethode angewendet wird. So könnten die Emissionsbedingungen z.B. vorsehen, daß der Emissionspreis angehoben werden darf, wenn eine Übernachfrage existiert, wie dieses z.B. bei dem Börsengang der

---

445 Vgl. z.B. Jenkinson/Ljungqvist (1996) oder Übersicht bei Uhlir (1989).
446 Husson/Jacquillat (1989), Seite 360
447 Blättchen/Jacquillat (1999), Seite 179 f.
448 Siehe auch z.B. Handelsblatt vom 07.01.2000

Ision Internet AG am 16. März 2000 geschah.[449] Doch auch eine im Emissionsprospekt angekündigte Möglichkeit der Emissionspreisanhebung ist nicht die first-best solution zur Vermeidung oder Reduzierung von Underpricing, da auch durch dieses Verfahren u.U. Kapitalanleger der Zeichnung fern bleiben, da die Emission zu einem unkalkulierbaren Risiko werden kann, da für die potentiellen Investoren nicht abschätzbar ist, um wieviel der Emissionspreis angehoben werden könnte. Unter Umständen würde der Emissionspreis so hoch angehoben werden, daß die individuell geforderte Rendite eines potentiellen Investors nicht mehr erreicht würde – ein Investor müßte dann dem Markt fernbleiben, wenn damit zu rechnen wäre. Ergo geht auch hierbei der Emittent das Risiko ein, einen Teil potentieller Investoren nicht zu erreichen, wodurch die Absatzchancen von vorn herein geschmälert werden könnten.

So gibt es zwar mit den Auktionsverfahren oder der Emissionspreisanhebung Möglichkeiten für die Emittenten, die Höhe ihres Underpricing zu reduzieren, ohne daß der Gesetzgeber gefragt ist, doch sind diese Alternativen als die second-best Lösung zu betrachten, da durch die Anwendung der Alternativen der Markt in seiner Zusammensetzung verändert werden könnte.

Eine first-best Lösung könnte daher die Abschaffung der vertikalen Segmentierung sein, da die Diskussion gezeigt hat, daß eine Segmentierung ökonomisch nicht (mehr) begründbar ist und die allokative Effizienz durch eine Aufhebung der Segmentierung erhöht würde. Es stellt sich bei nur einem Handelssegment allerdings die Frage nach dem Umfang und der Höhe der Zulassungsvoraussetzungen.

Zu berücksichtigen wäre bei dieser Diskussion, daß die Markteintrittsbarrieren niedrig genug sein müssen, um kleineren Unternehmen nicht den Zugang zum Kapitalmarkt zu verwehren, aber auch hoch genug sein müssen, um als qualitativ hochwertige Zugangsvoraussetzungen dem Anleger einen umfassenden Informationsstand zu bieten. Aus diesen Gründen könnten für das einzig verbleibende Marktsegment die Regeln des Segments mit der derzeit höchsten Reputation angesetzt werden (≙ amtlicher Handel), um auf der einen Seite den Emittenten auf freiwilliger Basis weitere Publizitätsmöglichkeiten offen zu lassen, wenn diese aufgrund des Wettbewerbs um die Gunst der Investoren weitere Informationen preisgeben wollen,[450] auf der anderen Seite aber kleinere Unternehmen nicht den Zugang zum Kapitalmarkt zu verwehren.[451]

---

449 Die ursprüngliche Preisspanne betrug 46,00-60,00 EUR, aufgrund einer starken Überzeichnung wurde die Preisspanne um 15 v.H. angehoben und betrug dann 53,00-69,00 EUR; Quelle: Handelsblatt, 14.03.2000

450 Am Beispiel der Zwischenpublizität erläutert Schmidt (1988), Seite 18 diesen Sachverhalt mit den Worten: "Wenn der Emittent erkennt, daß Zwischenberichte ihm per Saldo

Zusätzliche Publizitätsvorschriften vor dem Hintergrund eines optimierten Anlegerschutzes könnten dann, wie bereits an früher Stelle angemerkt,[452] durch die Kreierung von verschiedenen Aktien-Indizes geschaffen werden, womit ebenfalls eine starke Reputationswirkung für die Unternehmen verbunden wäre. Dies gilt insbesondere dann, wenn ein Unternehmen zunächst eine bestimmte Zeit am Markt notiert sein muß, bevor eine Überprüfung der Aufnahme in einen Index vorgenommen wird. Ist die Anzahl der Unternehmen, die in einen Index aufgenommen werden, begrenzt, so wie z.B. bei dem DAX-30-Index, und die Aufnahme an Aspekte wie z.B. Marktkapitalisierung, Information der Anleger, Publizität u.ä. gebunden, dann wäre dem ursprünglichen Ziel der vertikalen Segmentierung genauso Rechnung getragen, allerdings auf Basis des freien Spiels der Märkte. Eine Globalisierung des Börsenhandels, wie sie durch multilaterale Zusammenarbeit der Börsen gezeichnet wird, läßt eine nationale, vertikale Segmentierung ebenfalls obsolet erscheinen, wenn z.B. deutsche und britische Börsenplätze zusammenwachsen oder europäische Börsen mit us-amerikanischen oder japanischen Börsen fusionieren. Vor diesem Hintergrund scheint es fraglich, ob ein Unternehmen, welches einen Börsengang plant, sich der deutschen Gesetzgebung unterwirft, wenn die Aktien unter Umständen an einem anderen nationalen Börsenplatz gehandelt werden, oder ob dieses Unternehmen nicht gleich auf eine rechtliche Börsenzulassung in Deutschland verzichtet und nur nach dem jeweiligen Recht des durch eine Börsenfusion entstandenen Börsenhandelsplatzes das Initial Public Offering vornimmt, sofern dieses juristisch möglich ist. Es soll hier aber nicht über künftige bilaterale Rechtsbeziehungen spekuliert werden, sondern lediglich aufgedeckt werden, daß vor dem Hintergrund einer Internationalisierung des Börsenhandels eine vertikale Segmentierung ausgehebelt werden könnte, da andere bedeutende Börsenplätze wie London oder New York die vierfach vertikale Segmentierung des deutschen Börsenhandels nicht kennen. Auch aus diesem Grunde des internationalen Vergleichs müßte eine Aufhebung der vertikalen Segmentierung geprüft werden, um evtl. den Finanzplatz Deutschland zu stärken.

---

nützen, dann wird er sich freiwillig schon bei der Emission dazu verpflichten, sie zu veröffentlichen."

451 Es sei an dieser Stelle daran erinnert, daß der Höhe des Grundkapitals nach zu urteilen in den Jahren 1997-1999 lediglich zwei Unternehmen kein Grundkapital in der Höhe des nach § 2 Abs. 1 BörsZulVO für den amtlichen Handel notwendigen Mindestbetrag vorweisen konnten, nach dem Kurswert der emittierten Wertpapiere aber dennoch die Hürde genommen hätten. Somit hätten wohl alle Unternehmen, die in den Jahren 1997-1999 an die Börsen gegangen sind, auch im amtlichen Handel emittieren können.

452 Siehe Fußnote 424

4.3.3.2. Internationale Betrachtung und Ausblick

Da die These, daß die Höhe des Underpricing auf die relative Reputation der Börsenmärkte zurückgeführt werden könnte, auf einer nationalen Untersuchung beruht, ist noch zu hinterfragen, wie sich diese These in den Kontext des internationalen Underpricings einordnen läßt, da eine These zu einem ubiquitären Phänomen nur dann Bestand haben kann, wenn sie sich auch in der internationalen Betrachtung behaupten kann.

In den internationalen Kontext kann die These aber genauso übertragen werden, da das jeweilige Benchmark-Segment bzw. die Benchmark-Börse, sofern es keine vertikalen Segmente, aber unterschiedliche Börsen gibt, zwar durch rechtlich gewachsenen Kriterien vorgegeben ist, die Reputations-Abschläge, welche die Emittenten bei einer Neuemission den Investoren einräumen, aber individuell durch die Emittenten selbst ermittelt werden, je nachdem, wie relevant die Reputation des Börsenmarktes für das eigene Initial Public Offering ist. So könnte z.B. in den USA, da es dort keine rechtlich voneinander getrennten Börsensegmente gibt, die New York Stock Exchange (NYSE) die „Benchmark-Börse" sein und das mittlere Underpricing an der NASDAQ oder AMEX entsprechend höher ausfallen, als an der NYSE. Für diese Vermutung spricht eine Analyse von *Loughran*, der bei einer Untersuchung des us-amerikanischen Kapitalmarktes zu dem Ergebnis kommt, daß die Performance der NYSE im Mittel über der Performance der NASDAQ liegt.[453] In Verbindung mit einer Studie von *Krigman/Shaw/Womack*, nach der Papiere mit einem hohen Underpricing stärker unterperformen als Papiere mit einem moderaten Underpricing,[454] könnte die Vermutung bestätigt werden, das die Höhe des Underpricing an der NASDAQ höher ist, als an der NYSE

Diese Vermutung verdeutlicht aber auch, daß zur Bestätigung der oben aufgestellten These der Markt-Reputation weitere Untersuchungen, insbesondere der internationalen Kapitalmärkte notwendig sind, um dem Underpricing-Phänomen auf die Spur zu kommen. Wie die Übersicht in Kapitel 1.2. zu den internationalen Kapitalmärkten gezeigt hat, ist z.B. der französische Kapitalmarkt ähnlich strukturiert, wie der deutsche Kapitalmarkt, so daß sich bei Gültigkeit der These ähnliche Ergebnisse ergeben müßten. Doch auch börsenspezifische Untersuchungen des us-amerikanischen oder des japanischen Kapitalmarktes wären zur Beurteilung der Ausführungen von großer Bedeutung. Insbesondere scheint sich die Notwendigkeit zu ergeben, eine stärkere Aufmerksamkeit auf die institutio-

---

[453] Loughran (1993)
[454] Krigman/Shaw/Womack (1999)

nellen Aspekte der Kapitalmärkte mit ihrer jeweiligen Reputation und Publizitätswirkung zu legen.

Denn diese Arbeit hat verdeutlicht, daß Underpricing auch in Deutschland existiert und mit bisherigen Erklärungsansätzen nicht im Einklang steht. Insbesondere die Ausführungen und Ergebnisse des Neuen Marktes stehen im Widerspruch zu herkömmlichen Überlegungen oder dem, was aufgrund konventioneller Thesen hätte erwartet werden können. Von daher scheint es angebracht, segment- und börsenspezifische Untersuchungen zu vertiefen, weitere Kapitalmärkte diesbezüglich zu erforschen und bei der Erklärung des Underpricing-Phänomens ein stärkeres Gewicht auf institutionelle Aspekte und ihre Wirkung zu legen.

Résumé

Die vorliegende Studie lieferte einen weiteren Beitrag zum weltweiten Underpricing-Phänomen. Es wurde nicht nur anhand einer empirischen Studie deutscher Initial Public Offerings der Jahre 1997 bis 1999 bestätigt, daß Underpricing auch in Deutschland vorkommt, es wurden hierüber hinaus zwei besondere Ergebnisse ermittelt. Zum einen lag in der betrachteten Periode die Höhe des Underpricing mit 43,70 v.H. weit über vergleichbaren, älteren Studien, denen bislang ein Underpricing in Höhe von um die 20 v.H. entnommen werden konnte. Zum anderen wurde erstmalig festgestellt, daß die Höhe des Underpricing in den jeweiligen Börsensegmenten des deutschen Kapitalmarktes unterschiedlich hoch ist und stark von einander abweicht. Dieses Phänomen ließ sich mit konventionellen Erklärungsansätzen nicht begründen, weshalb ein stärkeres Augenmerk auf institutionelle Aspekte des Primärmarktes gelegt wurde. Das überraschende Ergebnis dieser Studie mündet in dem Phänomen des Neuen Marktes, welches als privatrechtlich organisiertes Börsensegment der Deutschen Börse AG das weitaus höchste Underpricing aufwies, obwohl dieses Segment bedeutend höhere Zulassungsvoraussetzungen, Publizitäts- und Emissionsfolgepflichten für die Emittenten aufweist, als alle anderen Segmente, die von dem Gesetzgeber vorgezeichnet sind.

Vor dem Hintergrund, daß sich die jeweiligen Börsensegmente aufgrund ihrer Zulassungsvoraussetzungen qualitativ voneinander unterscheiden, wurde die Vermutung geäußert, daß die Emittenten individuell die Marktreputation eines Börsensegmentes bewerten und in Relation zu einem „Benchmark-Segment“ stellen. Hieraus könnte das Underpricing resultieren, da die Emittenten bei einer Notierung unterhalb des Benchmark-Segments dem Investor einen Reputationsabschlag auf den Fair-Value anbieten, um ihn für die qualitativ mindere Notierung zu entschädigen.

Aufgrund dieser aufgestellten These wurde die vertikal Segmentierung, die rechtlich durch das deutsche Börsengesetz vorgegeben ist, in Frage gestellt. Eine Analyse zur Notwendigkeit der Segmentierung führte zu dem Ergebnis, daß eine Aufhebung der Segmentierung die Verfahrenseffizienz und den Anlegerschutz nicht negativ tangiert, die Informationseffizienz des Primärmarktes jedoch positiv verändert, da Underpricing auf ein ökonomisch relevantes Mindestmaß reduziert werden könnte. Eine allokative Betrachtung kommt entsprechend zu dem Schluß, daß eine Integration der Segmente einem vertikal segmentierten Handelsmarkt vorzuziehen ist.

Die Analyse hat aber auch gezeigt, daß den Emittenten durchaus Alternativen gegeben sind, die Höhe des Underpricing zu ihren Gunsten zu reduzieren, auch wenn hierdurch nicht die *first-best solution* erreicht werden kann, wenn Underpricing auf die Reputation der Märkte zurückzuführen ist. Aus diesem Grunde sind weitere Analysen notwendig, Underpricing in einen stärkeren Kontext institutioneller Aspekte zu stellen und auch andere vertikal segmentierte Kapitalmärkte hinsichtlich eines segmentspezifischen Underpricing zu untersuchen. Auch wenn mit dieser Studie ein weiterer Hinweis auf eine mögliche Ursache des Underpricing gegeben wurde, scheint das Emissions-Puzzle noch nicht gelöst zu sein.

Literaturverzeichnis

Bücher und Aufsätze:

ALLEN, F., G.R. FAULHABER; Signalling by Underpricing in the IPO Market; in: Journal of Financial Economics, Vol. 23, 1990, S. 303-323

AMIHUD, Y., MENDELSON, H., UNO J.; Number of Shareholders and Stock Prices: Evidence of Japan; in: The Journal of Finance, Vol. 54, Issue 3, S. 1169-1184

ANDERSON, SETH C., BEARD, T.R., BORN, J.A.; Initial Public Offerings – Findings and Theories, Kluwer Academic Publishers, Massachusetts, 1995

BALL, R.; What do we know about stock market „efficiency"?; in: Guimarães, Rui M.C. et.al. (Hrsg.); A Reappraisal of the Efficiency of Financial Markets, SPRINGER VERLAG, BERLIN 1989

BARON, D.P.; A Model of the Demand for Investment Banking, Advising and Distribution Services for New Issues; in: The Journal of Finance, Vol. 37, 1982, S. 955-976

BAUMS, THEODOR; Institutionelle Anleger und Publikumsgesellschaft: Eine empirische Untersuchung; in: Die Aktiengesellschaft, Heft 3/05, 40. Jahrgang, S. 97-112

BEIKE, ROLF, SCHLÜTZ, JOHANNES; Finanznachrichten, 2. Auflage, Schäffer-Poeschel Verlag, Stuttgart 1999

BENVENISTE, L.M., BUSABA, W.Y., WILHELM JR., W.J.; Price stabilization as a bonding mechanism in new equitiy issues; in: Journal of Financial Economics, Vol. 42, 1996, S. 223-255

BENVENISTE, L. M., ERDAL, S.M., WILHELM JR., W.J.; Who benefits from secondary market price stabilization of IPOs?; in Journal of Banking & Finance, Vol. 22, 1998, S. 741-767

BENVENISTE, L.M., WILHELM, W.J.; A comparative anaylisis of IPO proceeds under alternative regulatory environments; in: Journal of Financial Economics, Vol. 28, 1990, S. 173-207

BEYER, ANDREAS; Der „Prädikatsmarkt München" – Going Public im Freiverkehr, Die Aktiengesellschaft, April 1997, R132-R134

BLACK, BERNARD S. & GILSON, RONALD J.; Venture capital and the structure of capital markekts: banks versus stock markets; in: Journal of Financial Economics, Vol. 47, 1998, S. 243-277

BLÄTTCHEN, W., JACQUILLAT, B.; Börseneinführung; Fritz Knapp Verlag, Frankfurt am Main, 1999

BRENNAN, M.J. AND FRANKS, J.; Underpricing, ownership and control in initial public offerings of equitiy securities in the UK; in: Journal of Financial Economics, Vol. 45, 1997, S. 391-413

BRUNS, G., HÄUSER, K.; Kapitalmärkte des Auslandes, Fritz Knapp Verlag, Frankfurt am Main, 1980

BROSIUS, DIETER ET AL. (Hrsg.); Welfen, Wechsler, Wertpapiere, Verlagsgesellschaft Grütter, 1996

BÜSCHGEN, HANS E.; Börsenmäßiges Eigenkapital für kleinere und mittlere Unternehmen; in: ÖBA 2+3/1997, S. 94-104

BOOTH, JAMES R., CHUA, LENA; Ownership dispersion, costly information, and IPO underpricing; in: Journal of Financial Economics, Vol 41, 1996, S. 291-310

CAMPBELL, TIM S., Money and Capital Markets, Scott Forseman and Co., 1988

CARTER, RICHARD B., DARK, FREDERICK H.; SINGH, AJAI K.; Underwriter reputation, initial returns and the long-run performance of IPO stocks; in: Journal of Finance, Vol. 53 Issue 1, S. 285-311

CARTER, RICHARD B. AND MANASTER, STEVEN; Initial public offerings and underwriter reputation; in: Journal of Finance, Vol. 45, 1990, S. 1045-1067

CLAUSSEN, CARSTEN P.; Der Neue Zweite Markt; in: ZGR 1/1984, S. 1-22

CLAUSSEN, CARSTEN P. (Hrsg.); Zweihundert Jahre Geld und Brief – Herausforderungen an die Kapitalmärkte; Knapp-Verlag 1987

DÖHRMANN, ANDREAS; Underpricing oder Fair Value, DUV-Deutscher Universitäts-Verlag, Wiesbaden 1990

ECO, UMBERTO; Wie man eine wissenschaftliche Abschlußarbeit schreibt, 7. Auflage, C.F. Müller Verlag, Heidelberg, 1998

EHRHARDT, OLAF; Börseneinführungen von Aktien am deutschen Kapitalmarkt, DUV-Deutscher-Universitäts-Verlag, Wiesbaden 1997

ENGELS, W. (Hrsg,); Anlegerschutz und Vertrauensbildung an Finanzmärkten, Knapp-Verlag, Frankfurt 1992

ERLEI, M., LESCHKE, M., SAUERLAND, D.; Neue Institutionenökonomik; Schäffer-Poeschel Verlag, Stuttgart 1999

FAHRMEIR, L., KÜNSTLER, R., PIGEOT, I., TUTZ, G.; Statistik – Der Weg zur Datenanalyse, 2. Auflage, Springer Verlag, Berlin Heidelberg, 1999

FAMA, EUGENE F.; Efficient Capital Markets: A Review of Theory and Empirical Work; in: The Journal of Finance, Vol. 25, 1970

FABOZZI, FRANK J., MODIGLIANI, F.: Capital Markets: Institutions and Instruments, 2nd edition, Prentance Hall, 1996

FINN, F./HIGHAM, R.; The performance of unseasoned new equity issue-cum-stock exchange listings in Australia; in: Journal of Banking & Finance, Vol. 12, 1988, S. 333-351

FLANNERY, MARK J.; Comment on Benveniste, Erdal and Wilhelm Jr.; in: Journal of Banking & Finance, Vol. 22, 1998, S. 768-772

FRANCIONI, RETO, GUTSCHLAG, THOMAS; Der Neue Markt; in: Volk, G. (Hrsg.), Going Public, 2. Auflage, Schäffer-Poeschel Verlag, Stuttgart 1992

GERKE, WOLFGANG (Hrsg.); Risikokapital über die Börse, Springer-Verlag, 1986

GERKE, WOLFGANG (Hrsg.), Anleger an die Börse, Springer-Verlag, 1990

GOERGEN, MARC; Corporate Governance and Financial Performance – A Study of German and UK Initial Public Offerings, Edward Elgar Publishing 1998

GRAS, DORIS; London und Frankfurt legen Grundstein für Europa-Börse; in: Financial Times Deutschland, 04. Mai 2000

GRUNAU, H.W./TSCHENTSCHER, D./GRASS, D.; Börsenfusion klammert Problemzonen zunächst aus; in: Financial Times Deutschland, 04. Mai 2000

GUIMARÃES, RUI M.C.; KINGSMAN, BRIAN G., TAYLOR, STEPHEN J.(Hrsg.); A Reappraisal of the Efficiency of Financial Markets, Springer Verlag, Berlin 1989

HABIB, MICHAEL, A., LJUNGQVIST, ALEXANDER P.; Underpricing and IPO proceeds: a note; in: Economics Letters, Vol. 61, 1998, S. 381-383

HANLEY, K.W., WILHELM JR., W.J.; Evidence on the strategic allocation of intial public offerings; in: Journal of Financial Economics, Vol 37, 1995, S. 239-257

HANSEN, HERBERT; Die Börsengesellschaften zahlten 35 Mrd. DM an Dividenden; in: Die Aktiengesellschaft; 9/99, R383-R385

HARTMANN-WENDELS, TH., PFINGSTEN, A., WEBER, M.; Bankbetriebslehre, 2. Auflage, Springer Verlag, Berlin Heidelberg, 2000

HERBERT, PETER J.A., BOWDERY, JOHN G.; Money and Capital Markets in the U.K. and Europe; Henley Management College, 1983

HOPT, KLAUS J., BAUM, HARALD; Börsenrechtsreform; in: WM 34/1997, Sonderbeilage Nr. 4

HOPT, KLAUS J.; Der Kapitalanlegerschutz im Recht der Banken, München, 1975

HUSMANN, N./ZIMMERMANN, R.; Nasdaq und „iX" planen neue Wachstumsbörse; in: Financial Times Deutschland, 04. Mai 2000

HUSSON, B. JACQUILLAT, B.; French new issues, underpricing and alternative methods of distribution, in: Guimarães, Rui M.C. et.al. (Hrsg.); A Reappraisal of the Efficiency of Financial Markets, Springer Verlag, Berlin 1989

IBBOTSON, R.G.; Price Performance of Common Stock New Issues; in: Journal of Financial Economics, Vol 2, 1975, S. 235-272

JAIN, BHARAT A. AND KINI, OMESH; On investment banker monitoring in the new issues market; in: Journal of Banking & Finance, Vol. 23, 1999, S. 49-84

JENKINSON, TIM, LJUNGQVIST, ALEXANDER; Going Public – The Theory and Evidence on how Companies Raise Equity Finance, Clarendon Press, Oxford 1996

JENSEN, M.C.; Some Anomalous Evidence Regarding Market Efficiency; in: Journal of Financial Economics, Vol. 6, 1978, S. 95-101

KASERER. C./KEMPF, V.; Das Underpricing-Phänomen am deutschen Kapitalmarkt und seine Ursachen; in: ZBB 1/95, S. 45-68

KELOHARJU, M.; The winner's curse, legal liability and the long-run price performance of initial public offerings in Finland; in: Journal of Financial Economics, Vol. 34, 1993, S. 251-277

KEMPKES, M./HAFFA, F.; Der Neue Markt als Chance für junge Wachstumsunternehmen; in: Volk, Gerrit (Hrsg.); Going Public, 2. Auflage, Schäffer-Poeschel Verlag, Stuttgart 1998

KERSTING, M.O.; Der Neue Markt der Deutschen Börse AG; in: Die AG, 5/1997, S. 222-228

KILLAT, GERHARD; Bewertung und Preisfindung bei Neuemissionen; in: Volk, G. (Hrsg.); Going Public, 2. Auflage, Schäffer-Poeschel Verlag, Stuttgart 1998

KRIGMAN, L., SHAW, W.H., WOMACK, K.L.; The persistence of IPO mispricing and the predictive power of flipping; in: The Journal of Finance, Vol. 54, Issue 3, S. 1015-1044

KRÖNER, M.; Aktienhandel beginnt schon vor dem Börsenstart; in: Handelsblatt, 01.02.2000

KÜMPEL, SIEGFRIED; Amtlicher Markt und Freiverkehr an der Börse aus rechtlicher Sicht; in: WM Sonderbeilage Nr. 4, 1985

KULLMANN, W., VAN AERSEN, R.; Neuer Markt und EASDAQ – Ein Vergleich der Zulassungsvoraussetzungen und Zulassungsfolgepflichten, ZBB, Januar 2000, S. 10-32

KUNZ, ROGER M., AGGARWAL, R.; Why initial public offerings are underpriced: Evidence from Switzerland; in: Journal of Banking & Finance, Vol. 18, 1994, S. 705-723

LANDESZENTRALBANK IM FREISTAAT BAYERN, Risikokapital über die Börse, München, 1997

LEE, PHILIP J., TAYLOR, STEPHEN L., WALTER, TERRY S.; Australian IPO pricing in the short and long run; in: Journal of Banking & Finance; Vol. 20, 1996, S. 1189-1210

LODERER, CLAUDIO F., SHEEHAN, DENNIS P, KADLEC, GREGORY B.; The pricing of equitiy offerings; in: Journal of Financial Economics, Vol. 21, 1991, S. 35-57

LOUGHRAN, TIM AND RITTER, JAY R.; The new issues puzzle; in: The Journal of Finance, Vol. 50, No. 1, 1995, S. 23-51

LOUGHRAN, TIM; NYSE vs. NASDAQ returns; in: Journal of Financial Economics, Vol. 33, 1993, S. 241-260

LJUNGQVIST, ALEXANDER P.; Pricing initial public offerings: further evidence from Germany; in: European Economic Review, Vol. 41, 1997, S. 1309-1320

MÖLLERS, THOMAS M.J.; Anlegerschutz durch Aktien- und Kapitalmarktrecht; in: ZGR 3/1997, S. 334-367

MOK, HENRY M.K., HUI, Y.V.; Underpricing and aftermarket performance of IPOs in Shanghai, China; in: Pacific-Basin Finance Journal, Vol. 6, 1998, S. 453-474

MUES, JOCHEN; Hundert Jahre deutsches Börsengesetz; in: ZBB 1/1997, S. 15-24

NOWAK, RICHARD; Der Finanzmarkt New York, Westdeutscher Verlag, Köln, 1967

NEUMANN, MANFRED J.M.; Wagniskapital; in: BMWI-Studienreihe Nr. 95, Gutachten des Wissenschaftlichen Beirats beim Bundesministerium für Wirtschaft, Bonn, 1997

NEUS, WERNER; Zur Theorie der Finanzierung kleinerer Unternehmen, Gabler Verlag, Wiesbaden, 1995

OBST/HINTNER, Geld-, Bank- und Börsenwesen – ein Handbuch, Schäffer-Poeschel Verlag, Stuttgart, 1993

OECD (ORGANISATION FÜR WIRTSCHAFTLICHE ZUSAMMENARBEIT); Corporate Governance – Verbesserung der Wettbewerbsfähigkeit und der Kapitalbeschaffung auf globalen Märkten; OECD, 1998

OSTROWSKI, MARKUS; Die Offenlegung der Jahresabschlüsse von im Freiverkehr an der Börse gehandelten Aktiengesellschaften; in: ZBB 1/99, S. 19-26

PAGANO, M., PANETTA, F. AND ZINGALES, L.; The stock market as a source of capital; in: European Economic Review, Vol. 40, 1996, S. 1057-1069

PAGANO, M., PANETTA, F. AND ZINGALES, L.; Why do companies go public?; in: The Journal of Finance, Vol. 53, Issue 3, S. 27-67

PAUDYAL, K., SAADOUNI, B., BRISTON, R.J.; Privatisation initial public offerings in Malaysia: Initial premium and long-term performance; in: Pacific-Basin Finance Journal, Vol. 6, 1998, S. 427-451

POTTHOFF, VOLKER UND STUHLFAUTH, JUTTA; Der Neue Markt; in: WM 26/1997, Sonderbeilage Nr. 3/97

REINGANUM, MARC R.; Market microsturcture and asset pricing, in: Journal of Financial Economics, Vol. 28, 1990, S. 127-147

REUTNER, F./PLETTENDORF, G.; FRIATEC AG – ein Traditionsunternehmen geht an die Börse; in: Volk, Gerrit (Hrsg.); Going Public, 2. Auflage, Schäffer-Poeschel-Verlag, Stuttgart,1998

RITTER, JAY.T.; The Hot Issue Market of 1980; in: Journal of Business, Vol. 57, 1980, S. 215-240

RITTER, JAY T..; The long-run performance of Initial Public Offerings; in: The Journal of Finance, Vol. 46, No. 1, 1991, S. 3-27

ROCK, KEVIN; Why new issues are underpriced; in: Journal of Financial Economics, Vol. 15, 1986, S. 187-212

RÖELL, ALISA; The decision to go public; in: European Economic Review, Vol. 40, 1996, S. 1071-1081

ROSEN, RÜDIGER VON; Going Public: Defizite und Perspektiven; in: Zeitschrift für das gesamte Kreditwesen, Vol. 48/1, 1995, S. 374-385

ROSS, STEPHAN A., WESTERFIELD, RANDOLPH W., JAFFE, JEFFREY; Corporate Finance, 5th ed., Irwin/McGraw Hill, 1999

RUDOLPH, BERND; Nischenpolitik als Erfolgsfaktor kleiner Börsen im europäischen Wettbewerb; in: ÖBA 4/1998, S. 257-260

RUUD, JUDITH S.; Underwriter price support and the IPO underpricing puzzle; in: Journal of Financial Economics, Vol. 34, 1993, S. 135-151

SAUNDERS, A., LIM, J.; Underpricing and the new issue process in singapore; Journal of Banking and Finance, Vol. 14, 1990, S. 291-309

SCHIERECK, DIRK; Börsenplatzentscheidungen institutioneller Investoren beim Handel deutscher Aktien; in: ZfB 66/1996, S. 1057-1079

SCHLITTGEN, RAINER; Einführung in die Statistik, Oldenbourg Verlag, München, 1993

SCHMIDT, HARTMUT; Vorteile und Nachteile eines integrierten Zirkulationsmarktes für Wertpapiere gegenüber einem gespaltenem Effektenmarkt, Brüssel 1977

SCHMIDT, HARTMUT; Wertpapierbörsen, Verlag Franz Vahlen, München, 1988

SCHMIDT, HARTMUT; Die Rolle der Regionalbörsen am deutschen Kapitalmarkt heute und morgen; in: Kredit und Kapital 1/1992, S. 110-133 (Teil 1) + S. 232-57 (Teil 2)

SCHMIDT, HARTMUT ET AL.; Corporate Governance in Germany, HWWA Band 31, Nomos-Verlagsgesellschaft, 1. Auflage 1997

SCHMIDT, REINHARD H.; Underpricing bei deutschen Erstemissionen 1984/95; in: ZfB 58 Jg., 1988, S. 1193-1203

SCHUSTER, G.; Die internationale Anwendung des Börsenrechts; Springer-Verlag, Heidelberg, 1994

SCHWARK, EBERHARD; Börsen und Wertpapierhandelsmärkte in der EG; in: WM 51/1997, S. 293-344

SERFLING, KLAUS ET AL.; Emissionspreisfindung und Underpricing im Rahmen des Börsengangs junger Wachstumsunternehmen; in: Die Aktiengesellschaft, Heft 7/99, 44. Jahrgang, S. 289-298

SHLEIFER, ANDREI; Inefficient markets: an introduction to behavioral finance; Oxford University Press, Oxford, 2000

SMITH, CLIFFORD W.; Investment banking and the capital acquisition process; in: Journal of Financial Economics, Vol. 15, 1986, S. 3-29

SPIESS, D. KATHERINE AND PETTWAY, RICHARD H.; The IPO and first seasoned equity sale; in: Journal of Banking & Finance, Vol 21, 1997, S. 967-988

SUBRAHMANYAM, A., TITMAN, S.; The going public decision and the development of financial markets, in: The Journal of Finance, Vol. 54, Issue 3, S. 1045-1082

TAKAGI, SHINJI; Japanese Capital Markets - New Developments in Regulations and Institutions; Cambridge (USA) 1993

TEWELES, RICHARD J., BRADLEY, EDWARD S.; The Stock Market, 4th ed., John Wiley & Sons, New York, 1982

THEISSEN, ERIK; Der Neue Markt: Eine Bestandsaufnahme; in: Zeitschrift für Wirtschafts- und Sozialwissenschaften 18/1998, S. 623-652

THEO, S.H., IVO WELCH AND T.J. WON, Earnings Management and the Long-Run Performance of Initial Public Offerings; in: The Journal of Finance, Vol. 53, Issue 6, S. 1935-1974

TINIC, SEHA M.; Anatomy of initial public offerings of common stock; in: Journal of Finance, Vol. 43, 1988, S. 789-822

TITZRATH, ALFONS; Die Bedeutung des Going Publics; in; Zeitschrift für Betriebswirtschaft, 65. Jahrgang 1995, S. 133-155

UHLIG, HANS; Finanzmarktanalyse – Neue Ansätze aus der Chaosforschung, Verlag Franz Vahlen, München 1999

UHLIR, HELMUT; Der Gang an die Börse und das Underpricing-Phänomen; in: ZBB Nr. 1, 1989, S. 2-16

VINER, ARON; Die japanischen Finanzmärkte: Hintergründe und Einblicke, Markt & Technik Verlag, 1989

VOLK, GERRIT (Hrsg.); Going Public – der Gang an die Börse, 2. Auflage, Schäffer-Poeschel Verlag,. Stuttgart 1998

WASSERFALLEN, W. AND WITTLEDER C.; Pricing initial public offerings: further evidence from Germany; in: European Economic Review, Vol. 38, 1994, S. 1505-1517

WEILER, LUTZ; Bookbuilding – Die neue Plazierungsform beim Gang an die Börse; in: Volk, G. (Hrsg.); Going Public, 2. Auflage, Schäffer-Poeschel Verlag, Stuttgart 1998

WELCH, IVO; Seasoned offerings, imitation costs, and the underpricing of Initial Public Offerings; in: The Journal of Finance, Vol. 44, No.2, 1989, S. 421-449

WESSELS, R.E.; The market for initial public offerings: An analysis of the Amsterdam stock exchange; in: Guimarães, Rui M.C. et.al. (Hrsg.); A Reappraisal if the Efficiency of Financial Markets, Springer Verlag, Berlin 1989

Ohne Verfasser:

Gewinngarantie bei Neuemissionen; in: Handelsblatt, 13. März 2000
Starke Überzeichnung treibt den Preis bei Ision, in: Handelsblatt, 14. März 2000
Auktionsverfahren birgt für Anleger und Unternehmen Risiken; in: Handelsblatt, 07. 01. 2000
Mogelpackung Auktion; in: Handelsblatt, 07. Januar 2000
Chancenreiche Oldies am Neuen Markt; in: Handelsblatt, 26. April 2000

Datenquellen, Webseiten, Statistiken:

BAYERISCHE BÖRSE, Richtlinien für den Freiverkehr an der Bayerischen Börse, München 1999
BOURSE-DE-PARIS, Operating Regulations of Le Nouveau Marché, http://www.bourse-de-paris.fr
BOURSE-DE-PARIS, Instructions concerning the operation of Le Nouveau Marché, http://www.bourse-de-paris.fr
BÖRSEN-ZEIUNG, Diverse Ausgaben
BÖRSEN-ZEITUNG, Die Going-public-Statistik, 12/1998
BOSTON STOCK EXCHANGE, How to apply for a listing, http://www.bostonstock.com
DEUTSCHE BÖRSE AG; Neuer Markt Regelwerk, Frankfurt, 1997
DEUTSCHE BÖRSE AG; Regelwerk, Frankfurt, 1996
DEUTSCHE BÖRSE AG; Ideen suchen Kapital, Frankfurt, 1997
DEUTSCHE BÖRSE AG; Gebührenordnung für die Frankfurter Wertpapierbörse, Frankfurt 1999
DEUTSCHE BÖRSE AG, Fact Book 1997
DEUTSCHE BÖRSE AG, Fact Book 1998
DEUTSCHE BÖRSE AG, Fact Book 1999
DEUTSCHE BÖRSE AG, Historical Statistics, Frankfurt, 10/1998 und 01/2000
DEUTSCHE BÖRSE AG; DAX, Frankfurt, 1996
DEUTSCHE BÖRSE AG, Richtlinien für den Freiverkehr, Frankfurt, 04/1998

DRESDNER BANK AG, Frankfurt, Management Information System, Diverse Statistiken

DEUTSCHE MORGAN GRENFELL, IPHORIA – Rocketing into a New Age, Dezember 1998

DEUTSCHE MORGAN GRENFELL, IPHORIA – The Millennium Fitness Programme, 11/1999

DEUTSCHE MORGAN GRENFELL, IPHORIA – The IPO Fact Book, Januar 2000

HOPPENSTEDT BÖRSENFORUM, Going-Public-Statistik, 01/1999

INTERNATIONAL FERDERATION OF STOCK EXCHANGES (FIBV), Annual Statistics 1998

LONDON STOCK EXCHANGE, Fact File 1998

LONDON STOCK EXCHANGE, Fact File 1999

LONDON STOCK EXCHANGE, Listing and trading international securities in London, 1999

LONDON STOCK EXCHANGE, A Practical Guide to Listing, London, 1999

LONDON STOCK EXCHANGE, Diverse Informationen unter http://www.londonstockex.co.uk

NASDAQ, Fact Book, http://www.nasdaq.com

NASDAQ, Listing Requirements, http://www.nasdaq.com

NEW YORK STOCK EXCHANGE, How to get listed http://www.nyse.com

OESTERREICHISCHE NATIONALBANK, The Austrian Financial Markets – Revised Edition 1999, Wien 1999

TOKYO STOCK EXCHANGE, Listing Requirements, http://tse.org.jp

VERKAUFSPROSPEKTE/UNTERNEHMENSBERICHTE; Diverser Unternehmen

WIENER BÖRSE AG; Neusegmentierung der Wiener Börse und Einführung eines Specialist-Systems; Wien 1999

Gesetzestexte:

BÖRSENGESETZ; diverse Fassungen, in: Beck-Texte im dtv

BÖRSENZULASSUNGS-VERORDNUNG; diverse Fassungen, in: Beck-Texte im dtv

BUNDESMINISTERIUM DER FINANZEN, Drittes Finanzmarktförderungsgesetz – Diskussionsentwurf, Bonn 1997

SECURITIES ACT OF 1933; SEC Handbook, R.R. Donnelley & Sons, 1997

SECURITIES EXCHANGE ACT OF 1934; SEC Handbook, R.R. Donnelley & Sons, 1997

VERKAUFSPROSPEKT-GESETZ; diverse Fassungen, in: Beck-Texte im dtv

VERKAUFSPROSPEKT-VERORDNUNG; diverse Fassungen, in: Beck-Texte im dtv

Wolfgang Scherf

Der Länderfinanzausgleich in Deutschland

Ungelöste Probleme und Ansatzpunkte einer Reform

Frankfurt/M., Berlin, Bern, Bruxelles, New York, Oxford, Wien, 2000.
238 S., 16 Abb., 15 Tab.
Finanzwissenschaftliche Schriften. Bd. 101
Verantwortlicher Herausgeber: Alois Oberhauser
ISBN 3-631-36866-6 · br. DM 68.–*

Der Länderfinanzausgleich in Deutschland steht vor einer grundlegenden Neuordnung. Das Gutachten für das Land Hessen analysiert den heutigen Länderfinanzausgleich einschließlich der Bundesergänzungszuweisungen aus finanzwissenschaftlicher Sicht. Ausgehend von den Defekten des bestehenden Systems werden die Möglichkeiten einer zielgerichteten Reform erörtert. Der Verfasser plädiert für die Beseitigung aller Sonderregelungen und für die Abschaffung der Bundesergänzungszuweisungen mit Ausnahme der Hilfen für die neuen Länder. Darüber hinaus empfiehlt er eine deutliche Reduktion der Nivellierungsintensität des horizontalen Länderfinanzausgleichs durch ein flexibles Tarifmodell, das positive Leistungsanreize für Zahler- wie Empfängerländer sicherstellt.

Aus dem Inhalt: Föderalismus und Finanzausgleich · Finanzausgleich zwischen Effizienz und Verteilung · Ökonomische Wirkungen des Länderfinanzausgleichs · Vertikale und horizontale Steuerverteilung · Der horizontale Länderfinanzausgleich · Ein Vorschlag zur Reform des Ausgleichstarifs · Die Bundesergänzungszuweisungen